FanZui XianYiRen XinLi CeShi YaoDian LiJie

犯罪嫌疑人心理测试
要点例解

万宏伟 刘 丹 / 著

中国检察出版社

图书在版编目（CIP）数据

犯罪嫌疑人心理测试要点例解／万宏伟，刘丹著. —北京：中国检察出版社，
2014. 12
ISBN 978 - 7 - 5102 - 1335 - 9

Ⅰ.①犯… Ⅱ.①万…②刘… Ⅲ.①犯罪心理学 - 案例 - 汇编 Ⅳ.①D917.2

中国版本图书馆 CIP 数据核字（2014）第 281710 号

犯罪嫌疑人心理测试要点例解

万宏伟 刘 丹 著

出版发行：中国检察出版社

社　　址：北京市石景山区香山南路 111 号　（100144）

网　　址：中国检察出版社（www. zgjccbs. com）

编辑电话：(010)68650024

发行电话：(010)68650015　68650016　68650029

经　　销：新华书店

印　　刷：三河市西华印务有限公司

开　　本：720 mm×960 mm　16 开

印　　张：15.5 印张

字　　数：281 千字

版　　次：2014 年 12 月第一版　2014 年 12 月第一次印刷

书　　号：ISBN 978 - 7 - 5102 - 1335 - 9

定　　价：50.00 元

序　一

　　自 1991 年我国第一部心理测试仪（PG－1 型多道心理测试仪）问世以来，心理测试技术已在我国公检法系统得到了认可，并有了越来越多的应用，取得了明显的成效，特别是在许多重大、疑难案件侦破中起了重要的作用，有时甚至是其他侦查技术不可取代的作用。

　　其实，"心理测试"测的不是人说话的本身是否是谎言，测的是心理刺激所触发的各项生理参数（皮肤电、血压、脉搏、呼吸、脑电波、瞳孔、声音等）的变化，能够真实反映被测人的认知以及说谎时的心理活动变化。心理测试技术，不是"安慰剂"，更不是"唯心"的，是有生理学和心理学的科学依据，是一门综合科学技术。自 1895 年意大利警官朗布罗索首先用心理测试技术成功侦破几宗刑事案件以来，全世界应用心理测试技术已有 100 多年的历史，现在全世界有 60 多个国家在犯罪调查中应用心理测试技术。实验研究和办案实践表明，心理测试结果的可靠性不比指纹、笔迹、足迹鉴定以及证人等证据的可靠性差。心理测试技术的应用，使犯罪侦查工作由以往对"物"的鉴识进而发展到对"人"的直接鉴识，在犯罪侦查史上跨进了一大步。特别是最近几年，世界心理测试技术的研究文献比以往多几倍，这说明，由于犯罪的智能化、复杂化和隐蔽化，对心理测试技术有了更多的需求。也说明一点，心理测试技术有用，在犯罪调查中确实是一项有效的工具。

　　洛阳市人民检察院是开展心理测试工作比较好的单位之一。中国心理测试技术专业委员会委员万宏伟同志是洛阳市检察院专职检委会委员兼技术处处长（现任洛阳市孟津县人民检察院检察长），他自 2001 年学习心理测试技术以来，在领导和同事们的大力支持下，至今已开展了近 500 起案件的心理测试工作，协助政法机关侦破了许多案件，成绩斐然。他和另一位检察技术人员刘丹把自己运用心理测试技术办理的案件分门别类、归纳提升，编成《犯罪嫌疑人心理测试要点例解》，把他们的经验无私地奉献出来，供心理测试同仁们借鉴参考，为推进政法机关应用心理测试技术加一把力，此精神令人敬佩，是一件功德之事。

万宏伟、刘丹同志的这本《例解》，是全国政法机关第一本心理测试办案的案例汇编，没有虚夸和自我吹嘘，更没有"打击别人提高自己"之意，全是自己实实在在的工作经验总结，仅从心理测试角度说明了心理测试在办案中的效用。这本《例解》对于各地政法机关心理测试员来说除了业务经验之外，还值得借鉴的第一点是：万宏伟同志遵循了毛主席的"在战略上藐视敌人，在战术上重视敌人"的思想，相信自己一定能掌握心理测试技术，一定能做好；但在具体到每一个案件的测试时，却严谨认真做好每一步，这就使他成功，不犯或很少犯错误。第二点是，一个好的心理测试员，除了业务水平以外，重要的是顽强的事业心和敬业精神。如果不把"心理测试"当成一项事业来做，是不容易做好的。各地政法机关不少心理测试员也像万宏伟同志一样，兢兢业业，全心全意，工作做得很出色。

这本《例解》具有很强的实战性和指导性，对心理测试技术员而言无疑是一本很好的学习资料。相信这本《例解》一定会帮助广大心理测试技术员进一步掌握和提高心理测试技能，也一定会推动全国政法机关更加深入广泛地应用心理测试技术。

杨承勋[*]

2014 年 8 月 15 日

---

* 杨承勋，中华人民共和国公安部第一研究所教授、原公安部心理测试项目负责人。

序　二
构建知识库体系　助推检察业务工作

　　19世纪末现代心理测试技术的出现，无疑是犯罪侦查史上的一个重要事件。因为现代心理学的发展，揭示了人的心理和生理的相关性，存储于人大脑中的心理信息可以通过生理变化反映出来。这一重大发现为犯罪侦查开辟了一条获取犯罪信息的新途径，现代心理测试技术应运而生。它通过检测人的生理指标变化获取存储于人头脑中的犯罪信息，从而对人与案的关系直接进行鉴识。该技术克服了依口供获取信息的主观性，克服了单靠物证破案的间接性。将心理测试技术引入侦查，增添了获取犯罪信息的途径和手段，丰富了信息来源，是对侦查活动的重要补充。因此，自1895年以来，朗布罗索利用当时最先进的脉搏记录设备开始调查犯罪时，心理测试技术便进入了科学发展阶段。一代又一代仁人志士执着于心理测试技术的研究和应用，使得这一技术日臻成熟，其应用范围日益广泛，在司法实践中发挥着重要作用。

　　目前在美国、加拿大、澳大利亚等国家，心理测试技术已经得到警察机关的普遍接受，被广泛地应用于犯罪侦查之中。另外，心理测试技术在美国社会中得到了广泛的认同。很多人在社会生活中遇到了难以查清的问题时都会想到心理测试技术的力量。不过在司法实践中，心理测试技术的应用还主要局限于犯罪侦查阶段，其主要作用是为审查犯罪嫌疑人提供依据和为寻找破案证据提供线索。

　　我国从20世纪80年代开始进行心理测试技术的研究，1992年开始将该技术应用于实案之中，并取得了良好的效果。但是，在实践当中还是出现了一些不容忽视的问题，使得我们的学者、相关实践工作者以及大众对心理测试技术的使用产生了疑问。这些实践中出现问题的原因是多方面的，比如它反映了我们在心理测试技术理论研究方面的不足，它提醒我们要做好自己的基础研究工作，并需要借鉴别人的研究成果，还有就是广大心理测试技术人员忙于一线办案，很少有实践经验的总结。遗憾的是，迄今为止还没有一本心理测试办案的案例汇编，所以，我认为本书的出版对我们心理测试技术的研究和应用是十分有益的。

近年来，随着心理测试技术在国内的迅猛发展，为了更好地规范使用这一新的技术手段，检察机关做了大量的工作，在心理测试技术人员的资格管理方面，严格准入制度，保证办案质量；在规范化管理方面，制定了《人民检察院心理测试技术工作程序规则》（试行）；出版了《心理测试技术教程》；进行了多次系统心理测试从业人员的培训；建立云平台，使得我们的很多资源得以共享。

河南省洛阳市孟津县人民检察院检察长万宏伟同志于2001年开始学习心理测试技术，曾任洛阳市检察院技术处处长，是中国刑事科学技术协会心理测试专业委员会委员，从事心理测试技术办案实践已有十余年，至今办理心理测试案件近500起，在实践中协助侦查机关侦破了很多案件，也积累了非常丰富的经验。难能可贵的是他非常善于总结，和另外一名检察技术人员刘丹一起，把他们在办案中的经验进行提炼、归纳、汇总，并无私地奉献出来。

阅读了《犯罪嫌疑人心理测试要点例解》之后，我感到这是一本在全国检察系统和检察技术，特别是在心理测试领域中，指导性、实用性、可操作性都非常强的读物。它可以让侦查人员了解心理测试技术可以帮助他们在侦查过程中解决哪些问题。尤其是对于心理测试技术人员在实际办案中，如何选择测试方法、如何编题等方面都有很好的指导作用。

近年来，最高人民检察院检察技术信息研究中心在院党组的重视和支持下，正在推动检察技术工作的战略转型。这一转型的标志一是实现检察技术与检察业务的深度融合；二是实现信息技术与传统技术改造的融合。基于这样的思考，我们正在推动建设检察机关电子数据云平台，服务职务犯罪侦查和其他检察业务工作，目前这个平台的1.0版已经建设完成。在正在规划的二期建设中，我们提出可以搭建一个基于检察技术的知识库管理系统，也就是说，我们的技术办案人员可以把司法会计、法医、心理测试、文件检验等各个专业门类的典型案例、疑难案例，经过整理后动态存储于云平台上，供全国检察机关干警学习参考，完善补充，可以如百度百科一样成为学习型的数据库。

从这样的视角思考，万宏伟、刘丹同志这本书所提供的近百个心理测试案例就可以直接分享到我们的电子数据云平台上，供侦查领域和技术领域的同志们学习交流。如果所有的同仁都能如万宏伟同志这样勤于思索，归纳总结，笔耕不辍，我们的云平台将为检察工作提供巨大的知识和科技支撑。如是，善莫大焉。

赵志刚*

2014 年 11 月 25 日

---

* 赵志刚，最高人民检察院检察技术信息研究中心主任。

目录
contents

二、公安类普通刑事案件篇　081

一

检察类职务犯罪案件篇

测试要点1　虚假做账侵吞公款事实清楚，但当事人相互推诿，如何借助心理测试确定犯罪嫌疑人

案例一　洛阳市某校原出纳张倩贪污案

2005年12月的一天，洛阳市某校负责人周鹏匆匆赶到该市老城区人民检察院反贪局，顾不上喝水寒暄，称其所在学校公款被人贪污，要求马上见反贪局领导。接待干警将其带到会见室后，立即向反贪局局长汇报，按照指示通知该院侦查科科长李威接待报案人。周鹏看过李威出示的工作证后，抿了口热水，开始讲述其学校公款被人贪污的情况：该校前几天对近两年财务账目进行了审计，发现2003年8月24号凭证显示支出54848.29元，但所属的38322.29元原始凭证丢失，同时发现，2003年9月56号凭证支出38322.29元，与24号凭证中丢失原始凭证的金额一致，存在重复报销现象，怀疑有人从中做了手脚，贪污了这笔公款。本来想着家丑不可外扬，想自己查查算了，但因该校财务人员众多，一一询问后没有人承认此事，只好来检察院报案，希望能够查清此事，以挽回损失。

听完周鹏的讲述，李威立即安排干警对其做了详细的询问笔录，并通知与此案有关的财务人员张倩、王强、郭伟、席新、朱泽、张欣欣到该院接受询问，结果该6人均不承认重复报销上述款项，个别人员还指出其他人有作案嫌疑。由于事发于两年前，且能够接触该账目的人员较多，一时无法确定犯罪嫌疑人，案件陷入僵局。为了弄清此案的犯罪嫌疑人，老城区人民检察院反贪局遂委托洛阳市人民检察院心理测试中心对张倩等六人进行心理测试，以进一步确定侦查方向。测试人员精心编写题目，最终测试确定张倩有作案嫌疑，老城区人民检察院反贪局依据测试结果对张倩展开调查和讯问，最终成功侦破此案。

测试题目：

1. 你知道是谁2003年贪污了你们单位的38000多元吗？

2. 是你贪污了你们单位的38000多元吗？

3. 你知道是谁贪污了你们单位的38000多元吗？

4. 你能如实告诉我9月30日记的56号凭证中的单据是谁从24号凭证上

取下来的吗?

　5. 你能如实告诉我 2003 年 24 号凭证上的 162 张票据是 2003 年几月份的吗?

测试时间、仪器、指标及测前检查:

1. 测试时间:2005 年 12 月 20 日
2. 测试仪器:PG—12 型多参量心理测试仪
3. 测试指标:皮肤电、脉搏、血压,上、下呼吸
4. 测前检查:仪器均正常

测试过程及分析说明:

　经张倩本人同意,我们对她采用了一组"MGQT"(改进的一般问题测试法)和三组"POT"(紧张峰测试法)进行测试。

　在"MGQT"测试中,张倩在回答"你知道是谁 2003 年贪污了你们单位的 38000 多元吗?"时说"不知道"的说谎概率为 66.4%(说谎概率大于50%为说谎,小于50%为诚实);张倩在回答"是你贪污了你们单位的 38000多元吗?"时说"不是"的说谎概率为 54.2%。

　在第一组"POT"测试中,张倩在回答"你知道是谁拿走了你们单位的38000 多元吗?"时说"不是她自己"对应最强;在第二组"POT"测试中,张倩在回答"你能如实告诉我 9 月 30 日记的 56 号凭证中的单据是谁从 24 号凭证上取下来的吗?"时说"不是她自己"对应最强;在第三组"POT"测试中,张倩在回答"你能如实告诉我 2003 年 24 号凭证上的 162 张票据是 2003年几月份的吗?"时说"不知道是 2003 年 8 月份"对应最强。

测试结论:

1. 张倩说不知道是谁重复报销拿走了她们单位的 38000 多元是谎话;
2. 张倩说不是她自己贪污了她们单位的 38000 多元是谎话;
3. 张倩说不是她自己拿走了她们单位的 38000 多元是谎话;
4. 张倩说 9 月 30 日记的 56 号凭证中的单据不是她自己从 24 号凭证上取下来的是谎话;
5. 张倩说不知道 2003 年 24 号凭证上的 162 张票据是 2003 年 8 月份的是谎话。

　综合以上这些问题的测试结果充分表明:是张倩重复报销拿走了她们单位的 38000 多元。

案例二 渑池县某公司分公司原保管员王阳、会计杨敏贪污案

2010年4月，渑池县果园乡政府所在地整体搬迁，该县粮食局下属某公司粮所所储存的粮食需要全部搬到新建的仓库。经过紧锣密鼓的筹备，5月初该粮所7号仓库储备小麦开始移库，至5月中旬移库完成，统计人员发现，账面显示7号库中共储存小麦2520108公斤，实际仅出库了2378240公斤，也就是发生短库141868公斤。在听完统计人员汇报的上述情况后，该公司经理姚冰感到问题的严重性，立即召集该公司副经理董治国和赵建国、会计杨敏、保管主任兼7号库保管员王阳一起查找短库原因。经过认真调查核对，他们发现王阳保管的7号库收购单存根联共11张，约240吨，但该粮所的同志们均能证实当年收购的外地小麦不超过5车，大约100吨，两者相差约140吨，同时调查还发现上述11张收购单上都是王阳和杨敏两人的签名，明显不符合规定，因为按规定王阳应找当晚参与收购粮食的人员签名，杨敏不应该在收购单上签名。

面对姚冰的诘问，王阳承认11张收购单都是他开的，杨敏承认款是他经手付的。因事关重大，姚冰一边稳住王阳和杨敏，另一边安排人到渑池县人民检察院报案。经侦查人员讯问，王阳和杨敏先后供述该二人合伙虚开四张粮食收购单，编造收购粮食95540公斤，进而套取收购款137577.60元的犯罪事实。同年7月8日，该二人被三门峡市人民检察院批准逮捕。但在随后的讯问中，王阳称杨敏把这137577.60元赃款借出去了，他实际没有得到赃款；而杨敏也全盘否认了此前的供述。为了弄清究竟是谁贪污了公款以及赃款的去向，渑池县人民检察院反贪局遂委托洛阳市人民检察院心理测试中心对王阳和杨敏进行心理测试，结果反映的是王阳贪污了购粮款，同时排除了杨敏的嫌疑，侦查机关根据测试结果，调整了侦查方向，最终案件圆满侦破。

（一）对王阳的测试情况

测试题目：

1. 2006年是你虚开粮食收购单套取购粮款的吗？

2. 2006年以来你贪污过购粮款吗？

3. 你能如实告诉我你利用职务之便贪污了多少钱吗？

4. 你能如实告诉我 2006 年是谁最先提出开虚假粮食收购单吗？

5. 你能如实告诉我你们粮所谁参与贪污购粮款吗？

6. 你能如实告诉我你贪污的钱的去向吗？

7. 你能如实告诉我有谁知道你虚开粮食收购单贪污公款吗？

8. 你能如实告诉我是谁让你翻供的吗？

9. 你能如实告诉我 2006 年参与虚开粮食收购单套取公款这件事的总共有几个人吗？

10. 你能如实告诉我 2006 年 6 月 19 日的虚假粮食收购单是在什么地方填写的吗？

11. 你能如实告诉我你贪污的公款藏在什么地方吗？

12. 你能如实告诉我你贪污的公款被谁敲诈走了吗？

测试时间、仪器、指标及测前检查：

1. 测试时间：2011 年 11 月 4 日

2. 测试仪器：PG—12 型多参量心理测试仪

3. 测试指标：皮肤电、脉搏、血压，上、下呼吸

4. 测前检查：仪器均正常

测试过程及分析说明：

经王阳本人同意，我们对他采用了两组"CQT"（准绳问题测试法）和十组"POT"（紧张峰测试法）进行了测试。

在第一组"CQT"测试中，王阳在回答"2006 年是你虚开粮食收购单套取购粮款的吗？"时说"不是"的说谎概率为 78.9%（说谎概率大于 50% 为说谎，小于 50% 为诚实）；在第二组"CQT"测试中，王阳在回答"2006 年以来你贪污过购粮款吗？"时说"没有"的说谎概率为 75%。

在第一组"POT"测试中，王阳在回答"你能如实告诉我你利用职务之便贪污了多少钱吗？"时说"不是十几万元"对应最强；在第二组"POT"测试中，王阳在回答"你能如实告诉我 2006 年是谁最先提出开虚假粮食收购单吗？"时说"不是他自己"对应最强；在第三组"POT"测试中，王阳在回答"你能如实告诉我你们粮所谁参与贪污购粮款吗？"时说"不是他自己"对应最强；在第四组"POT"测试中，王阳在回答"你能如实告诉我你贪污的钱的去向吗？"时说"不是藏起来了"和"不是被别人敲诈走了"对应较强；在第五组"POT"测试中，王阳在回答"你能如实告诉我有谁知道你虚开粮食

收购单贪污公款吗？"时说"不是王耀红"对应最强；在第六组"POT"测试中，王阳在回答"你能如实告诉我是谁让你翻供的吗？"时说"不是王耀红"对应最强；在第七组"POT"测试中，王阳在回答"你能如实告诉我 2006 年参与虚开粮食收购单套取公款这件事的总共有几个人吗？"时说"不是 1 个人"对应最强；在第八组"POT"测试中，王阳在回答"你能如实告诉我 2006 年 6 月 19 日的虚假粮食收购单是在什么地方填写的吗？"时说"不是在杨敏办公室"对应最强；在第九组"POT"测试中，王阳在回答"你能如实告诉我你贪污的公款藏在什么地方吗？"时说"不是藏在他姐家"对应最强；在第十组"POT"测试中，王阳在回答"你能如实告诉我你贪污的公款被谁敲诈走了吗？"时说"不是被涉黑的人"对应最强。

测试结论：

1. 王阳说 2006 年不是他虚开粮食收购单套取购粮款的是谎话；
2. 王阳说 2006 年以来他没有贪污过购粮款是谎话；
3. 王阳说他没有利用职务之便贪污十几万元是谎话；
4. 王阳说 2006 年不是他最先提出开虚假粮食收购单是谎话；
5. 王阳说他没有参与他们粮所贪污购粮款一事是谎话；
6. 王阳说他贪污的钱不是藏起来和被涉黑的人敲诈走了是谎话；
7. 王阳说他姐夫王耀红不知道他虚开粮食收购单贪污公款是谎话；
8. 王阳说不是王耀红让他翻供的是谎话；
9. 王阳说 2006 年参与虚开粮食收购单套取公款这件事的不是 1 个人是谎话；
10. 王阳说 2006 年 6 月 19 日的虚假粮食收购单不是在杨敏的办公室填写的是谎话。

以上测试充分表明：是王阳在杨敏的办公室填写的 2006 年 6 月 19 日的虚假粮食收购单套取购粮款；王阳利用职务之便贪污十几万元购粮款；王阳的姐夫王耀红知道他虚开粮食收购单贪污公款一事；王阳贪污的钱应当是藏起来或者被涉黑的人敲诈走了。

（二）对杨敏的测试情况

测试题目：

1. 2006 年以来你贪污过购粮款吗？

2. 虚开粮食收购单一事在事前王阳和你商量过吗？

3. 你能如实告诉我你翻供的原因吗？

测试时间、仪器、指标及测前检查：

1. 测试时间：2011 年 11 月 4 日

2. 测试仪器：PG—12 型多参量心理测试仪

3. 测试指标：皮肤电、脉搏、血压，上、下呼吸

4. 测前检查：仪器均正常

测试过程及分析说明：

经杨敏本人同意，我们对他采用了两组"CQT"（准绳问题测试法）和一组"POT"（紧张峰测试法）进行了测试。

在第一组"CQT"测试中，杨敏在回答"2006 年以来你贪污过购粮款吗？"时说"没有"的说谎概率为 24.3%（说谎概率大于 50% 为说谎，小于 50% 为诚实）；在第二组"CQT"测试中，杨敏在回答"虚开粮食收购单一事在事前王阳和你商量过吗？"时说"没有"的说谎概率为 24.4%。

在"POT"测试中，杨敏在回答"你能如实告诉我你翻供的原因吗？"时说"是因为他确实没有贪污购粮款"对应最弱。

测试结论：

1. 杨敏说 2006 年以来他没有贪污过购粮款是实话；

2. 杨敏说虚开粮食收购单一事在事前王阳没有和他商量过是实话；

3. 杨敏说他翻供的原因是因为他确实没有贪污购粮款是实话。

以上测试表明：杨敏自 2006 年以来没有贪污过购粮款。

测试要点 2　"零口供"贪污案件中，如何借助心理测试推动司法人员"内心确信"

案例一　伊川县鸦岭乡某村原村支部书记李江涛贪污案

2011 年 1 月 6 日，伊川县人民检察院控申大厅突然来了三名村民，声称要举报其所在村原村支部书记贪污公款，接待员马上通知反贪局负责人，

其指派该院侦查一科科长和一名干警到控申大厅了解详细情况。经询问，该三人系某村村干部，他们来伊川县人民检察院反映其所在村原村支部书记李江涛贪污村干部工资、项目工程款等情况，并提供了一些证明材料，还声称如果没人管，他们将到市里、省里告。在了解了上述情况后，该院反贪局制定了初查方案，分工负责，于第二天展开初查，同年1月24日立案侦查。经查，2003年年初至2008年年底，李江涛利用其担任伊川县鸦岭乡某村支部书记和村委会主任的职务之便，多次实施违法犯罪行为：一是其把该村村干部工资从乡财政所领出后，没有全部发放给村干部，而是将其中的27960元工资非法据为己有；二是2005年，其在负责支付该村打井工程款过程中，采用欺骗手段，虚列开支将2007年12月30日支付给洛阳地质勘察设计院孙天立的6万元工程款非法据为己有；三是2008年年初，伊川县扶持该村农业结构调整建设，向该村下拨建蔬菜大棚款10万元，其在未实施该蔬菜大棚工程的情况下，虚列开支将该项目款中的9万元非法据为己有。

虽然上述事实清楚，有乡、村财务账目、证人证言等证据证实，但李江涛拒不承认上述事实。为了弄清李江涛是否贪污公款，伊川县人民检察院反贪局遂委托洛阳市人民检察院心理测试中心对李江涛进行心理测试。最终，测试结果表明李江涛讲自己没有贪污都是谎话。在测试结果和其他铁证面前，李江涛供认了其贪污公款的事实，案件顺利告破。

测试题目：

1. 你贪污过应当发给村干部的工资款吗？

2. 你贪污过你们村用于打井的钱吗？

3. 你贪污过县里拨给你们村用于建塑料大棚的钱吗？

4. 你能如实回答我的问题吗？

5. 你能如实告诉我你从2003年至2008年总共将应当发给村干部的工资多少钱非法据为己有吗？

6. 你能如实告诉我在你们村打井一事中你将多少工程款据为己有吗？

7. 你能如实告诉我2008年县里拨给你们村用于建塑料大棚的钱你非法占有了多少吗？

8. 你能如实告诉我你从2002年担任村干部至今利用职务之便总共将多少公款据为己有吗？

9. 你能如实告诉我你贪污的这些公款的去向吗？

测试时间、仪器、指标及测前检查：

1. 测试时间：2011 年 9 月 14 日
2. 测试仪器：PG—12 型多参量心理测试仪
3. 测试指标：皮肤电、脉搏、血压，上、下呼吸
4. 测前检查：仪器均正常

测试过程及分析说明：

经李江涛本人同意，我们对他采用了一组"CQT"（准绳问题测试法）和一组"MGQT"（改进的一般问题测试法）以及六组"POT"（紧张峰测试法）进行了测试。

在"CQT"测试中，李江涛在回答"你贪污过应当发给村干部的工资款吗？"时说"没有"的说谎概率为 70.3%（说谎概率大于 50% 为说谎，小于 50% 为诚实）。

在"MGQT"测试中，李江涛在回答"你贪污过你们村用于打井的钱吗？"时说"没有"的说谎概率为 69%；李江涛在回答"你贪污过县里拨给你们村用于建塑料大棚的钱吗？"时说"没有"的说谎概率为 74.9%。

在第一组"POT"测试中，李江涛在回答"你能如实回答我的问题吗？"时说"他没有利用职务之便贪污过公款"对应最强；在第二组"POT"测试中，李江涛在回答"你能如实告诉我你从 2003 年至 2008 年总共将应当发给村干部的工资多少钱非法据为己有吗？"时说"不是 2 万多元"对应最强；在第三组"POT"测试中，李江涛在回答"你能如实告诉我在你们村打井一事中你将多少工程款据为己有吗？"时说"不是 11 万元"对应最强；在第四组"POT"测试中，李江涛在回答"你能如实告诉我 2008 年县里拨给你们村用于建塑料大棚的钱你非法占有了多少吗？"时说"不是 9 万元"对应最强；在第五组"POT"测试中，李江涛在回答"你能如实告诉我你从 2002 年担任村干部至今利用职务之便总共将多少公款据为己有吗？"时说"不是 20 多万元"对应最强；在第六组"POT"测试中，李江涛在回答"你能如实告诉我你贪污的这些公款的去向吗？"时说"不是用于和人合资搞工程"对应最强。

测试结论：

1. 李江涛说他没有贪污过应当发给村干部的工资款是谎话；

2. 李江涛说他没有贪污过他们村用于打井的钱是谎话；

3. 李江涛说他没有贪污过县里拨给他们村用于建塑料大棚的钱是谎话；

4. 李江涛说他没有贪污过应当发给村干部的工资款是谎话；

5. 李江涛说他从 2003 年至 2008 年没有将应当发给村干部的工资 2 万多元非法据为己有是谎话；

6. 李江涛说在他们村打井一事中他没有将 11 万元工程款据为己有是谎话；

7. 李江涛说 2008 年县里拨给他们村用于建塑料大棚的钱他没有非法占有 9 万元是谎话；

8. 李江涛说他从 2002 年担任村干部至今没有利用职务之便将 20 多万元公款据为己有是谎话；

9. 李江涛说他贪污的这些公款没有用于和人合资搞工程是谎话。

以上测试充分表明：李江涛从 2002 年担任村干部至今利用职务之便将 20 多万元公款据为己有；其中：他从 2003 年至 2008 年将应当发给村干部的工资 2 万多元非法据为己有；他把他们村用于打井的 11 万元工程款据为己有；他把 2008 年县里拨给他们村用于建塑料大棚的 9 万元据为己有。他贪污的这些公款大部分用于和人合资搞工程了。

案例二　伊川县葛寨乡某村电灌站原副站长、村支部书记张大国贪污案

2010 年 4 月，伊川县人民检察院接到该县葛寨乡某村群众举报，称该村支部书记贪污公款，要求检察院调查。伊川县人民检察院受理此案后，立即展开初查，并于当年 5 月以张大国涉嫌贪污、职务侵占犯罪立案侦查。由于张大国从 2001 年起先后在该村电灌站、村委会任职，人际关系较为复杂，调查惊动了张大国，其听到风声后畏罪潜逃，在逃亡途中被上网追逃抓获。当年 9 月，该案因事实不清、证据不足撤案。案件被撤销后，该村群众仍然不停上访状告张大国。2011 年 1 月，因发现新的证据，伊川县人民检察院重新对上述案件进行调查，经依法侦查查明：

（1）2001 年 6 月和 2002 年 6 月，张大国利用其担任伊川县葛寨乡某村电灌站副站长的职务便利，收取电费 16941 元，上账 12310.36 元，侵吞余

款 4630.64 元；同时，领取该单位职工工资 8650 元予以侵吞。（2）2004 年 4 月至 2009 年 3 月，张大国利用其担任伊川县葛寨乡某村支部书记的职务便利，采取不上账、少上账的方式，侵吞其代领的退耕还林补贴款、以工代赈饮水工程质量保证金、伊川县网通公司占地补偿款、机动地承包款、计划生育款、村干部工资共计 590481.2 元。（3）2008 年 6 月至 12 月，张大国利用其担任伊川葛寨乡某村支部书记的职务便利，冒用该村村民张长锁的名义签订三份虚假新农村建设施工合同，骗取上级拨款共计 31700 元，采取不上账的方式予以侵吞。

由于该案涉及年份跨度较大，案情琐碎，张大国拒不承认上述事实，并且该村 2007 年至 2008 年会计账目资料丢失，给查明案情造成了一定困难。为了弄清张大国是否贪污公款以及赃款的去向，伊川县人民检察院反贪局遂委托洛阳市人民检察院心理测试中心对其进行心理测试，最终测试结论印证了侦查结果，在坚定了办案人员信心的同时，也摧垮了张大国的心理防线，案件顺利告破。

测试题目：

1. 你贪污过应当发给村干部的工资款吗？
2. 你担任电灌站副站长期间贪污过电费吗？
3. 你私自侵占过电灌站职工的工资吗？
4. 你能如实回答我的问题吗？
5. 你能如实告诉我你从担任村支部书记以来总共贪污了多少钱吗？
6. 你能如实告诉我你任你们村电灌站副站长期间贪污了多少电费吗？
7. 你能如实告诉我你任你们村电灌站副站长期间职工的工资你贪污了多少吗？
8. 你能如实告诉我你担任村干部至今利用职务之便总共将多少退耕还林补贴据为己有吗？
9. 你能如实告诉我你贪污的这些公款的去向吗？
10. 你能如实告诉我你们村 2007 年至 2008 年会计账目资料的去向吗？

测试时间、仪器、指标及测前检查：

1. 测试时间：2011 年 9 月 26 日
2. 测试仪器：PG—12 型多参量心理测试仪

3. 测试指标：皮肤电、脉搏、血压，上、下呼吸

4. 测前检查：仪器均正常

测试过程及分析说明：

经张大国本人同意，我们对他采用了一组"CQT"（准绳问题测试法）和一组"MGQT"（改进的一般问题测试法）以及七组"POT"（紧张峰测试法）进行了测试。

在"CQT"测试中，张大国在回答"你贪污过应当发给村部的工资款吗？"时说"没有"的说谎概率为 78.6%（说谎概率大于 50% 为说谎，小于 50% 为诚实）。

在"MGQT"测试中，张大国在回答"你担任电灌站副站长期间贪污过电费吗？"时说"没有"的说谎概率为 63.4%；张大国在回答"你私自侵占过电灌站职工的工资吗？"时说"没有"的说谎概率为 64.6%。

在第一组"POT"测试中，张大国在回答"你能如实回答我的问题吗？"时说"他没有利用职务之便贪污过退耕还林款"对应最强；在第二组"POT"测试中，张大国在回答"你能如实告诉我你从担任村支部书记以来总共贪污了多少钱吗？"时说"不是十几万元"对应最强；在第三组"POT"测试中，张大国在回答"你能如实告诉我你任你们村电灌站副站长期间贪污了多少电费吗？"时说"不是四千多元"对应最强；在第四组"POT"测试中，张大国在回答"你能如实告诉我你任你们村电灌站副站长期间职工的工资你贪污了多少吗？"时说"不是 8000 多元"对应最强；在第五组"POT"测试中，张大国在回答"你能如实告诉我你担任村干部至今利用职务之便总共将多少退耕还林补贴据为己有？"时说"不是十几万元"对应最强；在第六组"POT"测试中，张大国在回答"你能如实告诉我你贪污的这些公款的去向吗？"时说"不是用于供孩子上学了"对应最强；在第七组"POT"测试中，张大国在回答"你能如实告诉我你们村 2007 年至 2008 年会计账目资料的去向吗？"时说"不是把它藏起来了"对应最强。

测试结论：

1. 张大国说他没有贪污过应当发给村干部的工资款是谎话；

2. 张大国说他担任电灌站副站长期间没有贪污过电费是谎话；

3. 张大国说他没有私自侵占过电灌站职工的工资是谎话；

4. 张大国说他没有贪污过退耕还林款是谎话；

5. 张大国说他从担任村支部书记以来没有贪污十几万元是谎话；

6. 张大国说他任他们村电灌站副站长期间没有贪污四千多元电费是谎话；

7. 张大国说他任他们村电灌站副站长期间职工的工资他没有贪污八千多元是谎话；

8. 张大国说他担任村干部至今没有利用职务之便将十几万元退耕还林补贴据为己有是谎话；

9. 张大国说他贪污的这些公款不是用于供孩子上学是谎话；

10. 张大国说他没有把他们村 2007 年至 2008 年会计账目资料藏起来是谎话。

以上测试充分表明：张大国担任他们村电灌站副站长期间贪污 4000 多元电费、8000 多元职工工资；他担任村干部至今利用职务之便贪污了十几万元；他贪污的这些公款大部分用于供孩子上学用了；他把他们村 2007 年至 2008 年会计账目资料藏起来了。

测试要点 3　贪污、受贿等职务犯罪事实查清后，如何借助心理测试查明赃款去向以挽回损失

案例一　洛阳市某食品集团股份有限公司财务处开票室原主任杨弘贪污案

2001 年 11 月，洛阳市某食品集团股份有限公司在例行查账时发现，该公司 2000 年 1 月和 2001 年 1 月的销售收入明显不正常，猜测是内部人做了手脚，遂向检察机关报案。经查：2000 年至 2001 年，该公司财务处开票室主任杨弘利用职务便利，采用截留销售货款不上交财务等手段，侵吞公款 198352.24 元。对上述事实，有证人证言、会计资料、技术鉴定报告等证据证实，杨弘亦供认不讳，但在接受讯问时其对于赃款的去向一直没有固定的说法，有时说钱都让自己花了，有时说钱放在家中柜子里，被小偷偷去了，因为是赃款，所以没有报案。案件被依法提起公诉后，一审法院以贪污罪判处杨弘有期徒刑十年，其不服提出上诉，洛阳市中级人民法院受理后将此案发回重审。

为了追回这笔赃款，将案件圆满办结，侦查人员又进行了大量周密细致的调查，得知杨弘在社会上集资欠了不少亲友的大量资金，其很可能将上述赃款偿还亲友借款了。办案人员分析，杨弘还存在侥幸心理——既然坐牢已是必然，那么最终占有这笔巨款下落，也不枉几年的牢狱。在这种情况下，

办案人员感觉正面的审讯很难有所突破，同时对杨弘亲友的取证也毫无进展。为了弄清杨弘所讲是否属实以及赃款的去向，遂申请对其进行心理测试以证实这个猜测。在测试人员的努力下，杨弘的心理防线被攻破，向办案人员坦白了赃款的去向。根据供述，办案人员顺利追回了赃款，案件圆满侦破。

测试题目：

1. 你知道 19.8 万余元用在什么地方吗？
2. 你借亲朋好友的 18 万元都用于什么地方？
3. 你挪用的 3.9 万元用于什么地方？

测试时间、仪器、指标及测前检查：

1. 测试时间：2003 年 9 月 24 日
2. 测试仪器：PG—7 型多道心理测试仪
3. 测试指标：皮电、脉搏，上、下呼吸
4. 测前检查：仪器均正常

测试过程及分析说明：

经杨弘本人同意，我们对她采用了三组"POT"（紧张峰测试法）进行测试。在第一组"POT"测试中，在回答"你知道 19.8 万余元用在什么地方吗？"时说"不是用于填补她以前借的 18 万元的漏洞"对应最强；在第二组"POT"测试中，在回答"你借亲朋好友的 18 万元都用于什么地方？"时说"不是用于在厂外面集资"对应最强；在第三组"POT"测试中，在回答"你挪用的 3.9 万元用于什么地方？"时说"不是用于归还借亲朋好友的款的利息、本金"对应最强。

测试结论：

1. 19.8 万余元是用于填补杨弘自己以前借的 18 万元的漏洞；
2. 杨弘借亲朋好友的 18 万元是用于在厂外面集资；
3. 杨弘挪用的 3.9 万元用于归还借亲朋好友的款的利息、本金。

案例二　河北钢铁集团采购总公司某分公司原副经理胡保国受贿案

2010 年，河南省人民检察院在侦查河北钢铁集团某公司有关人员贪污贿赂线索过程中，发现该集团采购总公司某分公司副经理胡保国有重大受贿嫌疑，遂指定孟津县人民检察院查办此案。经查：1993 年至案发，胡保国利用职务上的便利，在公司业务往来中收受贿赂，为董欣夫妇从事车辆运输业务提供货源及结算便利，并为其开办的企业提供经营便利，谋取利益。2003 年至案发，胡保国利用职务上的便利，在采购业务中给予刘威向其所在公司供货供应量上的照顾以及在质检、结算方面提供便利，并收受刘威贿赂。在胡保国任职期间，还多次收受米双九、裴浩、李宝军等人的现金和有价证券等财物。

在接受讯问时，胡保国总是避重就轻，不如实交代自己收受巨额贿赂的犯罪事实，多次翻供、百般抵赖、拒不认罪，同时，由于涉案人员较多，犯罪时间跨度较大，作案手段也较为隐蔽，案件一时陷入僵局。为了弄清胡保国究竟受贿了多少财物以及财物的去向，孟津县人民检察院反贪局委托洛阳市人民检察院心理测试中心对胡保国进行心理测试，通过测试攻破其心理防线，促使其如实交代了犯罪事实，最终胡保国被人民法院以受贿罪判处有期徒刑十年。

测试题目：

1. 你有情妇吗？
2. 你私自挪用过公款吗？
3. 为了使董欣夫妇成为你们的战略户，你为他们挪用过公款吗？
4. 你向你们公司领导行贿过吗？
5. 你能如实告诉我你所有受贿的钱物合计有多少钱吗？
6. 你能如实告诉我你收受米双九的钱物总计多少钱吗？
7. 你能如实告诉我你收受刘威的钱物总计多少钱吗？
8. 你能如实告诉我你收受李宝军的钱物总计多少钱吗？
9. 你能如实告诉我你收受裴浩的钱物总计多少钱吗？
10. 你能如实告诉我你有几个情妇吗？
11. 你能如实告诉我你给你们公司哪个领导送过钱和物吗？
12. 你能如实告诉我你受贿的那么多钱都用于什么地方了吗？

测试时间、仪器、指标及测前检查：

1. 测试时间：2010 年 7 月 6 日、9 日
2. 测试仪器：PG—12 型多参量心理测试仪
3. 测试指标：皮肤电、脉搏、血压，上、下呼吸
4. 测前检查：仪器均正常

测试过程及分析说明：

经胡保国本人同意，我们对他采用了一组"CQT"（准绳问题测试法）和一组"MGQT"（改进的一般问题测试法）以及八组"POT"（紧张峰测试法）进行了测试。

在"CQT"测试中，胡保国在回答"你有情妇吗?"时说"没有"的说谎概率为 69.5%（说谎概率大于 50% 为说谎，小于 50% 为诚实）。

在"MGQT"测试中，胡保国在回答"你私自挪用过公款吗?"时说"没有"的说谎概率为 81.1%；胡保国在回答"为了使董欣夫妇成为你们的战略户，你为他们挪用过公款吗?"时说"没有"的说谎概率为 66.8%；胡保国在回答"你向你们公司领导行贿过吗?"时说"没有"的说谎概率为 76.4%。

在第一组"POT"测试中，胡保国在回答"你能如实告诉我你所有受贿的钱物合计有多少钱吗?"时说"不是 1000 多万元"对应最强；在第二组"POT"测试中，胡保国在回答"你能如实告诉我你收受米双九的钱物总计多少钱吗?"时说"不是 300 多万元"对应最强；在第三组"POT"测试中，胡保国在回答"你能如实告诉我你收受刘威的钱物总计多少钱吗?"时说"不是 200 多万"对应最强；在第四组"POT"测试中，胡保国在回答"你能如实告诉我你收受李宝军的钱物总计多少钱吗?"时说"不是 200 多万元"对应最强；在第五组"POT"测试中，胡保国在回答"你能如实告诉我你收受裴浩的钱物总计多少钱吗?"时说"不是更多的钱"对应最强；在第六组"POT"测试中，胡保国在回答"你能如实告诉我你有几个情妇吗?"时说"不是三个"和"不是五个"对应较强；在第七组"POT"测试中，胡保国在回答"你能如实告诉我你给你们公司哪个领导送过钱和物?"时说"不是给苏广奇送过"对应最强；在第八组"POT"测试中，胡保国在回答"你能如实告诉我你受贿的那么多钱都用于什么地方了吗?"时说"不是用于房地产"和"不是藏起来"对应较强。

测试结论：

1. 胡保国说他没有情妇是谎话；
2. 胡保国说他没有私自挪用过公款是谎话；
3. 胡保国说为了使董欣夫妇成为他们的战略户他没有为他们挪用过公款是谎话；
4. 胡保国说他没有向他们公司领导行贿过是谎话；
5. 胡保国说他所有受贿的钱物合计不是 1000 多万元是谎话；
6. 胡保国说他收受米双九的钱物合计不是 300 多万元是谎话；
7. 胡保国说他收受刘威的的钱物合计不是 200 多万元是谎话；
8. 胡保国说他收受李宝军的钱物合计不是 200 多万元是谎话；
9. 胡保国说他收受裴浩的钱物合计不是更多的钱是谎话；
10. 胡保国说他没有多个情妇是谎话；
11. 胡保国说他没有给公司领导苏广奇送过钱是谎话；
12. 胡保国说他受贿的钱不是用于投资房地产和藏起来了是谎话。

以上测试充分表明：胡保国有不止一个情妇；他私自挪用过公款；为了使董欣夫妇成为他们的战略户胡保国为他们挪用过公款；胡保国向公司领导苏广奇行贿过；他所有受贿的钱物合计是 1000 多万元；胡保国收受米双九的钱物合计是 300 多万元；收受刘威的钱物合计是 200 多万元；收受李宝军的钱物合计是 200 多万元；胡保国受贿的钱是用于投资房地产和藏起来了。

案例三　呼和浩特市某财产保险支公司原出纳李显挪用公款案

2007 年 5 月，内蒙古自治区呼和浩特市某财产保险支公司在查账中发现账目存在问题，有 680 余万元不知去向，因金额巨大，该公司立即向玉泉区人民检察院报案，该院反贪局依法立案侦查。经调查：2004 年 6 月 30 日，呼和浩特市某财产保险支公司出纳李显在银行开立了一个账户，并通过该账户提走公司账面资金 460 万余元，其还有一笔直接收取投保人的 220 万余元现金未按规定交银行。李显除了上班收入外，未参与其他经营性活动，但日常生活较为奢侈，与其正常收入不相符合。同时，调查还发现，李显的私生活较为复杂，公司传闻其外面有"小三"，同时，其与该公司经理私人关系很密切。

办案人员综合考虑上述情况后，认为该保险公司财务制度相对完善，这两笔巨款去向不明不可能是由一个出纳完成的，肯定有知情人或者同伙，该公司会计和经理知情的可能性较大，但李显在多次讯问中，拒不交代巨款的去向，也不承认其有同伙，苦于没有证据能够证明上述判断，案件一时间陷入僵局。为了弄清这 680 余万元的去向，印证办案人员的判断，玉泉区人民检察院遂委托洛阳市人民检察院心理测试中心对李显进行心理测试，测试人员依据案情，精心编写了测试题目，测试结果反映了巨款的去向，证实了办案人员的判断，为顺利突破案件奠定了基础。

测试题目：

1. 你是和你们公司会计合伙挪用保费的吗？
2. 你能如实告诉我你总共挪用了多少保费吗？
3. 你挪用的那些钱都用于什么地方了？
4. 你在北京消费买的那些东西都放在什么地方了？
5. 你能如实告诉我你在北京消费购买的东西放在什么地方吗？
6. 你能告诉我你总共挥霍了你们公司的多少保费吗？
7. 你能如实告诉我 2007 年以前你挪用公司保费都有谁知道吗？
8. 你能如实告诉我 2007 年以前你是和谁一起挪用公司保费的吗？
9. 你能如实告诉我你把挪用公司的保费私自给谁了吗？
10. 你能如实告诉我参与挪用你们公司保费的总共有几个人吗？
11. 你能如实告诉我你为卷烟厂保的团体意外险的那 30 多万元的去向吗？
12. 你能如实告诉我你挪用的钱都给过谁了吗？
13. 你能如实回答我的问题吗？
14. 你能如实告诉我你和郭建良是什么关系吗？

测试时间、仪器、指标及测前检查：

1. 测试时间：2008 年 5 月 2 日
2. 测试仪器：PG—12 型多参量心理测试仪
3. 测试指标：皮肤电、脉搏、血压，上、下呼吸
4. 测前检查：仪器均正常

测试过程及分析说明：

经李显本人同意，我们对她采用一组"CQT"（准绳问题测试法）和十三

组"POT"（紧张峰测试法）进行了测试。

在"CQT"测试中，李显在回答"你是和你们公司会计合伙挪用保费的吗？"时说"不是"的说谎概率为 83.9%（说谎概率大于 50% 为说谎，小于 50% 为诚实）。

在第一组"POT"测试中，李显在回答"你能如实告诉我你总共挪用了多少保费吗？"时说"不是 300 多万元"对应最强；在第二组"POT"测试中，李显在回答"你挪用的那些钱都用于什么地方了？"时说"不是养有情人"对应最强；在第三组"POT"测试中，李显在回答"你在北京消费买的那些东西都放在什么地方了？"时说"不是放在别的地方"对应最强；在第四组"POT"测试中，李显在回答"你能如实告诉我你在北京消费购买的东西放在什么地方吗？"时说"不是放在北京"对应最强；在第五组"POT"测试中，李显在回答"你能告诉我你总共挥霍了你们公司的保费多少吗？"时说"不是几万"对应最强；在第六组"POT"测试中，李显在回答"你能如实告诉我 2007 年以前你挪用公司保费都有谁知道吗？"时说"不是她公司经理知道"对应最强；在第七组"POT"测试中，李显在回答"你能如实告诉我 2007 年以前你是和谁一起挪用公司保费的吗？"时说"不是和她们公司会计"对应最强；在第八组"POT"测试中，李显在回答"你能如实告诉我你把挪用公司的保费私自给谁了吗？"时说"不是郭建良"对应最强；在第九组"POT"测试中，李显在回答"你能如实告诉我参与挪用你们公司保费的总共有几个人吗？"时说"不是有 2 个人"对应最强；在第十组"POT"测试中，李显在回答"你能如实告诉我你为卷烟厂保的团体意外险的那 30 多万元的去向吗？"时说"不是借给别人了"对应最强；在第十一组"POT"测试中，李显在回答"你能如实告诉我你挪用的钱都给过谁吗？"时说"不是给她丈夫了"对应最强；在第十二组"POT"测试中，李显在回答"你能如实回答我的问题吗？"时说"没有情人"对应最强；在第十三组"POT"测试中，李显在回答"你能如实告诉我你和郭建良是什么关系吗？"时说"不是情人关系"对应最强。

测试结论：

1. 李显说不是她和她们公司会计合伙挪用保费是谎话；
2. 李显说不是挪用了 300 多万元是谎话；
3. 李显说她挪用的那些钱不是用于养情人了是谎话；
4. 李显说她在北京消费买的那些东西不是放在别的地方了是谎话；
5. 李显说她在北京消费买的那些东西不是放在北京了是谎话；

6. 李显说她没有挥霍公司几万元钱是谎话；

7. 李显说她 2007 年以前挪用公司保费她公司经理不知道是谎话；

8. 李显说 2007 年以前她不是和她们公司会计一起挪用公司保费的是谎话；

9. 李显说她不是把挪用公司的保费私自给了郭建良是谎话；

10. 李显说不是 2 个人参与挪用她们公司保费的是谎话；

11. 李显说她为卷烟厂保的团体意外险的那 30 多万元不是借给别人了是谎话；

12. 李显说她挪用的钱没有给过她丈夫是谎话；

13. 李显说她没有情人是谎话；

14. 李显说她和郭建良的关系不是情人关系是谎话。

以上测试表明：李显挪用了保险公司 300 多万元，用于养情人（用于买房子）、给其丈夫一部分、给公司经理郭建良一部分、自己挥霍一部分。

测试要点 4　在犯罪嫌疑人避重就轻的供述后，如何借助心理测试获取更多的涉案信息，为侦查窝案串案提供方向

案例一　汤阴某有限责任公司法人代表刘威行贿案

2010 年，孟津县人民检察院在查办河南省人民检察院交办的河北钢铁集团采购总公司某分公司副经理胡保国受贿一案时，发现刘威涉嫌向胡保国行贿的犯罪事实。经查：2003 年以来，刘威在和河北钢铁集团采购总公司某分公司业务往来中，为了得到供应量上的照顾及质检、结算方面的便利，向时任河北钢铁集团采购总公司某分公司原料供应部部长的胡保国行贿现金和有价证券。

针对案件特点，办案人员分析刘威想得到业务往来中的不当利益，只向胡保国一个人行贿无法实现，中间多个环节都必须"疏通"，但在讯问中，刘威没有供述其向河北钢铁集团采购总公司某分公司其他领导和部门负责人行贿的情况。此时多个检察院正在查办河北钢铁集团某分公司其他职务犯罪线索，弄清刘威到底送给胡保国多少钱物以及是否给河北钢铁集团某分公司其他领导送过钱物对扩大战果有利。孟津县人民检察院反贪局遂委托洛阳市人民检察院心理测试中心对刘威进行心理测试。测试结论反映，刘威曾向河北钢铁集团某分公司领导和多个部门负责人行贿，有力配合了其他办案单位的工作。最终，人民法院以行贿罪对刘威作出了有罪判决。

测试题目：

1. 除了你交代的你还向某公司其他领导送过钱或物吗？

2. 你在被关押期间有人私下给你通风报信吗？

3. 你给某公司财务部的领导送过钱和物吗？

4. 你给炼钢厂的领导送过钱和物吗？

5. 你给某公司质检站的领导送过钱和物吗？

6. 你能如实告诉我你们公司的账在什么地方吗？

7. 你能如实告诉我 2003 年至今你总共给胡保国送了多少钱（包含物、购物券）吗？

8. 你能如实告诉我你给以下领导送过钱和物吗？

9. 你能如实告诉我你给以下领导送过钱和物吗？

10. 你能如实告诉我你给炼钢厂的哪个领导送的钱和物最多吗？

11. 你能如实告诉我你在被关押期间是谁私下给你通风报信吗？

12. 你能如实告诉我你们公司的账在什么地方吗？

13. 你能如实告诉我你给某公司副总刘晓送了多少钱吗？

测试时间、仪器、指标及测前检查：

1. 测试时间：2010 年 7 月 6 日

2. 测试仪器：PG—12 型多参量心理测试仪

3. 测试指标：皮肤电、脉搏、血压、上、下呼吸

4. 测前检查：仪器均正常

测试过程及分析说明：

经刘威本人同意，我们对他采用了两组"CQT"（准绳问题测试法）和一组"MGQT"（改进的一般问题测试法）以及八组"POT"（紧张峰测试法）进行了测试。

在第一组"CQT"测试中，刘威在回答"除了你交代的你还向某公司其他领导送过钱或物吗？"时说"没有"的说谎概率为 75.7%（说谎概率大于 50% 为说谎，小于 50% 为诚实）；在第二组"CQT"测试中，刘威在回答"你在被关押期间有人私下给你通风报信吗？"时说"没有"的说谎概率为 79.9%。

在"MGQT"测试中，刘威在回答"你给某公司财务部的领导送过钱和物

吗?"时说"没有"的说谎概率为75.4%；刘威在回答"你给炼钢厂的领导送过钱和物吗?"时说"没有"的说谎概率为63.7%；刘威在回答"你给某公司质检站的领导送过钱和物吗?"时说"没有"的说谎概率为69.8%。

在第一组"POT"测试中，刘威在回答"你能如实告诉我你们公司的账在什么地方吗?"时说"不是在他们家"对应最强；在第二组"POT"测试中，刘威在回答"你能如实告诉我2003年至今你总共给胡保国送了多少钱（包含物、购物券）吗?"时说"不是100多万元"对应最强；在第三组"POT"测试中，刘威在回答"你能如实告诉我你给以下领导送过钱和物吗?"时说"没有给刘晓送过"对应最强；在第四组"POT"测试中，刘威在回答"你能如实告诉我你给以下领导送过钱和物吗?"时说"没有给贾生送过"和"没有给王彬送过"对应较强；在第五组"POT"测试中，刘威在回答"你能如实告诉我你给炼钢厂的哪个领导送的钱和物最多?"时说"不是赵昌"和"不是彭宝"对应最强；在第六组"POT"测试中，刘威在回答"你能如实告诉我你在被关押期间是谁私下给你通风报信吗?"时说"不是看守所的民警"对应最强；在第七组"POT"测试中，刘威在回答"你能如实告诉我你们公司的账在什么地方吗?"时说"不是在他弟家"对应最强；在第八组"POT"测试中，刘威在回答"你能如实告诉我你给某公司副总刘晓送了多少钱吗?"时说"不是十几万"对应最强。

测试结论：

1. 刘威说除了他交代的他没有向某公司其他领导送过钱或物是谎话；
2. 刘威说他在被关押期间没有人私下给他通风报信是谎话；
3. 刘威说他没有给某公司财务部的领导送过钱和物是谎话；
4. 刘威说他没有给炼钢厂的领导送过钱和物是谎话；
5. 刘威说他没有给某公司质检站的领导送过钱和物是谎话；
6. 刘威说他不知道他们公司的账在他家里是谎话；
7. 刘威说2003年至今他总共给胡保国送的不是100多万元是谎话；
8. 刘威说他没有给刘晓送过钱和物是谎话；
9. 刘威说他没有给贾生和王彬送过钱和物是谎话；
10. 刘威说他给炼钢厂的赵昌和彭宝送的钱和物不是最多是谎话；
11. 刘威说他在被关押期间不是看守所的民警私下给他通风报信是谎话；
12. 刘威说他们公司的账不是藏在他弟弟家是谎话；
13. 刘威说他送给某公司副总刘晓的不是十几万元是谎话。

以上测试充分表明：刘威送给某公司副总刘晓十几万元；他给某公司副总

贾生和总会计师王彬送过钱；他给某公司炼钢厂的赵昌和彭宝送过钱和物；他给某公司质检站的领导送过钱和物；他在被关押期间是看守所的民警私下给他通风报信；2003年至今他总共给胡保国送了100多万元；他们公司的账应该藏在他弟弟家。

案例二　中铁大桥局某公司原总经理吴楠行贿案

　　2010年年底，河南省纪律检查委员会在对省交通厅董新涉嫌违纪问题进行调查时发现，中铁大桥局某公司在桃花峪黄河大桥建设招标过程中有严重的违法行为，遂将此案移交郑州市金水区人民检察院办理。该院初查后，迅速传唤了中铁大桥局某公司总经理吴楠，其先后交代了自己受贿、行贿的一些问题，但对办案人员讯问桃花峪黄河大桥建设招标的情况，要么声称自己记不清楚了，要么答非所问，含糊其辞，依据初查的情况，办案人员认为其避而不谈的态度表明其中一定存在严重问题。为了弄清吴楠在桃花峪黄河大桥建设招标过程中是否有严重的违法行为，郑州市金水区人民检察院遂委托洛阳市人民检察院心理测试中心对吴楠进行心理测试，测试人员围绕行贿款的来源、行贿对象、实施行贿人员等情况设计了十组题目，测试结果反映了吴楠利用套取的公款向交通厅领导行贿等情况。侦查机关依据测试结果，对吴楠和相关人员进行调查，最终该窝案串案得以圆满侦破。

测试题目：

1. 你们公司在桃花峪黄河大桥中标时找有中介吗？

2. 你们公司中标桃花峪黄河大桥时行贿了吗？

3. 你们公司在桃花峪黄河大桥招标中是谁找的中介？

4. 你们公司中标桃花峪黄河大桥总共行贿了多少钱？

5. 你们公司在桃花峪黄河大桥投标时向交通厅的哪位领导送过钱？

6. 你们公司在桃花峪黄河大桥建设工程中标过程中是谁负责向交通厅领导送钱？

7. 你们公司中标桃花峪黄河大桥时行贿的钱是怎么套出来的？

8. 你们公司中标桃花峪黄河大桥时行贿的钱是谁负责套出来的？

9. 你们公司在桃花峪黄河大桥投标时向范斌送了多少钱？

10. 你能如实告诉我你利用职务之便非法所得总共有多少钱吗？

测试时间、仪器、指标及测前检查：

1. 测试时间：2011 年 11 月 29 日
2. 测试仪器：PG—12 型多参量心理测试仪
3. 测试指标：皮肤电、脉搏、血压，上、下呼吸
4. 测前检查：仪器均正常

测试过程及分析说明：

经吴楠本人同意，我们对他采用了两组 "CQT"（准绳问题测试法）以及八组 "POT"（紧张峰测试法）进行了测试。

在第一组 "CQT" 测试中，吴楠在回答 "你们公司在桃花峪黄河大桥中标时找有中介吗？" 时说 "没有" 的说谎概率为 89.4%（说谎概率大于 50% 为说谎，小于 50% 为诚实）；在第二组 "CQT" 测试中，吴楠在回答 "你们公司中标桃花峪黄河大桥时行贿了吗？" 时说 "没有" 的说谎概率为 71.7%。

在第一组 "POT" 测试中，吴楠在回答 "你们公司在桃花峪黄河大桥招标中是谁找的中介？" 时说 "不是他自己" 对应最强；在第二组 "POT" 测试中，吴楠在回答 "你们公司中标桃花峪黄河大桥总共行贿了多少钱？" 时说 "不是几百万元" 对应最强；在第三组 "POT" 测试中，吴楠在回答 "你们公司在桃花峪黄河大桥投标时向交通厅的哪位领导送过钱？" 时说 "不是范斌" 对应最强；在第四组 "POT" 测试中，吴楠在回答 "你们公司在桃花峪黄河大桥建设工程中标过程中是谁负责向交通厅领导送钱？" 时说 "不是他自己" 对应最强；在第五组 "POT" 测试中，吴楠在回答 "你们公司中标桃花峪黄河大桥时行贿的钱是怎么套出来的？" 时说 "不是造假账套出来的" 对应最强；在第六组 "POT" 测试中，吴楠在回答 "你们公司中标桃花峪黄河大桥时行贿的钱是谁负责套出来的？" 时说 "不是他自己" 和 "不是吴红艳" 对应较强；在第七组 "POT" 测试中，吴楠在回答 "你们公司在桃花峪黄河大桥投标时向范斌送了多少钱？" 时说 "不是几百万元" 对应最强；在第八组 "POT" 测试中，吴楠在回答 "你能如实告诉我你利用职务之便非法所得总共有多少钱吗？" 时说 "不是 200 多万元" 对应最强。

测试结论：

1. 吴楠说他们公司在桃花峪黄河大桥中标时没有找中介是谎话；

2. 吴楠说他们公司中标桃花峪黄河大桥时没有行贿是谎话；

3. 吴楠说他们公司在桃花峪黄河大桥招标中不是他找的中介是谎话；

4. 吴楠说他们公司中标桃花峪黄河大桥总共行贿了不是几百万元是谎话；

5. 吴楠说他们公司在桃花峪黄河大桥投标时没有向交通厅的范斌送过钱是谎话；

6. 吴楠说他们公司在桃花峪黄河大桥建设工程中标过程中不是他负责向交通厅领导送钱是谎话；

7. 吴楠说他们公司中标桃花峪黄河大桥时行贿的钱不是利用造假账套出来的是谎话；

8. 吴楠说他们公司中标桃花峪黄河大桥时行贿的钱不是他和吴红艳负责套出来的是谎话；

9. 吴楠说他们公司在桃花峪黄河大桥投标时没有向范斌送几百万元钱是谎话；

10. 吴楠说他利用职务之便非法所得不是 200 多万元是谎话。

以上测试表明：吴楠利用职务之便非法所得是 200 多万元；中铁大桥局某公司在桃花峪黄河大桥中标时找有中介；中铁大桥局某公司在桃花峪黄河大桥中标时向范斌行贿过；中铁大桥局某公司中标桃花峪黄河大桥时总共行贿了几百万元；中铁大桥局某公司行贿的钱是吴楠和吴红艳负责套出来的；是吴楠负责向交通厅领导送钱的。

案例三　某市史志办原主任董华受贿案

2007 年 5 月，最高人民检察院接到群众举报，反映某县原县委书记董华在历任某县县长、县委书记期间，拉帮结派、贪婪敛财等问题。随后，最高人民检察院反贪局将董华涉嫌受贿的举报线索转交湖北省人民检察院，湖北省人民检察院指定某市人民检察院查办此线索。此时，董华任某市市委组织部常务副部长。由于其在当地官场深耕多年，关系网遍布全省，此案最终不了了之。但受此影响，2008 年 8 月，董华被调离原岗位，出任某市史志办主任。2009 年，因群众对此案处理强烈不满，湖北省人民检察院反贪局重新查办此案，在对董华依法采取强制措施后，其交代了自己的部分受贿情节，但对举报信中反映其在某县等地任职期间多次收受他人贿赂等问题，总是避重就轻，拒不承认。

为了弄清董华是否有重大受贿行为，湖北省人民检察院反贪局遂委托洛阳市人民检察院心理测试中心对董华进行心理测试，测试人员结合前期调查的情况，将测试题目充分细化，进行了持续一天的心理测试，得到了许多有价值的信息。测试结束当晚，办案人员对董华再次讯问，在心理测试形成的强大压力下，其心理防线崩溃，主动交代了自己的犯罪情况，案件得以顺利侦破，取得了良好的法律效果和社会效果。

测试题目：

1. 你在担任某县、市领导期间收受过别人送的钱吗？

2. 你在担任某市市委组织部常务副部长期间收受过别人送的钱吗？

3. 你在担任某市市委组织部常务副部长期间收受过别人送的购物卡或有价证券吗？

4. 你在担任某县领导期间收受过付云送的钱吗？

5. 你有作风方面的问题吗？

6. 你和别的女人有不正当的男女关系吗？

7. 你有情妇吗？

8. 你把受贿的钱交给洪梅了吗？

9. 你能如实告诉我你在担任某县领导期间总共几次收受付云送的钱吗？

10. 你能如实告诉我你在担任某县领导期间总共收了付云多少钱吗？

11. 你能如实告诉我付云每次给你送钱都是以什么借口吗？

12. 你能如实告诉我付云每次都是在什么地方把钱交给你吗？

13. 你能如实告诉我你第一次收了付云多少钱吗？

14. 你能如实告诉我你第二次收了付云多少钱吗？

15. 你能如实告诉我你第三次收了付云多少钱吗？

16. 你能如实告诉我你在担任某县领导期间总共收了刘兵多少钱吗？

17. 你在武汉买房子时刘兵给了你多少钱？

18. 你知道 2003 年刘兵上武汉给了你女儿董丽多少钱吗？

19. 你在担任某县、市领导期间总共收受过多少钱？

20. 你在担任某县领导期间总共受贿多少钱？

21. 你在担任某市市委组织部常务副部长期间总共受贿多少钱？

22. 你能如实告诉我你有几个情妇吗？

23. 你能如实告诉我谁是你的情妇吗？

24. 你能如实告诉我你总共给你的情妇洪梅多少钱吗？

25. 你能如实告诉我你在担任某县县委书记期间主要委局局长和乡镇书记

过节时给你送钱的基数吗？

26. 你能如实告诉我你在担任某县领导期间总共收了涂权多少钱吗？

27. 你能如实告诉我你在担任某县领导期间总共收了王利红多少钱吗？

28. 你能如实告诉我你在担任某县领导期间总共收了杨华多少钱吗？

29. 你能如实告诉我你在担任某县领导期间总共收了闵文涛多少钱吗？

30. 你能如实告诉我你在担任某县领导期间总共收了赵力斌多少钱吗？

31. 你能如实告诉我你在担任某县领导期间总共收了吴顺多少钱吗？

32. 你能如实告诉我你在担任某县领导期间总共收了李海多少钱吗？

33. 你能如实告诉我你在担任某县领导期间总共收了黄虎多少钱吗？

34. 你能如实告诉我你受贿所得的钱财都转移到什么地方了吗？

测试时间、仪器、指标及测前检查：

1. 测试时间：2009 年 11 月 9 日

2. 测试仪器：PG—12 型多参量心理测试仪

3. 测试指标：皮肤电、脉搏、血压，上、下呼吸

4. 测前检查：仪器均正常

测试过程及分析说明：

经董华本人同意，我们对他采用二组"MGQT"（改进的一般问题测试法）、二组"CQT"（准绳问题测试法）、七组"GKT"（犯罪情节测试法）以及十九组"POT"（紧张峰测试法）进行了测试。

在第一组"MGQT"测试中，董华在回答"你在担任某县、市领导期间收受过别人送的钱吗？"时说"没有"的说谎概率为 75.2%（说谎概率大于50% 为说谎，小于 50% 为诚实）；董华在回答"你在担任某市市委组织部常务副部长期间收受过别人送的钱吗？时说"没有"的说谎概率为 81.2%；董华在回答"你在担任某市市委组织部常务副部长期间收受过别人送的购物卡或有价证券吗？"时说"没有"的说谎概率为 93.9%；在第二组"MGQT"测试中，董华在回答"你有作风方面的问题吗？"时说"没有"的说谎概率为80.6%；董华在回答"你和别的女人有不正当的男女关系吗？"时说"没有"的说谎概率为 79.7%；董华在回答"你有情妇吗？"时说"没有"的说谎概率为 75.8%。

在第一组"CQT"测试中，董华在回答"你在担任某县领导期间收受过付云送的钱吗？"时说"没有"的说谎概率为 82.9%；在第二组"CQT"测试

中，董华在回答"你把受贿的钱交给洪梅了吗？"时说"没有"的说谎概率为76.8%。

在第一组"GKT"测试中，董华在回答"你能如实告诉我你在担任某县领导期间总共几次收受付云送的钱吗？"时说"不是三次"对应最强；在第二组"GKT"测试中，董华在回答"你能如实告诉我你在担任某县领导期间总共收了付云多少钱吗？"时说"不是10万元"对应最强；在第三组"GKT"测试中，董华在回答"你能如实告诉我付云每次给你送钱都是以什么借口吗？"时说"不是以送茶叶"对应最强；在第四组"GKT"测试中，董华在回答"你能如实告诉我付云每次都是在什么地方把钱交给你吗？"时说"不是在某县县委大院门口"对应最强；在第五组"GKT"测试中，董华在回答"你能如实告诉我你第一次收了付云多少钱吗？"时说"不是3万元"对应最强；在第六组"GKT"测试中，董华在回答"你能如实告诉我你第二次收了付云多少钱吗？"时说"不是3万元"对应最强；在第七组"GKT"测试中，董华在回答"你能如实告诉我你第三次收了付云多少钱吗？"时说"不是4万元"对应最强。

在第一组"POT"测试中，董华在回答"你能如实告诉我你在担任某县领导期间总共收了刘兵多少钱吗？"时说"不是20多万"对应最强；在第二组"POT"测试中，董华在回答"你在武汉买房子时刘兵给了你多少钱吗？"时说"不是20万元"对应最强；在第三组"POT"测试中，董华在回答"你知道2003年刘兵上武汉给了你女儿董丽多少钱吗？"时说"不是1万元"对应最强；在第四组"POT"测试中，董华在回答"你在担任某县、市领导期间总共收受过多少钱？"时说"不是100多万元"对应最强；在第五组"POT"测试中，董华在回答"你在担任某县领导期间总共受贿多少钱？"时说"不是几百万元"对应最强；在第六组"POT"测试中，董华在回答"你在担任某市市委组织部常务副部长期间总共受贿多少钱？"时说"不是几十万元"对应最强；在第七组"POT"测试中，董华在回答"你能如实告诉我你有几个情妇吗？"时说"不是三个"对应最强；在第八组"POT"测试中，董华在回答"你能如实告诉我谁是你的情妇吗？"时说"不是洪梅"对应最强；在第九组"POT"测试中，董华在回答"你能如实告诉我你总共给你的情妇洪梅多少钱吗？"时说"不是几十万元"对应最强；在第十组"POT"测试中，董华在回答"你能如实告诉我你在担任某县委书记期间主要委局局长和乡镇书记过节时给你送钱的基数吗？"时说"不是3000元"对应最强；在第十一组"POT"测试中，董华在回答"你能如实告诉我你在担任某县领导期间总共收了涂权多少钱吗？"时说"不是20多万元"对应最强；在第十二组"POT"测试中，董华在回答"你能如实告诉我你在担任某县领导期间总共收了王利红多少钱吗？"时说"不是20多万元"对应最强；在第十三组"POT"测试中，董华在回答"你能如实告诉我你在担任某县领导期间总共收了杨华多少钱吗？"时说"不是十几万元"对应最强；在第十四组"POT"测试中，董华在回答"你能如实告诉我你在担任某县领导期间总共收了闵文涛多少钱吗？"时说"不是十几万元"对应最强；在第十五组"POT"测试中，董华在回答"你能如实告诉我你在担任某县领导期间总共收了赵力斌多少钱吗？"时说"不是几千元"对应最强；在第十六组"POT"测试中，董华在回答"你能如实告诉我你在担任某县领导期间总共收了吴顺多少钱吗？"时说"不是几万元"对应最强；在第十七组"POT"测试中，董华在回答"你能如实告诉我你在担任某县领导期间总共收了李海多少钱吗？"时说"不是20多万元"对应最强；在第十八组"POT"测试中，董华在回答"你能如实告诉我你在担任某县领导期间总共收了黄虎多少钱吗？"时说"不是20多万元"对应最强；在第十九组"POT"测试中，董华在回答"你能如实告诉我你受贿所得的钱财都转移到什么地方了吗？"时说"不是在情人那里"对应最强。

测试结论：

1. 董华说他在担任某县、市领导期间没有收受过别人送的钱是谎话；

2. 董华说他在担任某市市委组织部常务副部长期间没有收受过别人送的钱是谎话；

3. 董华说他在担任某市市委组织部常务副部长期间没有收受过别人送的购物卡或有价证券是谎话；

4. 董华说他在担任某县领导期间没有收受过付云送的钱是谎话；

5. 董华说他没有作风方面的问题是谎话；

6. 董华说他和别的女人没有不正当男女关系是谎话；

7. 董华说他没有情妇是谎话；

8. 董华说他没有把受贿的钱交给洪梅是谎话；

9. 董华说他在担任某县领导期间收受付云送的钱不是3次是谎话；

10. 董华说在担任某县领导期间没有收付云送的10万元钱是谎话；

11. 董华说付云每次给他送钱不是以送茶叶为借口是谎话；

12. 董华说付云不是在县委门口把钱交给他是谎话；

13. 董华说付云第一次送给他的不是3万元是谎话；

14. 董华说付云第二次送给他的不是3万元是谎话；

15. 董华说付云第三次送给他的不是4万元是谎话；

16. 董华说他在担任某县领导期间没有收刘兵 20 多万元钱是谎话；

17. 董华说他在武汉买房子时刘兵没有给他 20 万元钱是谎话；

18. 董华说不知道 2003 年刘兵上武汉给了他女儿董丽 1 万元钱是谎话；

19. 董华说他担任某县、市领导期间收受的钱不是 100 多万元是谎话；

20. 董华说他担任某县领导期间总共受贿的钱不是几百万元是谎话；

21. 董华说他担任某市市委组织部常务副部长期间总共受贿的钱不是几十万元是谎话；

22. 董华说他没有 3 个情妇是谎话；

23. 董华说洪梅不是他的情妇是谎话；

24. 董华说他给洪梅的钱不是几十万元是谎话；

25. 董华说他在担任某县县委书记期间主要委局局长和乡镇书记过节时给他送钱的基数不是 3000 元是谎话；

26. 董华说他在担任某县领导期间没有收涂权 20 多万元钱是谎话；

27. 董华说他在担任某县领导期间没有收王利红 20 多万元钱是谎话；

28. 董华说他在担任某县领导期间没有收杨华十几万元钱是谎话；

29. 董华说他在担任某县领导期间没有收闵文涛十几万元钱是谎话；

30. 董华说他在担任某县领导期间没有收赵力斌几千元钱是谎话；

31. 董华说他在担任某县领导期间没有收吴顺几万元钱是谎话；

32. 董华说他在担任某县领导期间没有收李海 20 多万元钱是谎话；

33. 董华说他在担任某县领导期间没有收黄虎 20 多万元钱是谎话；

34. 董华说他受贿所得的钱财没有转移到情人那里是谎话。

以上测试充分表明：董华在担任某县、市领导期间收受的钱是 100 多万元；他担任某县领导期间总共受贿的钱应是几百万元；他担任某市委组织部常务副部长期间总共受贿的钱是几十万元；董华有严重的作风问题；他至少有 3 个情人；洪梅是他的情人之一；他把受贿所得几十万元给了洪梅。

测试要点5　在查办职务犯罪案件中，犯罪嫌疑人与相关人员订立攻守同盟后，如何借助心理测试查明串供细节及还原案件事实

案例一　山阳县某机关原党委书记陈满军受贿案

2009年5月28日，山阳县人民政府统一征地办公室发出征收土地预公告，在该县乔蔡村二组征收土地用于建设山阳县人民体育场和山阳县应急避险中心。2009年6月至2009年12月，征地工作是由借调到土管局工作的某乡副乡长曹伟具体负责，2009年12月以后由山阳县某机关党委书记陈满军任城区重点建设项目征地总协调。2010年3月，陈满军率领征地工作组开始清理地面附着物，村民余振杰为了能让征地工作组给他多计算核桃苗数量，先后向征地小组的陈满军、曹伟、潘炜、刘江4人送现金，随后陈满军等人在清理余振杰、余振英、余建峰、高学年4户苗木时，严重不负责任，不正确履行职责，将核桃树苗估算为19万余株，与实际苗木种类和数量相去甚远。3月12日统征办与上述4户群众签订赔偿协议，给4户群众赔偿苗木款106万余元，3月17日，统征办将106万余元转账到4户群众名下。3月20日对树苗进行清理时，上述4户的核桃树苗实际只有8.2万余株，苗木价值只有22万余元。陈满军等人严重不负责任的行为，给国家造成损失84万元。

事件发生后，商洛市人民检察院对陈满军等人立案侦查，调查中发现，除了收受上述贿赂外，陈满军还开办有一家沙厂，该厂有偷税漏税问题。陈满军在初期讯问时，对其收受贿赂事实供认不讳。但被羁押到看守所后，其辩称余振杰没有给他送过钱，又推翻了之前的供词。为了弄清陈满军到底有没有收过余振杰送的钱以及是否存在偷税漏税问题，陕西省商洛市人民检察院反贪局遂委托洛阳市人民检察院心理测试中心对陈满军进行心理测试，确定了陈满军等人存在串供行为。商洛市人民检察院反贪局调整侦查思路，查明传功实施，最终锁死了陈满军的受贿罪行，案件顺利办结。

测试题目：

1. 你到县里工作后承包过沙厂吗？
2. 你是否在体育场征地中为余振杰帮过忙？
3. 你有没有收过余振杰送的现金？
4. 在检察机关调查过程中你和你们同案几个人一起串过供吗？

5. 你在山阳县看守所关押时和你们同案的几个人串过供吗？

6. 你有过作风问题吗？

7. 你和别的女人有过不正当的男女关系吗？

8. 你有情人吗？

9. 你能告诉我在体育场征地苗木赔偿过程中是谁给你送过钱吗？

10. 你能如实告诉我余振杰是在什么地方给你送的钱吗？

测试时间、仪器、指标及测前检查：

1. 测试时间：2010 年 9 月 28 日下午

2. 测试仪器：PG—12 型多参量心理测试仪

3. 测试指标：皮肤电、脉搏、血压，上、下呼吸

4. 测前检查：仪器均正常

测试过程及分析说明：

经陈满军本人同意，我们对他采用了三组"MGQT"（改进的一般问题测试法）、一组"CQT"（准绳问题测试法）以及两组"POT"（紧张峰测试法）进行了测试。

在第一组"MGQT"测试中，陈满军在回答"你是否在体育场征地中为余振杰帮过忙？"时说"没有"的说谎概率为 67.7%（说谎概率大于 50% 为说谎，小于 50% 为诚实）；陈满军在回答"你有没有收过余振杰送的现金？"时说"没有"的说谎概率为 84.7%。在第二组"MGQT"测试中，陈满军在回答"在检察机关调查过程中你和你们同案几个人一起串过供吗？"时说"没有"的说谎概率为 70.2%；陈满军在回答"你在山阳县看守所关押时和你们同案的几个人串过供吗？"时说"没有"的说谎概率为 62.7%。在第三组"MGQT"测试中，陈满军在回答"你有过作风问题吗？"时说"没有"的说谎概率为 75.9%；陈满军在回答"你和别的女人有过不正当得男女关系吗？"时说"没有"的说谎概率为 93.3%；陈满军在回答"你有情人吗？"时说"没有"的说谎概率为 77.8%。

在"CQT"测试中，陈满军在回答"你到县里工作后承包过沙厂吗？"时说"没有"的说谎概率为 74.8%。

在第一组"POT"测试中，陈满军在回答"你能告诉我在体育场征地苗木赔偿过程中是谁给你送过钱吗？"时说"不是余振杰"对应最强；在第二组"POT"测试中，陈满军在回答"你能如实告诉我余振杰是在什么地方给你送

的钱吗?"时说"不是在他的办公室里"对应最强。

测试结论:

1. 陈满军说他在体育场征地中没有为余振杰帮过忙是谎话;

2. 陈满军说他没有收过余振杰送的现金是谎话;

3. 陈满军说他在检察机关调查过程中没有和他们同案几个人一起串过供是谎话;

4. 陈满军说他在山阳县看守所关押时没有和他们同案的几个人串过供是谎话;

5. 陈满军说他没有作风问题是谎话;

6. 陈满军说他没有和别的女人有过不正当得男女关系是谎话;

7. 陈满军说他没有情人是谎话;

8. 陈满军说他到县里工作后没有承包过沙厂是谎话;

9. 陈满军说在体育场征地苗木赔偿过程中不是余振杰给他送过钱是谎话;

10. 陈满军说余振杰不是在他的办公室里给他送的钱是谎话。

以上测试充分表明:陈满军在体育场征地中帮助过余振杰;陈满军在自己的办公室里收过余振杰送的现金;陈满军在检察机关调查过程中以及在山阳县看守所关押时和他们同案几个人一起串过供;陈满军有作风问题;陈满军到县里工作后承包过沙厂。

案例二 商洛市洛南县某粮食购销有限公司原副经理周力军、吕文慧、郜力伪证案,原会计王霞贪污、伪证案

2007 年,商洛市洛南县人民检察院接到群众举报,称 1999 年 11 月,该县某粮食购销有限公司经理赵峰、会计王霞、出纳吴爱国、政工员刘振等人与本公司职工及社会人员共计 13 人,共同募集资金 30.5 万元,与湖北客商陈金合办摩托商城,并约定以各募集资金人出资额的多少分配盈利和承担风险。2001 年 2 月 4 日,摩托商城失火,烧毁了投资人的全部投资。2006 年 4 月 30 日晚,在做粮食企业改制前的财务审计准备工作时,由刘振提议,赵峰、王霞、吴爱国、刘振四人共同商议后,决定将 1999 年募集的资金 30.5 万元以退还职工集资款的名义从洛南县某粮食购销有限公司账务中列支套取出来,在 4 个人分别签字和代签上述 13 个人的领款凭据后,由王霞

将 30.5 万元取出。财务审计通过后，赵峰指使吴爱国按上述 13 个人原出资额的多少将钱如数退还。

　　接到举报后，洛南县人民检察院马上展开初查，并于 2007 年 10 月 8 日立案侦查此案，先后询问王霞和该公司原班子成员周力军、部力、吕文慧，他们均说：关于退集资款一事公司从没有开会讨论过。2007 年 10 月 24 日，赵峰、王霞、吴爱国、刘振四人因涉嫌贪污罪经洛南县人民检察院决定依法逮捕。2007 年 12 月 28 日王霞被取保候审。2008 年 2 月，此案开庭时，王霞和周力军、部力、吕文慧作证时却说公司为退集资款一事开会讨论过。因被告人翻供，证人推翻之前证言，检察机关提不出其他证明材料，法院要对该案作无罪判决。为了弄清周力军等人所讲是否属实，洛南县人民检察院委托洛阳市人民检察院心理测试中心对周力军等四人进行心理测试。心理测试人员上午对周力军和吕文慧进行测试，中午吃饭时，周力军就主动交代了其受人指使串供翻供的事实，下午对部力和王霞进行测试，结论也证实了他们受人指使作伪证的事实，该案最终对上述四人作出了有罪判决。

（一）对周力军的测试情况

测试题目：

1. 2006 年企业改制时你们单位开会研究过退集资款吗？
2. 开庭之前你们串供了吗？
3. 你知道参与串供的都有谁吗？
4. 你能如实告诉我是谁操纵你们串供的吗？

测试时间、仪器、指标及测前检查：

1. 测试时间：2008 年 8 月 16 日
2. 测试仪器：PG—12 型多参量心理测试仪
3. 测试指标：皮肤电、脉搏、血压，上、下呼吸
4. 测前检查：仪器均正常

测试过程及分析说明：

经周力军本人同意，我们对他采用二组"CQT"（准绳问题测试法）和六

组 "POT" （紧张峰测试法）进行了测试。

在第一组 "CQT" 测试中，周力军在回答 "2006年企业改制时你们单位开会研究过退集资款吗？" 时说 "是" 的说谎概率为72.1%（说谎概率大于50%为说谎，小于50%为诚实）；在第二组 "CQT" 测试中，周力军在回答 "开庭之前你们串供了吗？" 时说 "没有" 的说谎概率为71.3%。

在第一组 "POT" 测试中，周力军在回答 "你知道参与串供的都有谁吗？" 时说 "不是他本人" 对应最强；在第二组 "POT" 测试中，周力军在回答 "你知道参与串供的都有谁吗？" 时说 "不是王霞" 对应最强；在第三组 "POT" 测试中，周力军在回答 "你知道参与串供的都有谁吗？" 时说 "不是吕文慧" 对应最强；在第四组 "POT" 测试中，周力军在回答 "你知道参与串供的都有谁吗？" 时说 "不是郜力" 对应最强；在第五组 "POT" 测试中，周力军在回答 "你能如实告诉我是谁操纵你们串供的吗？" 时说 "不是赵峰的家人" 对应最强；在第六组 "POT" 测试中，周力军在回答 "你能如实告诉我是谁操纵你们串供的吗？" 时说 "不是赵峰的弟弟" 对应最强。

测试结论：

1. 周力军说2006年企业改制时他们单位开会研究过退集资款是谎话；
2. 周力军说开庭之前他们没有串供是谎话；
3. 周力军说他本人没有参与串供是谎话；
4. 周力军说王霞没有参与串供是谎话；
5. 周力军说吕文慧没有参与串供是谎话；
6. 周力军说郜力没有参与串供是谎话；
7. 周力军说不是赵峰的家人操纵他们串供的是谎话；
8. 周力军说不是赵峰的弟弟操纵他们串供的是谎话。

以上测试表明：周力军等人是在赵峰的弟弟操纵下串供的；2006年企业改制时洛南县某粮食购销有限公司没有开会研究过退集资款。

（二）对吕文慧的测试情况

测试题目：

1.2006年企业改制时你们单位开会研究过退集资款吗？
2. 开庭之前你们串供了吗？

3. 你知道参与串供的都有谁吗？

4. 你能如实告诉我是谁操纵你们串供的吗？

测试时间、仪器、指标及测前检查：

1. 测试时间：2008 年 8 月 16 日

2. 测试仪器：PG—12 型多参量心理测试仪

3. 测试指标：皮肤电、脉搏、血压，上、下呼吸

4. 测前检查：仪器均正常

测试过程及分析说明：

经吕文慧本人同意，我们对他采用一组"CQT"（准绳问题测试法）和六组"POT"（紧张峰测试法）进行了测试。

在"CQT"测试中，吕文慧在回答"2006 年企业改制时你们单位开会研究过退集资款吗？"时说"是"的说谎概率为 75%（说谎概率大于 50% 为说谎，小于 50% 为诚实）。

在第一组"POT"测试中，吕文慧在回答"你知道参与串供的都有谁吗？"时说"不是他本人"对应最强；在第二组"POT"测试中，吕文慧在回答"你知道参与串供的都有谁吗？"时说"不是周力军"对应最强；在第三组"POT"测试中，吕文慧在回答"你知道参与串供的都有谁吗？"时说"不是王霞"对应最强；在第四组"POT"测试中，吕文慧在回答"你知道参与串供的都有谁吗？"时说"不是郜力"对应最强；在第五组"POT"测试中，吕文慧在回答"你能如实告诉我是谁操纵你们串供的吗？"时说"不是赵峰的家人"对应最强；在第六组"POT"测试中，吕文慧在回答"你能如实告诉我是谁操纵你们串供的吗？"时说"不是赵峰的弟弟"对应最强。

测试结论：

1. 吕文慧说开庭之前他们没有串供是谎话；

2. 吕文慧说他本人没有参与串供是谎话；

3. 吕文慧说王霞没有参与串供是谎话；

4. 吕文慧说周力军没有参与串供是谎话；

5. 吕文慧说郜力没有参与串供是谎话；

6. 吕文慧说不是赵峰的家人操纵他们串供的是谎话；

7. 吕文慧说不是赵峰的弟弟操纵他们串供的是谎话。

以上测试表明：吕文慧等人是在赵峰的弟弟操纵下串供的。

（三）对邰力的测试情况

测试题目：

1. 2006 年企业改制时你们单位开会研究过退集资款吗？
2. 开庭之前你们串供了吗？
3. 你知道参与串供的都有谁吗？
4. 你能如实告诉我是谁操纵你们串供的吗？

测试时间、仪器、指标及测前检查：

1. 测试时间：2008 年 8 月 16 日
2. 测试仪器：PG—12 型多参量心理测试仪
3. 测试指标：皮肤电、脉搏、血压，上、下呼吸
4. 测前检查：仪器均正常

测试过程及分析说明：

经邰力本人同意，我们对他采用二组"CQT"（准绳问题测试法）和六组"POT"（紧张峰测试法）进行了测试。

在第一组"CQT"测试中，邰力在回答"2006 年企业改制时你们单位开会研究过退集资款吗？"时说"是"的说谎概率为 70.5%（说谎概率大于50% 为说谎，小于 50% 为诚实）；在第二组"CQT"测试中，邰力在回答"开庭之前你们串供了吗？"时说"没有"的说谎概率为 74.1%。

在第一组"POT"测试中，邰力在回答"你知道参与串供的都有谁吗？"时说"不是他本人"对应最强；在第二组"POT"测试中，邰力在回答"你知道参与串供的都有谁吗？"时说"不是周力军"对应最强；在第三组"POT"测试中，邰力在回答"你知道参与串供的都有谁吗？"时说"不是吕文慧"对应最强；在第四组"POT"测试中，邰力在回答"你知道参与串供的都有谁吗？"时说"不是王霞"对应最强；在第五组"POT"测试中，邰力在回答"你能如实告诉我是谁操纵你们串供的吗？"时说"不是赵峰的家人"对应最强；在第六组"POT"测试中，邰力在回答"你能如实告诉我是谁操纵你们串供的吗？"时说"不是赵峰的弟弟"对应最强。

测试结论：

1. 郜力说 2006 年企业改制时他们单位开会研究过退集资款是谎话；
2. 郜力说开庭之前他们没有串供是谎话；
3. 郜力说他本人没有参与串供是谎话；
4. 郜力说王霞没有参与串供是谎话；
5. 郜力说吕文慧没有参与串供是谎话；
6. 郜力说周军没有参与串供是谎话；
7. 郜力说不是赵峰的家人操纵他们串供的是谎话；
8. 郜力说不是赵峰的弟弟操纵他们串供的是谎话。

以上测试表明：郜力等人是在赵峰的弟弟操纵下串供的；2006 年企业改制时洛南县某粮食购销有限公司没有开会研究过退集资款。

（四）对王霞的测试情况

测试题目：

1. 2006 年企业改制时你们单位开会研究过退集资款吗？
2. 开庭之前你们串供了吗？
3. 你知道参与串供的都有谁吗？
4. 你能如实告诉我是谁操纵你们串供的吗？

测试时间、仪器、指标及测前检查：

1. 测试时间：2008 年 8 月 16 日
2. 测试仪器：PG—12 型多参量心理测试仪
3. 测试指标：皮肤电、脉搏、血压，上、下呼吸
4. 测前检查：仪器均正常

测试过程及分析说明：

经王霞本人同意，我们对她采用二组"CQT"（准绳问题测试法）和六组"POT"（紧张峰测试法）进行了测试。

在第一组"CQT"测试中，王霞在回答"2006 年企业改制时你们单位开会研究过退集资款吗？"时说"是"的说谎概率为 80.1%（说谎概率大于

50%为说谎，小于50%为诚实）；在第二组"CQT"测试中，王霞在回答"开庭之前你们串供了吗?"时说"没有"的说谎概率为71.4%。

在第一组"POT"测试中，王霞在回答"你知道参与串供的都有谁吗?"时说"不是她本人"对应最强；在第二组"POT"测试中，王霞在回答"你知道参与串供的都有谁吗?"时说"不是周力军"对应最强；在第三组"POT"测试中，王霞在回答"你知道参与串供的都有谁吗?"时说"不是吕文慧"对应最强；在第四组"POT"测试中，王霞在回答"你知道参与串供的都有谁吗?"时说"不是郗力"对应最强；在第五组"POT"测试中，王霞在回答"你能如实告诉我是谁操纵你们串供的吗?"时说"不是赵峰的家人"和"不是律师"对应较强；在第六组"POT"测试中，王霞在回答"你能如实告诉我是谁操纵你们串供的吗?"时说"不是赵峰的弟弟"对应最强。

测试结论：

1. 王霞说2006年企业改制时他们单位开会研究过退集资款是谎话；
2. 王霞说开庭之前他们没有串供是谎话；
3. 王霞说他本人没有参与串供是谎话；
4. 王霞说周力军没有参与串供是谎话；
5. 王霞说吕文慧没有参与串供是谎话；
6. 王霞说郗力没有参与串供是谎话；
7. 王霞说不是赵峰的家人和律师操纵他们串供的是谎话；
8. 王霞说不是赵峰的弟弟操纵他们串供的是谎话。

以上测试表明：王霞等人是在赵峰的弟弟和律师操纵下串供的；2006年企业改制时洛南县某粮食购销有限公司没有开会研究过退集资款。

案例三　中国人民解放军某工厂原正处级调研员朱鑫受贿案

2006年，中国人民解放军某工厂要开发生活小区建设项目，襄樊市亚银得利房地产开发公司总经理陈帮云听说此消息后，找到时任中国人民解放军某后勤总公司支部书记、负责该项目前期工程的朱鑫，表示想要承接该建设项目，朱鑫表示会按规定程序处理。为了顺利承接到该建设项目，陈帮云经多方打听后得知，襄樊市樊城区贾洼社区村民贾荣利与朱鑫熟识，就给贾荣利一定好处，并拿出10万元要贾荣利帮其向朱鑫行贿，同时表明这是帮助其承接建设项目的好处费，2007 年 4 月，贾荣利将钱款送给朱鑫，但该项目最终并没有交陈帮云建设。

2008 年，湖北省襄樊市人民检察院侦查指挥中心接到举报，称朱鑫利用负责中国人民解放军某工厂生活小区建设项目前期工程的职务便利，收受他人贿赂。该院反贪局对此线索立案侦查，经讯问，朱鑫拒不承认自己受贿 10 万元的事实，且态度十分强硬。为了弄清朱鑫是否收受贿赂，襄樊市人民检察院反贪局遂委托洛阳市人民检察院心理测试中心对朱鑫进行测试，测试确定其和贾荣利在 2007 年 10 月串供，商议万一被司法机关调查，不承认行（受）贿，同时，确定了行贿中的细节，为案件突破打下坚实基础。

测试题目：

1. 你收过贾荣利的钱吗？
2. 你和贾荣利串过供吗？
3. 你能如实告诉我你是什么时间给贾荣利打电话说儿子要留学吗？
4. 你能如实告诉我你是 2007 年什么时间给贾荣利打电话说儿子要留学吗？
5. 你能如实告诉我贾荣利是什么时间给你送钱的吗？
6. 你知道贾荣利给你的 10 万元是谁的钱吗？
7. 你能如实告诉我你和贾荣利串供是什么时间吗？
8. 你能如实告诉我你向贾荣利要钱的理由吗？
9. 你能如实告诉我贾荣利给了你多少钱吗？
10. 你能如实告诉我贾荣利是在什么地方把 10 万元交给你的吗？
11. 你能如实告诉我贾荣利交给你的 10 万元是怎么包装的吗？

测试时间、仪器、指标及测前检查：

1. 测试时间：2008 年 12 月 9 日
2. 测试仪器：PG—12 型多参量心理测试仪
3. 测试指标：皮肤电、脉搏、血压，上、下呼吸
4. 测前检查：仪器均正常

测试过程及分析说明：

经朱鑫本人同意，我们对他采用二组"CQT"（准绳问题测试法）、五组

"POT"（紧张峰测试法）以及四组"GKT"（犯罪情节测试法）进行了测试。

在第一组"CQT"测试中，朱鑫在回答"你收过贾荣利的钱吗？"时说"没有"的说谎概率为79.3%（说谎概率大于50%为说谎，小于50%为诚实）；在第二组"CQT"测试中，朱鑫在回答"你和贾荣利串过供吗？"时说"没有"的说谎概率为86.5%。

在第一组"POT"测试中，朱鑫在回答"你能如实告诉我你是什么时间给贾荣利打电话说儿子要留学吗？"时说"不是2007年"对应最强；在第二组"POT"测试中，朱鑫在回答"你能如实告诉我你是2007年什么时间给贾荣利打电话说儿子要留学吗？"时说"不是2007年4月"对应最强；在第三组"POT"测试中，朱鑫在回答"你能如实告诉我贾荣利是什么时间给你送钱的吗？"时说"不是晚上8—10点之间"对应最强；在第四组"POT"测试中，朱鑫在回答"你知道贾荣利给你的10万元是谁的钱吗？"时说"不是陈帮云的"对应最强；在第五组"POT"测试中，朱鑫在回答"你能如实告诉我你和贾荣利串供是什么时间吗？"时说"不是2007年10月"对应最强。

在第一组"GKT"测试中，朱鑫在回答"你能如实告诉我你向贾荣利要钱的理由吗？"时说"不是因儿子要出国用钱"对应最强；在第二组"GKT"测试中，朱鑫在回答"你能如实告诉我贾荣利给了你多少钱吗？"时说"不是10万元"对应最强；在第三组"GKT"测试中，朱鑫在回答"你能如实告诉我贾荣利是在什么地方把10万元交给你的吗？"时说"不是在贾荣利自己开的轿车里"对应最强；在第四组"GKT"测试中，朱鑫在回答"你能如实告诉我贾荣利交给你的10万元是怎么包装的吗？"时说"不是用报纸包装的"对应最强。

测试结论：

1. 朱鑫说他没有收受过贾荣利的钱是谎话；
2. 朱鑫说他没有和贾荣利串过供是谎话；
3. 朱鑫说他不是2007年给贾荣利打电话说儿子要留学是谎话；
4. 朱鑫说他不是在2007年4月给贾荣利打电话说儿子要留学是谎话；
5. 朱鑫说贾荣利不是在晚上8—10点给他送的钱是谎话；
6. 朱鑫说不知道贾荣利给他的10万元是陈帮云的钱是谎话；
7. 朱鑫说他不是在2007年10月和贾荣利串供是谎话；
8. 朱鑫说他向贾荣利要钱的理由不是因儿子要出国用钱是谎话；
9. 朱鑫说贾荣利没有给他10万元钱是谎话；
10. 朱鑫说贾荣利不是在贾自己开的轿车里把10万元交给他的是谎话；

11. 朱鑫说贾荣利交给他的 10 万元不是用报纸包装的是谎话。

以上测试充分表明：朱鑫是于 2007 年 4 月给贾荣利打电话说儿子要留学需用钱；贾荣利是在晚上 8—10 点用报纸包了 10 万元在他自己开的轿车里把钱交给朱鑫的；朱鑫和贾荣利是在 2007 年 10 月串供。

测试要点6　在涉嫌犯罪人员的经济往来中没有书面凭证，当事人言辞矛盾，如何通过心理测试核实当事人言辞

案例一　孟津县某面粉厂和国家粮食储备库原出纳孙晓洁挪用公款案

2008 年，孟津县人民检察院反贪局接群众举报，称该县某面粉厂厂长、出纳等利用职务便利，贪污公款、谋取私利。接到举报后，孟津县人民检察院反贪局对该线索展开初查，经初查查明：在 1994 年至 2007 年间，孙晓洁一直担任孟津县某面粉厂和国家粮食储备库出纳，调取该厂账务账目后发现，现金库存短库 60 万元。随后，孙晓洁因涉嫌贪污被依法刑事拘留。在对其进一步讯问过程中，孙晓洁坚持称 2006 年的夏天，其所在面粉厂厂长任飞说急用钱，让其将上述 60 万元中的 50 万元以现金形式交给他，因任飞是厂长，支取 50 万元现金时说过几天就还，其就没有让任飞打欠条。办案人员就此事讯问任飞时，任飞称根本没有这回事，他从来没有在孙晓洁处支取过 50 万元现金。两人各执其词，也没有其他书证或者证人能够证实，一时间对这个问题的调查陷入僵局。为了弄清这 50 万元的去向，孟津县人民检察院遂委托洛阳市人民检察院心理测试中心对孙晓洁进行心理测试，测试一方面证明了其说谎，另一方面打消了其最大限度逃避法律制裁的想法，案件顺利侦破，确保了涉案人员均得到依法公正处理。

测试题目：

1. 你贪污过孟津面粉厂的钱吗？

2. 2006 年夏天你给过任飞 50 万元现金吗？

3. 这 50 万元是你自己用了吗？

4. 你能如实告诉我 50 万元的去向吗？

5. 你能如实告诉我你自己贪污你们面粉厂多少钱吗？

6. 你能如实告诉我你贪污单位的钱怎么处理了吗？

测试时间、仪器、指标及测前检查：

1. 测试时间：2008 年 7 月 30 日
2. 测试仪器：PG—12 型多参量心理测试仪
3. 测试指标：皮肤电、脉搏、血压，上、下呼吸
4. 测前检查：仪器均正常

测试过程及分析说明：

经孙晓洁本人同意，我们对她采用一组"CQT"（准绳问题测试法）、一组"MGQT"（改进的一般问题测试法）和三组"POT"（紧张峰测试法）进行了测试。

在"CQT"测试中，孙晓洁在回答"你贪污过孟津面粉厂的钱吗？"时说"没有"的说谎概率为 83.8%（说谎概率大于 50% 为说谎，小于 50% 为诚实）。

在"MGQT"测试中，孙晓洁在回答"2006 年夏天你给过任飞 50 万元现金吗？"时说"给过"的说谎概率为 77.6%；孙晓洁在回答"这 50 万元是你自己用了吗？"时说"不是"的说谎概率为 55.9%。

在第一组"POT"测试中，孙晓洁在回答"你能如实告诉我 50 万元的去向吗？"时说"是给任飞了"对应最强；在第二组"POT"测试中，孙晓洁在回答"你能如实告诉我你自己贪污你们面粉厂多少钱吗？"时说"不是 20 多万"对应最强；在第三组"POT"测试中，孙晓洁在回答"你能如实告诉我你贪污单位的钱怎么处理了吗？"时说"不是把它挥霍了"对应最强。

测试结论：

1. 孙晓洁说她没有贪污过孟津面粉厂的钱是谎话；
2. 孙晓洁说 2006 年夏天她给过任飞 50 万元现金是谎话；
3. 孙晓洁说 50 万元不是她自己用了是谎话；
4. 孙晓洁说 50 万元的去向是给任飞了是谎话；
5. 孙晓洁说她自己没有贪污面粉厂 20 多万元是谎话；
6. 孙晓洁说她贪污单位的钱不是挥霍了是谎话。

以上测试充分表明：孙晓洁确实贪污了孟津面粉厂的钱，她贪污有 20 多万元；孙晓洁没有把 50 万元给任飞。

案例二　伊川县牛庄村村民委员会原主任张军贪污案

伊川县位于豫西的丘陵山区，是经济欠发达的农业大县，一段时期也曾是越级上访较多的重点县。从2002年开始，伊川县牛庄村的村民多次到省市上访，反映该村的土地补偿款被村干部侵占，该县纪检部门和公安机关介入调查后一直未能作出明确的结论，更加激化了广大村民的不满情绪。2005年6月，该村村民又推举代表，准备进京告状，一时成为该县社会稳定的老大难问题。经伊川县县委研究决定，由该县检察院负责调查处理牛庄村的问题，要求排除一切干扰，务必弄清症结所在，给群众一个满意的答复。伊川县人民检察院组织人员进驻牛庄村后，从账目审查入手展开调查，很快村干部侵吞土地补偿款的犯罪事实浮出水面。

经查：2002年因修高速公路，牛庄村的部分土地被占用，9月该乡财政所将首批近10万元的补偿款，以现金支付的方式转给了牛庄村。该村村主任张军和村支部书记李响商议以私人名义开户，将此款项存入信用社（李响此时兼任信用社负责人），由于该村财务账目管理混乱，李响和张军均从该存折上取现金使用，且张军不识字，每次取款均由李响填写取款单并办理取款手续，款取出后，有时李响自己使用，有时交给张军使用，两人之间不办理任何手续。在调查过程中，李响能说出自己使用了多少土地补偿款，亦能讲明钱的去处。张军讲自己没有使用土地补偿款，钱是李响取的，根本就没有给他。究竟是谁侵吞了土地补偿款，一时难以查明。参与办案的伊川县人民检察院司法会计通过账目审查认为，侵占土地补偿款的事实存在，但不能确定是何人所为，建议先用心理测试技术手段确定犯罪嫌疑人，然后再有针对性地收集证据。

洛阳市人民检察院心理测试中心受理此案后，详细了解了案情，制定了较缜密的测试方案。首先对嫌疑相对较小的村支部书记李响进行测试，其很快通过了测试，说谎概率极低，测试结果排除了李响作案。在对村主任张军进行测试时，其在主要情节上说谎概率极高，没能通过测试，测试结果认定张军侵吞了土地补偿款。当办案人员再次找张军谈话时，其如实交代了自己侵占土地补偿款的犯罪事实，并将赃款全部退还。就这样，以村主任张军落网为突破口，牛庄村存在多年的问题被彻底查清，多名村干部因违纪违法受到追究，广大村民十分满意，牛庄村又恢复了往日的安宁，伊川县委县政府对县人民检察院工作十分满意，给予了高度评价。

（一）对李响的测试

测试项目：

1. 你对张军说过张军不识字，取款还得经你，让张军把存折给你保管是吗？

2. 2002 年 11 月以后魏梁路占地款的存折就一直放在你那里是吗？

测试时间、仪器、指标及测前检查：

1. 测试时间：2005 年 8 月 26 日
2. 测试仪器：PG—12 型多参量心理测试仪
3. 测试指标：皮肤电、脉搏、血压，上、下呼吸
4. 测前检查：仪器均正常

测试过程及分析说明：

经李响本人同意，我们对他采用了一组"MGQT"（改进的一般问题测试法）进行了测试。

在"MGQT"测试中，李响在回答"你对张军说过张军不识字，取款还得经你，让张军把存折给你保管是吗"时说"没有"的说谎概率为 40.1%（说谎概率大于 50% 为说谎，小于 50% 为诚实）；李响在回答"2002 年 11 月以后魏梁路占地款的存折就一直放在你那里是吗？"时说"没有"的说谎概率为 44.3%。

测试结论：

1. 李响说他没有对张军说过张不识字，取款还得经他，让张军把存折给自己保管是实话；

2. 李响说 2002 年 11 月以后魏梁路占地款的存折没有放在他那里是实话。

综合以上这些问题的测试结果充分表明：李响没有对张军说过张军不识字，取款还得经他，让张军把存折给自己保管，2002 年 11 月以后魏梁路占地款的存折没有放在李响那里。

（二）对张军的测试

测试题目：

1. 你使用过魏梁路占用你们村的土地赔偿款吗？
2. 你曾经对人说过魏梁路占地款你只用过 38400 元的话吗？
3. 2002 年至 2003 年你曾经使用过魏梁路占地款吗？
4. 你总共用了魏梁路占地款 72688 元中的多少钱？
5. 你花了魏梁路占地款多少钱？
6. 你曾经对几个人说过你只用了魏梁路占地款 38400 元的话？
7. 你曾经对谁说过魏梁路占地款你用了 38400 元的话？

测试时间、仪器、指标及测前检查：

1. 测试时间：2005 年 8 月 26 日
2. 测试仪器：PG—12 型多参量心理测试仪
3. 测试指标：皮肤电、脉搏、血压，上、下呼吸
4. 测前检查：仪器均正常

测试过程及分析说明：

经张军本人同意，我们对他采用了一组"CQT"（准绳问题测试法）、一组"MGQT"（改进的一般问题测试法）和三组"POT"（紧张峰测试法）以及三组"GKT"（犯罪情节测试法）进行了测试。

在"CQT"测试中，张军在回答"你使用过魏梁路占用你们村的土地赔偿款吗？"时说"没有"的说谎概率为 72.3%（说谎概率大于 50% 为说谎，小于 50% 为诚实）。

在"MGQT"测试中，张军在回答"你曾经对人说过魏梁路占地款你只用过 38400 元的话吗？"时说"没有"的说谎概率为 73.4%；张军在回答"2002 年至 2003 年你曾经使用过魏梁路占地款吗？"时说"没有"的说谎概率为 79.4%。

在第一组"POT"测试中，张军在回答"你总共用了魏梁路占地款 72688 元中的多少钱？"时说"没有使用 40000 多元"对应最强；在第二组"POT"测试中，张军在回答"你花了魏梁路占地款多少钱？"时说"不是花了 47688 元"对应最强；在第三组"POT"测试中，张军在回答"你曾经对几个人说

过你只用了魏梁路占地款 38400 元的话？"时说"不是对三人说过"对应最强。

在第一组"GKT"测试中，张军在回答"你曾经对谁说过魏梁路占地款你用了 38400 元的话？"时说"不是对张尊立说过"呈现明显的说谎反应；在第二组"GKT"测试中，张军在回答"你曾经对谁说过魏梁路占地款你用了 38400 元的话？"时说"不是对张社卫说过"呈现明显的说谎反应；在第三组"GKT"测试中，张军在回答"你曾经对谁说过魏梁路占地款你用了 38400 元的话？"时说"不是对邢焕军说过"呈现明显的说谎反应。

测试结论：

1. 张军说他没有使用过魏梁路土地补偿款是说谎；
2. 张军说他没有对别人说过魏梁路占地款他用了 38400 元的话是说谎；
3. 张军说 2002 年至 2003 年他没有使用过魏梁路占地款是说谎；
4. 张军说魏梁路占地款 72688 元中他没有使用 40000 多元是说谎；
5. 张军说他没有花魏梁路占地款 47688 元是说谎；
6. 张军说他没有对三个人说过他用了魏梁路占地款 38400 元的话是说谎；
7. 张军说他没有对张尊立说过魏梁路占地款他用了 38400 元的话是说谎；
8. 张军说他没有对张社卫说过魏梁路占地款他用了 38400 元的话是说谎；
9. 张军说他没有对邢焕军说过魏梁路占地款他用了 38400 元的话是说谎。

综合以上这些问题的测试结果，充分表明张军说他没有使用过魏梁路土地补偿款是说谎，张军用了魏梁路土地补偿款应是 40000 多元。

测试要点 7　挪用公款共同犯罪中，部分犯罪嫌疑人拒不承认参与犯罪，如何通过心理测试确认其是否实施犯罪

案例一　洛阳建行老城支行某分理处原会计兰朋挪用公款案

2004 年 2 月 17 日，洛阳市人民检察院反贪局接到建行洛阳分行纪委举报材料，反映老城支行某分理处会计张路涉嫌挪用公款犯罪线索。洛阳市人民检察院反贪局指定孟津县人民检察院办理此案，经查：2001 年 10 月至 2003 年 4 月，洛阳建行老城支行某分理处会计张路伙同会计复核员兰朋，先后 10 余次采取串户记账，更换现金交易等手段，挪用客户资金，供他人进行营利活动。据犯罪嫌疑人张路供述，其和兰朋两人均有各自印鉴和操作

密码。张路之所以能顺利作案，离不开兰朋的协助和配合，两人合作完成了虚假的银行对账单和明细账。在此期间，兰朋直接从张路控制的账户中填写大量取款支票，还以告发为威胁，多次从张路处敲诈钱款共计 12 万元。同时，刘冰（该案同案犯）曾讲，兰朋有一次在老城支行营业部代张路给其取款 80 万元。又称，张路曾告诉其账目是由兰朋所做。而兰朋称，自己对张路挪用公款的情况一概不知，之所以能做假账，是因为张路盗用了他的印章和操作密码。自己属于保管不力失职之责，且自己从未在张路处取过任何款项。否认曾为其制作对账单和明细账，否认曾代张路付给刘冰 80 万元。犯罪嫌疑人张路、刘冰被讯问后对所犯罪行均供认不讳，而兰朋却拒不承认所犯罪行。

受孟津县人民检察院反贪局委托，洛阳市人民检察院心理测试中心对兰朋进行心理测试，以确定兰朋是否参与犯罪行为。此时案件已经审了四个月，即使被测的嫌疑人兰朋是无辜者，他也知道了不少案情，如果测试题目不够客观，就有可能使无辜的知情者受到刺激，从而造成误判。测试人员经过认真思考，一次一次地补充细节编写题目，最终测试有了完整结果，办案人员吃了一颗定心丸，使接下来的侦查讯问工作在一片明朗中进行下去，没过多久，兰朋就一五一十地说出了协助张路等人挪用公款 750 万元的全过程。

测试题目：

1. 你知道张路挪用公款一事吗？
2. 你曾经私自从张路的账户上取过钱吗？
3. 你曾经为张路制作过对账单吗？
4. 你曾经为张路制作过明细表吗？
5. 你配合张路挪用过公款吗？
6. 你协助张路制作过虚假的银行对账单吗？
7. 你代张路给谁取过款？
8. 你代张路给刘克俭取过多少款？
9. 你从张路处一共敲诈了多少钱？
10. 你曾经私自从张路的账户上取过多少钱？

测试时间、仪器、指标及测前检查：

1. 测试时间：2004 年 6 月 22 日
2. 测试仪器：PG—12 型多参量心理测试仪
3. 测试指标：皮肤电、脉搏、血压，上、下呼吸
4. 测前检查：仪器均正常

测试过程及分析说明：

经兰朋本人同意，我们对他采用了二组 "CQT"（准绳问题测试法）和二组 "MGQT"（改进的一般问题测试法）以及四组 "GKT"（犯罪情节测试法）进行了测试。

在第一组 "CQT" 测试中，兰朋在回答 "你知道张路挪用公款一事吗？" 时说 "不知道" 的说谎概率为 75.3%（说谎概率大于 50% 为说谎，小于 50% 为诚实）；在第二组 "CQT" 测试中，兰朋在回答 "你曾经私自从张路的账户上取过钱吗？" 时说 "没有" 的说谎概率为 79.2%。

在第一组 "MGQT" 测试中，兰朋在回答 "你曾经为张路制作过对账单吗？" 时说 "没有" 的说谎概率为 75.6%；兰朋在回答 "你曾经为张路制作过明细表吗？" 时说 "没有" 的说谎概率为 82.1%。在第二组 "MGQT" 测试中，兰朋在回答 "你配合张路挪用过公款吗？" 时说 "没有" 的说谎概率为 55.8%；兰朋在回答 "你协助张路制作过虚假的银行对账单吗？" 时说 "没有" 的说谎概率为 78.1%。

在第一组 "GKT" 测试中，兰朋在回答 "你代张路给谁取过款？" 时说 "不是给杨晓轩" 对应最强；在第二组 "GKT" 测试中，兰朋在回答 "你代张路给刘克俭取过多少款？" 时说 "不是 90 万" 对应最强；在第三组 "GKT" 测试中，兰朋在回答 "你从张路处一共敲诈了多少钱？" 时说 "不是 13 万元" 对应最强；在第四组 "GKT" 测试中，兰朋在回答 "你曾经私自从张路的账户上取过多少钱？" 时说 "不是 10000 元" 对应最强。

测试结论：

1. 兰朋说他不知道张路挪用公款一事是说谎；
2. 兰朋说他没有私自从张路的账户上取过钱是说谎；
3. 兰朋说他没有为张路制作过对账单是说谎；
4. 兰朋说他没有为张路制作过明细表是说谎；

5. 兰朋说他没有配合张路挪用过公款是说谎；

6. 兰朋说他没有协助张路制作过虚假的银行对账单是说谎；

7. 兰朋说他没有代张路给杨晓轩取过款是说谎；

8. 兰朋说他没有代张路给刘克俭取过 90 万是说谎；

9. 兰朋说他没有从张路处敲诈 13 万是说谎；

10. 兰朋说他没有从张路的账户上取过 10000 是说谎。

综合以上这些问题的测试结果充分表明：兰朋协助张路制作过对账单、明细表、虚假的银行对账单；兰朋私自从张路的账户上取过 10000 元；兰朋从张路处一共敲诈了 13 万；兰朋配合张路多次挪用公款。

案例二　洛阳市某集团有限公司原料供应处原处长李大运挪用公款、受贿案

2002 年 4 月 26 日，洛阳市西工区人民检察院反贪局接群众举报说：李大运在采购棉花过程中，向经销单位大肆伸手索贿受贿，甚至挪用巨额公款为自己牟利。

经西工区人民检察院反贪局干警初查得知：李大运利用自己手中拥有的大量原材料采购流动资金，拟通过周星星向新疆精河县棉麻公司购买 1000 吨棉花，于 2001 年 5 月 26 日从公司财务处汇 1000 万元货款到精河县棉麻公司账上。精河县棉麻公司供应 300 多万元的棉花后，余下货款 680 多万元，经精河县有关领导从中协调转到了天海公司（原天润公司）作技术改造使用，李大运同意了此方案，周星星为此给了李大运 15 万元好处费，并把这 680 多万元作为李大运投入天海公司的股份（暗股），占 20% 股权。当该院干警将李大运传唤至检察院讯问此事时，李大运讲：他们把 680 万元转走一事，他本人事先并不知道，也未经他本人同意，他本人也没有从中得到任何好处费。

为了证明李大运所讲是否属实，西工区人民检察院反贪局遂申请对李大运进行心理测试，测试人员从作案方式、手段、赃款去向等方面设计了 6 个问题，测试过程中其心理压力不断增大，对关键问题表现的非常恐惧忙乱。根据测试结论，西工区人民检察院及时调整侦查方向，取消了对 20% 股权的调查，而是针对 15 万元好处费进行了重点突破，很快李大运交代了案件的实情，经多方努力，终于把挪用洛阳市某集团有限公司的 680 余万元追回，从而挽救了一个濒临倒闭的企业。最终李大运因挪用公款、受贿罪被人民法院判处有期徒刑七年。

测试题目：

1. 2001 年 6 月 5 日精河县棉麻公司把你购棉余款 680 多万元转给天润公司是否经你本人同意？

2. 周星星借用你的购棉余款事先已经和你讲好了吗？

3. 周星星为借用你的购棉余款给了你数万元好处费吗？

4. 你真的没把 680 多万元作为暗股投入天润公司吗？

5. 周星星为了借用你的 680 多万元购棉余款给了你多少好处费？

6. 680 多万元购棉余款借给天润公司，他们给了你多少股权？

测试时间、仪器、指标及测前检查：

1. 时间：2002 年 10 月 9 日
2. 仪器：PG—7 型多道心理测试仪
3. 指标：皮电、脉搏，上、下呼吸
4. 测前检查：仪器均正常

测试过程及分析说明：

经李大运本人同意，我们对他采用了一组"MGQT"（改进的一般问题测试法）和两组"CQT"（准绳问题测试法）以及二组"GKT"（犯罪情节测试法）进行测试。

在"MGQT"测试中，李大运在回答"2001 年 6 月 5 日精河县棉麻公司把你购棉余款 680 多万转给天润公司是否经你本人同意？"时说"没有"的说谎概率为 71.3%（说谎概率大于 50% 为说谎，小于 50% 为诚实）。

在第一组"CQT"测试中，李大运在回答"周星星为借用你的购棉余款给了你数万元好处费吗？"时说"没有"的说谎概率为 91.1%；在第二组"CQT"测试中，李大运在回答"你真的没把 680 多万元作为暗股投入天润公司吗？"时说"真的"的说谎概率为 92.9%。

在第一组"GKT"测试中，李大运在回答说"周星星为用购棉余款没有给他 15 万元"时的对应最强；在第二组"GKT"测试中，李大运在回答说"680 万元购棉余款借给天润公司，天润公司没有给他 20% 股权"时的对应最弱。

测试结论：

1. 李大运说 2001 年 6 月 5 日精河县棉麻公司把他购棉余款 680 多万转给天润公司没有经他本人同意是说谎；
2. 李大运说周星星借用他的购棉余款事先没有和他说好是说谎；
3. 李大运说周星星借用他的购棉余款没有给他数万元好处费是说谎；
4. 李大运说他没把 680 多万元作为暗股投入天润公司是说谎；
5. 李大运说周星星没给他 15 万元好处费是说谎；
6. 李大运说 680 万元购棉余款借给天润公司，他们没有给他 20% 股权是实话。

测试要点 8　贿赂犯罪中只有举报材料，如何通过心理测试确认行（受）贿犯罪嫌疑人是否行（受）贿

案例一　新安县某局原副局长王来才受贿案

2002 年元月，一封举报材料寄到了洛阳市人民检察院领导手中，材料反映新安县某局副局长王来才在负责该县水厂二期工程扩建时，多次收受承建方贿赂，造成了极坏的社会影响。接到举报材料后，洛阳市人民检察院马上安排人员赴新安县开展调查。经查：1999 年 6 月，时任新安县某局副局长王来才以集资买房为借口向冯某借两万元现金（名为借，实为要），一直未还。在此期间，王来才要买手机，冯某给其 3000 元，还送其一台 VCD，一台消毒柜，为其报过餐费，为其上歌厅、桑拿房找小姐花费 5000 余元。举报人冯某为外地某市市政工程公司新安水厂扩建工程项目承建人，因为该工程由王来才负责，迫于压力，冯某对王来才的要求只能一一满足，不敢有丝毫怠慢，唯恐其在工程上跟自己过不去。工程结束后，冯某给洛阳市人民检察院寄去了举报材料，希望能为自己讨回公道。

初查后，办案人员传唤王来才到检察院接受讯问，但其拒不承认上述事实。在分析王来才的工作经历后发现，此人曾担任新安县纪委常委多年，具有较强的反侦查能力，熟悉检察院办案的程序和工作方式，所以有恃无恐，对检察干警的讯问要么置之不理，要么答非所问，东拉西扯，没有一句有价值的回答。传讯时限临近，侦查人员依据举报材料对王来才进行了心理测试。经过测试，确定了举报材料所述内容是真实的。办案人员果断对王来才采取刑事拘留措施，最终侦破了其收受贿赂的犯罪行为。

测试题目：

1. 你向冯某借过钱吗？
2. 你是以什么借口向冯某借的钱？
3. 你向冯某借了多少钱？
4. 冯某是在什么地方把钱给你的？

测试时间、仪器、指标及测前检查：

1. 时间：2002年4月28日
2. 仪器：PG—7型多道心理测试仪
3. 指标：皮电、脉搏，上、下呼吸
4. 测前检查：仪器均正常

测试过程及分析说明：

经王来才本人同意，我们对王来才用了一组"CQT"（准绳问题测试法）和三组"POT"（紧张峰测试法）进行了测试。

在"CQT"测试中，王来才在回答"你向冯某借过钱吗？"时说"没有"时的三遍综合说谎概率为60.5%（说谎概率大于50%为说谎，小于50%为诚实）。

在第一组"POT"测试中，王来才在回答"你是以什么借口向冯某借的钱？"时说"不是为了买房子"对应最强；在第二组"POT"测试中，王来才在回答"你向冯某借了多少钱？"时说"不是2万元"对应最强；在第三组"POT"测试中，王来才在回答"冯某是在什么地方把钱给你的"时说"不是在王来才自己的桑塔纳轿车上"对应最强。

测试结论：

王来才是以买房子为借口向冯某要了2万元；冯某是在王来才的桑塔纳轿车上把钱给王来才的。

案例二　伊川县某局原局长焦光明受贿案

2008年3月，伊川县人民检察院接到群众举报，称该县某局局长焦光明涉嫌受贿，希望检察机关依法查处。因被举报人长期担任该县县直委局正职，在当地有较大影响和势力，伊川县人民检察院制定了详细的初查方案。

经查：2002年五六月份，时任伊川县某局局长的焦光明向承建某局食品公司的建筑商康某索要价值58000元的单元房一套，不仅未向康某付房款，而且要求康某向其出具收到购房款58000元的收据；2006年春节前后至2006年4月30日，时任伊川县某局局长的焦光明以改建某局办公楼需向县里有关领导跑手续为名，分5次向欲承揽此项建筑工程的承建商李某索要现金10万元整，最后为掩人耳目向李某打了10万元的欠条。

在调查完上述事实后，伊川县人民检察院依法传讯了焦光明，在讯问后依法对其实施拘留、逮捕强制措施，但焦光明在接受审讯时坚持说自己没有收受贿赂，且辩称在购买上述房屋时，其向其弟媳的母亲借过5万元钱。经检察机关调查，其弟和弟媳均称不知道有借钱一事，其弟媳的母亲前不久刚去世，且两家关系并不好，没有可能借钱给焦光明。为了弄清焦光明是否受贿，伊川县人民检察院遂委托洛阳市人民检察院心理测试中心对焦光明进行心理测试，最终证实其辩解均是谎言，案件顺利侦破。

测试题目：

1. 李某送给你的10万元你都用于楼房改造了吗？
2. 李某送给你的10万元你私自用的有吗？
3. 李某送给你的10万元你装进自己腰包里有吗？
4. 2006年5月是你撕毁了你打给李某的欠条吗？
5. 2002年康某给你的一套房子你给他钱了吗？
6. 你知道你给李某打的欠条被怎么处理了吗？
7. 你知道你给李某打的10万元欠条被谁撕毁了吗？
8. 你能如实告诉我你是在什么地方撕毁你给李某打的欠条的吗？
9. 你能如实告诉我你是在什么时间撕毁你给李某打的欠条的吗？

测试时间、仪器、指标及测前检查：

1. 测试时间：2008年5月16日
2. 测试仪器：PG—12型多参量心理测试仪
3. 测试指标：皮肤电、脉搏、血压、上、下呼吸
4. 测前检查：仪器均正常

测试过程及分析说明：

经焦光明本人同意，我们对他采用一组"MGQT"（改进的一般问题测试法）、二组"CQT"（准绳问题测试法）和四组"GKT"（犯罪情节测试法）进行了测试。

在"MGQT"测试中，焦光明在回答"李某送给你的10万元你都用于楼房改造了吗?"时说"是"的说谎概率为78.8%（说谎概率大于50%为说谎，小于50%为诚实）；焦光明在回答"李某送给你的10万元你私自用的有吗?"时说"没有"的说谎概率为93.3%；焦光明在回答"李某送给你的10万元你装进自己腰包里有吗?"时说"没有"的说谎概率为82.7%。

在第一组"CQT"测试中，焦光明在回答"2006年5月是你撕毁了你打给李某的欠条吗?"时说"没有"的说谎概率为75.4%；在第二组"CQT"测试中，焦光明在回答"2002年康某给你的一套房子你给他钱了吗?"时说"给了"的说谎概率为72.6%。

在第一组"GKT"测试中，焦光明在回答"你知道你给李某打的欠条被怎么处理了吗?"时说"不是撕毁了"对应最强；在第二组"GKT"测试中，焦光明在回答"你知道你给李某打的10万元欠条被谁撕毁了吗?"时说"不是他自己"对应最强；在第三组"GKT"测试中，焦光明在回答"你能如实告诉我你是在什么地方撕毁你给李某打的欠条的吗?"时说"不是在焦光明自己的办公室里"对应最强；在第四组"GKT"测试中，焦光明在回答"你能如实告诉我你是在什么时间撕毁你给李某打的欠条的吗?"时说"不是2006年5月31日"对应最强。

测试结论：

1. 焦光明说李某送给他的10万元他都用于楼房改造了是谎话；

2. 焦光明说李某送给他的10万元他没有私自用是谎话；

3. 焦光明说李某送给他的10万元他没有装进自己腰包里是谎话；

4. 焦光明说2006年5月份不是他撕毁了他打给李某的欠条是谎话；

5. 焦光明说2002年康某给他的一套房子他给钱了是谎话；

6. 焦光明说他不知道他给李某打的欠条被撕毁了是谎话；

7. 焦光明说不是他自己撕毁了他打给李某的10万元欠条是谎话；

8. 焦光明说不是在他的办公室撕毁他给李某打的欠条是谎话；

9. 焦光明说他不是在2006年5月31日撕毁他给李某打的欠条是谎话。

以上测试表明：焦光明收受李某的 10 万元没有全部用于本单位的楼房改造，而是把其中的一部分非法据为己有；2006 年 5 月 31 日，焦光明在他自己的办公室将他打给李某的 10 万元欠条撕毁；2002 年康某给焦光明的一套房子焦光明没有给钱。

案例三　伊川县某医院原副书记翟耀天受贿案

2006 年 9 月，伊川县人民检察院反贪局接群众举报，称伊川县某医院为提高医疗水平，决定购买一台 X 光机，中标企业为四川省内江市新迈医用科技设备有限公司。在购买、安装、调试 X 光机及其配套设备过程中，该院院长、副院长以及副书记翟耀天，收受上述公司技术员曾某送的设备回扣款，分别是 20000 元、8000 元、7000 元。接到举报后，伊川县人民检察院马上传讯了上述 3 人，很快，该院院长、副院长供述了自己接受上述贿赂的事实，但副书记翟耀天始终不承认自己接受过该公司技术员曾某送的现金。

侦查人员分析，有两种可能，一种是该公司技术员曾某根本就没有把 7000 元送给翟耀天，曾某把 7000 元私吞而诬陷翟耀天；另一种可能是翟耀天收了 7000 元拒不承认。但由于行受贿犯罪较为私密，行贿财物为现金，因而没有其他证据能够证明翟耀天是否收受贿赂。为了查明翟耀天是否与此案有关，是否收了 7000 元回扣款，伊川县人民检察院反贪局遂委托洛阳市人民检察院心理测试中心对翟耀天进行心理测试，测试结论印证了举报人的说法，翟耀天承认接受贿赂。

测试题目：

1. 2003 年 5 月给你们医院安装设备的技术员曾某送给你多少现金？
2. 2003 年 5 月曾某是在什么地方把钱送给你的？
3. 2003 年 5 月曾某送给你的现金是用什么包装的？

测试时间、仪器、指标及测前检查：

1. 测试时间：2006 年 10 月 11 日
2. 测试仪器：PG—12 型多参量心理测试仪

3. 测试指标：皮肤电、脉搏、血压，上、下呼吸

4. 测前检查：仪器均正常

测试过程及分析说明：

经翟耀天本人同意，我们对他采用了三组"GKT"（犯罪情节测试法）进行了测试。

在第一组"GKT"测试中，翟耀天在回答"2003 年 5 月给你们医院安装设备的技术员曾某送给你多少现金?"时说"不是 7000 元"对应最强；在第二组"GKT"测试中，翟耀天在回答"2003 年 5 月曾某是在什么地方把钱送给你的?"时说"不是在翟耀天自己的办公室"对应最强；在第三组"GKT"测试中，翟耀天在回答"2003 年 5 月曾某送给你的现金是用什么包装的?"时说"不是用报纸包装"对应最强。

测试结论：

1. 翟耀天说给他们医院安装设备的技术员曾某没有送他 7000 元是说谎；

2. 翟耀天说 2003 年 5 月曾某不是在翟耀天自己的办公室里把钱送给他的是说谎；

3. 翟耀天说 2003 年 5 月曾某送给他的现金不是用报纸包装的是说谎。

综合以上这些问题的测试结果表明：2003 年 5 月，翟耀天在自己的办公室，收受了给他们医院安装设备的技术员曾某用报纸包着的 7000 元现金。

案例四　四川省某公司调剂部原业务员杨威受贿案

1992 年 11 月，四川省某公司调剂部业务员杨威和马为新等人，代表公司与洛阳物产集团农资部签订 8200 余吨油品指标转让合同，为了使这个合同顺利签订履行，物产集团农资部经理王飞在洛阳牡丹大酒店向杨威和马为新等人许诺待合同签订后将给予对方好处费。1992 年年底，王飞从洛阳九都信用社取出本单位 347967.72 元现金，在友谊宾馆交给杨威、马为新作回扣。该二人收下钱后，每人分得 11 万元。2004 年 4 月，洛阳市老城区人民检察院接到举报后，依法传讯了杨威和马为新二人，马为新对其收受物产集团农资部经理王飞贿赂的事实供认不讳，并积极退还了赃款，同时，还供认其于 1997 年 4 月与杨威商量过要把私分的钱款退还。

杨威到案后拒不承认上述事实，为了弄清杨威讲的是否属实，老城区人民检察院遂委托洛阳市人民检察院心理测试中心对杨威进行心理测试，因该案同案犯已经供述，事实比较清楚，测试人员结合案件中一些细节设计了针对性的题目，测试结论证实杨威确实收受、私分回扣，最终涉案赃款被追回。

测试题目：

1. 1992 年年底你们把油品指标给洛阳物产集团后对方给你们好处费了吗？
2. 1992 年年底洛阳物产集团农资公司经理王飞给你们送回扣了吗？
3. 1997 年 4 月马为新与你商量过把你们分的钱退了的事吗？
4. 1992 年王飞是在什么地方许诺给你们好处费？
5. 1992 年年底洛阳物产集团农资公司经理王飞给你们送了多少回扣？
6. 1992 年年底洛阳物产集团农资公司经理王飞在什么地方把回扣给你们的？
7. 1992 年年底洛阳物产集团农资公司经理王飞给你们送回扣是用什么颜色的包装的？
8. 1992 年年底洛阳物产集团农资公司经理王飞给你们送了多少现金？

测试时间、仪器、指标及测前检查：

1. 测试时间：2004 年 8 月 20 日
2. 测试仪器：PG—12 型多参量心理测试仪
3. 测试指标：皮肤电、脉搏、血压、上、下呼吸
4. 测前检查：仪器均正常

测试过程及分析说明：

经杨威本人同意，我们对他采用了一组"CQT"（准绳问题测试法）和二组"MGQT"（改进的一般问题测试法）以及五组"GKT"（犯罪情节测试法）进行了测试。

在"CQT"测试中，杨威在回答"1992 年年底你们把油品指标给洛阳物产集团后对方给你们好处费了吗？"时说"没有"的说谎概率为 77%（说谎概率大于 50% 为说谎，小于 50% 为诚实）。

在第一组"MGQT"测试中，杨威在回答"1992 年年底洛阳物产集团农

资公司经理王飞给你们送回扣了吗?"时说"没有"的说谎概率为75.2%;在第二组"MGQT"测试中,杨威在回答"1997年4月马为新与你商量过把你们分的钱退了的事吗?"时说"没有"的说谎概率为77.8%。

在第一组"GKT"测试中,杨威在回答"1992年王飞是在什么地方许诺给你们好处费?"时说"不是在牡丹大酒店"对应最强;在第二组"GKT"测试中,杨威在回答"1992年年底洛阳物产集团农资公司经理王飞给你们送了多少回扣?"时说"不是30多万"对应最强;在第三组"GKT"测试中,杨威在回答"1992年年底洛阳物产集团农资公司经理王飞在什么地方把回扣给你们的?"时说"不是友谊宾馆"对应最强;在第四组"GKT"测试中,杨威在回答"1992年年底洛阳物产集团农资公司经理王飞给你们送回扣是用什么颜色的包装的?"时说"不是用蓝色的包装的"对应最强;在第五组"GKT"测试中,杨威在回答"1992年年底洛阳物产集团农资公司经理王飞给你们送了多少现金?"时说"不是11万"对应最强。

测试结论:

1. 杨威说1992年年底他们把油品指标给洛阳物产集团后对方没有给他们好处费是说谎;

2. 杨威说1992年年底洛阳物产集团农资公司经理王飞没有给他们送回扣是说谎;

3. 杨威说1997年4月马为新没有和他商量过把他们分的钱退了是说谎;

4. 杨威说1992年王飞没有在牡丹大酒店许诺给他们好处费是说谎;

5. 杨威说1992年年底洛阳物产集团农资公司经理王飞没有给他们送30多万回扣是说谎;

6. 杨威说1992年年底洛阳物产集团农资公司经理王飞不是在友谊宾馆把回扣给他们的是说谎;

7. 杨威说1992年年底洛阳物产集团农资公司经理王飞给他们送回扣不是用蓝色的包装的是说谎;

8. 杨威说1992年年底洛阳物产集团农资公司经理王飞没有给他们送11万元现金是说谎。

综合以上这些问题的测试结果充分表明:1992年年底杨威和马为新把油品指标给洛阳物产集团后对方给了他们好处费(回扣);1997年4月马为新确实和杨威商量过把他们分的钱退了一事;1992年王飞是在牡丹大酒店许诺给杨威等人好处费;1992年年底洛阳物产集团农资公司经理王飞在友谊宾馆将蓝色包装,包的回扣30多万给了杨威等人;1992年年底洛阳物产集团农资公司经理王飞给杨威送了 11 万元现金。

案例五　洛阳某商贸有限公司出纳孙传新行贿案

　　2002 年 12 月，洛阳市高新区人民检察院反贪局接群众举报称："洛阳某商贸公司在向天昱公司出售钢材时，给该公司牛大利送有提成款 7000 余元。"这份举报材料内容较为详细，写明了行贿的时间、地点、钱款的数量等内容，该院领导高度重视，立即组织侦查人员展开调查，并依法传讯了洛阳某商贸公司出纳孙传新。面对侦查人员的讯问，孙传新始终不承认上述事实。对案件其他情况的调查也无法证明孙传新是否行贿，此时，办案人员很为难，是继续羁押，还是先取保候审，没有统一的意见。

　　洛阳市高新区人民检察院反贪局遂委托洛阳市人民检察院心理测试中心对孙传新进行心理测试，结果证明其没有说谎，其没有向牛大利行贿，高新区人民检察院结合测试结论，解除了对孙传新的强制措施，避免了无辜者被调查，也有效地节省了司法资源。

测试题目：

1. 天昱公司牛大利到你们公司购买钢材你们给回扣了吗？
2. 2001 年 12 月吃饭后你给牛大利现金了吗？
3. 2002 年 1 月在你的办公室你给牛大利现金了吗？
4. 2002 年 3 月在你的办公室你给牛大利现金了吗？
5. 2001 年 12 月你给了牛大利多少现金？
6. 2002 年 1 月在你的办公室你给了牛大利多少现金？
7. 2002 年 3 月你给了牛大利多少现金？

测试时间、仪器、指标及测前检查：

1. 测试时间：2002 年 12 月 25 日
2. 测试仪器：PG—12 型多参量心理测试仪
3. 测试指标：皮肤电、脉搏、血压，上、下呼吸
4. 测前检查：仪器均正常

测试过程及分析说明：

经孙传新本人同意，我们对他采用了三组"CQT"（准绳问题测试法）、一组"MGQT"（改进的一般问题测试法）和三组"GKT"（犯罪情节测试法）进行了测试。

在第一组"CQT"测试中，孙传新在回答"天昱公司牛大利到你们公司购买钢材你们给回扣了吗？"时说"没有"的说谎概率为46.6%（说谎概率大于50%为说谎，小于50%为诚实）；在第二组"CQT"测试中，孙传新在回答"2001年12月在吃饭后你给牛大利现金了吗？"时说"没有"的说谎概率为35.8%；在第三组"CQT"测试中，孙传新在回答"2002年1月在你的办公室你给牛大利现金了吗？"时说"没有"的说谎概率为28%。

在"MGQT"测试中，孙传新在回答"2002年3月在你的办公室你给牛大利现金了吗？"时说"没有"的说谎概率为23.6%。

在第一组"GKT"测试中，孙传新在回答中心问题"2001年12月你给了牛大利3000元吗？"时说"没"对应不强，说明2001年12月孙传新没有给牛大利3000元钱；在第二组"GKT"测试中，孙传新在回答中心问题"2002年1月你给了牛大利2300元钱吗？"时说"没"对应不强，说明2002年1月孙传新没有给牛大利2300元钱；在第三组"GKT"测试中，孙传新在回答中心问题2002年3月你给了牛大利2000元钱吗？"时说"没"对应较弱，说明2002年3月孙传新没有给牛大利2000元钱。

测试结论：

1. 孙传新说天昱公司牛大利到他们公司购买钢材他们没给回扣是实话；
2. 孙传新说2001年12月饭后他没给牛大利现金是实话；
3. 孙传新说2002年1月在他的办公室他没给牛大利现金是实话；
4. 孙传新说2002年3月他没给牛大利现金是实话；
5. 孙传新说2001年12月他没给牛大利3000元钱是实话；
6. 孙传新说2002年1月在他的办公室他没有给牛大利2300元钱是实话；
7. 孙传新说2002年3月他没给牛大利2000元是实话。

测试要点 9　贿赂犯罪案件中，行贿人供述行贿，但受贿人拒不承认受贿，如何借助心理测试弄清犯罪嫌疑人是否受贿以及实施犯罪的细节

案例一　某市国土资源局土地开发整理中心原主任黄平安受贿案

2008 年 5 月，某市人民检察院反贪局在侦查该市国土资源局有关人员涉嫌职务犯罪时发现，该局土地开发整理中心主任黄平安有收受贿赂的重大嫌疑，该院迅速对其立案侦查。经查：2003 年以来，在负责实施市级土地整理项目过程中，黄平安利用其担任某市国土资源局土地开发整理中心主任的职务便利，伙同该局副局长李安、规划与耕地保护科科长尚平，先后多次收受项目承包商张洪楼等人的贿赂，并在国家土地整理项目承包中为张洪楼谋取利益。

经大量外围调查固定证据后，检察机关依法逮捕了黄平安，但对其审讯时，黄平安坚称自己没有收受贿赂。为了弄清黄平安是否涉嫌受贿，该院反贪局遂委托洛阳市人民检察院心理测试中心对黄平安进行心理测试，测试结论印证了行贿人和同案犯的供述，最终在大量的事实证据面前，黄平安交代了其收受贿赂的犯罪事实，并退还个人所得全部赃款，最终人民法院以受贿罪判处黄平安有期徒刑六年。

测试题目：

1. 你收受过张洪楼的钱吗？

2. 陈鑫冉给你送过钱吗？

3. 除了张洪楼你还收过其他承包商的钱吗？

4. 你能如实告诉我张洪楼承包的土地整理工程款给了你百分之几吗？

5. 你能如实告诉我张洪楼承包的土地整理工程款给你和尚平以及李安总共百分之几吗？

6. 你能如实告诉我尚平在场时张洪楼第一次给了你多少钱吗？

7. 你能如实告诉我尚平在场时张洪楼第一次给你的 5 万元钱是在什么地方吗？

8. 你能如实告诉我尚平在场时张洪楼第一次给你的 5 万元钱是用什么包装的吗？

9. 你能如实告诉我尚平在场时张洪楼总共给了你多少钱吗？

10. 你能如实告诉我张洪楼在尚平在场时总共给了你几次钱吗？

11. 你能如实告诉我张洪楼总共给你送了多少钱吗？

12. 你能如实告诉我张洪楼等人送给你的钱你怎么处理了吗？

13. 你能如实告诉我你们家里有谁知道你收受了承包商送给你的钱？

14. 你能如实告诉我你总共收过陈鑫冉多少现金吗？

15. 你能如实告诉我你受贿收的钱怎么处理了吗？

测试时间、仪器、指标及测前检查：

1. 测试时间：2008 年 6 月 13 日下午

2. 测试仪器：PG—12 型多参量心理测试仪

3. 测试指标：皮肤电、脉搏、血压，上、下呼吸

4. 测前检查：仪器均正常

测试过程及分析说明：

经黄平安本人同意，我们对他采用二组"CQT"（准绳问题测试法）、一组"MGQT"（改进的一般问题测试法）、七组"GKT"（犯罪情节测试法）以及五组"POT"（紧张峰测试法）进行了测试。

在第一组"CQT"测试中，黄平安在回答"你收受过张洪楼的钱吗？"时说"没有"的说谎概率为 80.8%（说谎概率大于 50% 为说谎，小于 50% 为诚实）；在第二组"CQT"测试中，黄平安在回答"陈鑫冉给你送过钱吗？"时说"没有"的说谎概率为 75.9%。

在"MGQT"测试中，黄平安在回答"除了张洪楼你还收过其他承包商的钱吗？"时说"没有"的说谎概率为 80.9%。

在第一组"GKT"测试中，黄平安在回答"你能如实告诉我张洪楼承包的土地整理工程款给了你百分之几吗？"时说"不是 5%"对应最强；在第二组"GKT"测试中，黄平安在回答"你能如实告诉我张洪楼承包的土地整理工程款给你和尚平以及李安总共百分之几吗？"时说"不是 15%"对应最强；在第三组"GKT"测试中，黄平安在回答"你能如实告诉我尚平在场时张洪楼第一次给了你多少钱吗？"时说"不是 5 万元"对应最强；在第四组"GKT"测试中，黄平安在回答"你能如实告诉我尚平在场时张洪楼第一次给

你的 5 万元钱是在什么地方吗?"时说"不是在张洪楼的轿车上"对应最强;在第五组"GKT"测试中,黄平安在回答"你能如实告诉我尚平在场时张洪楼第一次给你的 5 万元钱是用什么包装的吗?"时说"不是用报纸包着"对应最强;在第六组"GKT"测试中,黄平安在回答"你能如实告诉我尚平在场时张洪楼总共给了你多少钱吗?"时说"不是 10 万元"对应最强;在第七组"GKT"测试中,黄平安在回答"你能如实告诉我张洪楼在尚平在场时总共给了你几次钱吗?"时说"不是 2 次"对应最强。

在第一组"POT"测试中,黄平安在回答"你能如实告诉我张洪楼总共给你送了多少钱吗?"时说"不是 30 万元"对应最强;在第二组"POT"测试中,黄平安在回答"你能如实告诉我张洪楼等人送给你的钱你怎么处理了吗?"时说"不是以其他别的方式处理了"对应最强;在第三组"POT"测试中,黄平安在回答"你能如实告诉我你们家里有谁知道你收受了承包商送给你的钱?"时说"不是他母亲"对应最强;在第四组"POT"测试中,黄平安在回答"你能如实告诉我你总共收过陈鑫冉多少现金吗?"时说"不是几万元"对应最强;在第五组"POT"测试中,黄平安在回答"你能如实告诉我你受贿收的钱怎么处理了吗?"时说"不是买彩票"对应最强。

测试结论:

1. 黄平安说他没有收受过张洪楼的钱是谎话;

2. 黄平安说陈鑫冉没有给他送过钱是谎话;

3. 黄平安说除了张洪楼他没有收过其他承包商的钱是谎话;

4. 黄平安说张洪楼承包的土地整理工程款没有给他 5% 是谎话;

5. 黄平安说张洪楼承包的土地整理工程款没有给他和尚平以及李安总共 15% 是谎话;

6. 黄平安说尚平在场时张洪楼第一次给他的不是 5 万元是谎话;

7. 黄平安说尚平在场时张洪楼第一次给他的 5 万元钱不是在张洪楼的轿车上是谎话;

8. 黄平安说尚平在场时张洪楼第一次给他的 5 万元钱不是用报纸包着是谎话;

9. 黄平安说尚平在场时张洪楼总共给他的不是 10 万元是谎话;

10. 黄平安说尚平在场时张洪楼不是 2 次给他钱是谎话;

11. 黄平安说张洪楼总共给他送的钱不是 30 万元是谎话;

12. 黄平安说张洪楼等人送给他的钱不是以其他别的方式处理了是谎话;

13. 黄平安说他母亲不知道他收受了承包商送的钱是谎话;

14. 黄平安说他总共收过陈鑫冉的现金不是几万元是谎话；

15. 黄平安说他受贿收的钱没有买彩票是谎话。

以上测试表明：黄平安总共收受张洪楼送的钱是 30 万元（张洪楼承包的土地整理工程款的 5%）；第一次尚平在场时张洪楼是用报纸包了 5 万元在张洪楼的轿车上给了黄平安；尚平在场时张洪楼两次共给了黄平安 10 万元；张洪楼承包的土地整理工程款给黄平安和尚平以及李安总共是 15%；除了张洪楼外黄平安还收过其他承包商的钱，黄平安收了陈鑫冉几万元现金。

案例二　偃师市某局原纪委书记李东国受贿案

2005 年 9 月，偃师市某局办公楼内部装修，时任该局纪委书记的李东国被指派负责此次装修工程。为了和李东国搞好关系，避免在工程中遇到磕绊，负责该工程的装修公司经理杜永新多方打听后，通过李东国二哥李章惠给李东国送去 1 万元现金。同月，感觉工程进展不太顺利，被挑毛病太多，杜永新认为是钱送的太少。由于手中资金有限，就想到将其所有的一辆九座现代面包车卖掉，就联系李东国，委托他以 2.7 万元的价格将面包车卖掉，钱款由李东国占有使用，李东国也欣然答应。后因工程进展不顺且工程款迟迟不能到位，杜永新向洛阳市人民检察院举报李东国受贿一事，该院指定西工区人民检察院侦查此案，西工区人民检察院反贪局立即指派侦查人员调查，在讯问李东国时，其坚持说自己没有收受贿赂，外围调查也没有充足的证据证明上述事实。为了弄清李东国是否受贿，洛阳市西工区人民检察院反贪局委托洛阳市人民检察院心理测试中心对李东国进行心理测试。测试结束后，李东国马上交代了其收受贿赂的犯罪事实，案件得以顺利侦破。

测试题目：

1. 你收过杜永新给的钱吗？

2. 你卖杜永新面包车的钱装进自己的腰包了吗？

3. 是杜永新表示卖车的钱给你用吗？

4. 你能如实告诉我 2005 年 9 月杜永新让李章惠给你多少钱吗？

测试时间、仪器、指标及测前检查：

1. 测试时间：2008 年 6 月 16 日

2. 测试仪器：PG—12 型多参量心理测试仪

3. 测试指标：皮肤电、脉搏、血压，上、下呼吸

4. 测前检查：仪器均正常

测试过程及分析说明：

经李东国本人同意，我们对他采用一组"CQT"（准绳问题测试法）、一组"MGQT"（改进的一般问题测试法）和一组"POT"（紧张峰测试法）进行了测试。

在"CQT"测试中，李东国在回答"你收过杜永新给的钱吗？"时说"没有"的说谎概率为 80.3%（说谎概率大于 50% 为说谎，小于 50% 为诚实）。

在"MGQT"测试中，李东国在回答"你卖杜永新面包车的钱装进自己的腰包了吗？"时说"没有"的说谎概率为 74.2%；李东国在回答"是杜永新表示卖车的钱给你用吗？"时说"没有"的说谎概率为 77.6%。

在"POT"测试中，李东国在回答"你能如实告诉我 2005 年 9 月杜永新让李章惠给你多少钱吗？"时说"不是 1 万元"对应最强。

测试结论：

1. 李东国说他没有收过杜永新给的钱是谎话；

2. 李东国说他卖杜永新面包车的钱不是装进自己的腰包了是谎话；

3. 李东国说不是杜永新表示卖车的钱给他用是谎话；

4. 李东国说 2005 年 9 月杜永新让李章惠给他不是 1 万元是谎话。

以上测试表明：李东国收受杜永新给他的 1 万元钱，并且将卖车的钱据为己有了。

案例三　商洛市商州区某校原校长田伟新受贿案

2007 年 12 月 29 日，商洛市某建筑有限公司项目经理林永顺借用陕西欣宝房地产开发公司资质与商州区某校原校长签订了联合开发某校院内土地的意向合同，现任校长田伟新违反国家规定，未经国土部门批准非法转让国有土地使用权，与林永顺签订了具有实质内容的补充协议，把校内 5.37 亩土地交与林永顺开发，同时，为林永顺办理建设手续提供便利。在无土地审批手续的情况下，同意开工建设，改变《建设工程规划许可证》建设内容，

将公寓楼修建成商品住宅楼，使林永顺实际取得 5.37 亩国有土地的使用权。林永顺为了感谢田伟新在校园开发中的帮助，承诺田伟新可以以低于市场价的内部协议价格购买一套住房，并且写了一张内容为 5 万定金已交的白条给田伟新，后来又送给田伟新 10 万元。

此事案发后，检察机关对田伟新立案侦查，在对其讯问时，田伟新拒不承认林永顺给过他定金条的事情。此外，在田伟新是否给林永顺退还 10 万元的事情上，办案人员存在怀疑：在 10 万元退还之后，林永顺是否又把 10 万元送给了田伟新？为了弄清田伟新随后到底有没有收过林永顺送的 10 万元钱和定金白条的事情，陕西省商洛市人民检察院反贪局遂委托洛阳市人民检察院心理测试中心对田伟新进行心理测试，测试结论印证了行贿人的供述，最终田伟新被人民法院依法判处有期徒刑十年。

测试题目：

1. 今年 5 月 21 日以后林永顺给你送过钱吗？
2. 林永顺给你过定金条吗？
3. 你能如实回答我的问题吗？
4. 你能如实告诉我你把定金条怎么处理了吗？
5. 你能如实告诉我你把定金条藏在什么地方了吗？
6. 你能如实告诉我今年 5 月 21 日以后什么时间林永顺给你送钱吗？
7. 你能如实告诉我今年 5 月 21 日后的什么时间林永顺给你送钱吗？
8. 你能如实告诉我今年 5 月 21 日后林永顺给你送了多少钱吗？
9. 你能如实告诉我林永顺是在什么地方把钱给你的吗？
10. 你能如实告诉我你把钱退给林永顺的原因吗？
11. 你能如实告诉我今年 5 月 21 日后林永顺送给你的钱你怎么处理了吗？

测试时间、仪器、指标及测前检查：

1. 测试时间：2010 年 9 月 30 日
2. 测试仪器：PG—12 型多参量心理测试仪
3. 测试指标：皮肤电、脉搏、血压，上、下呼吸
4. 测前检查：仪器均正常

测试过程及分析说明：

经田伟新本人同意，我们对他采用了二组"CQT"（准绳问题测试法）和

九组"POT"（紧张峰测试法）进行了测试。

在第一组"CQT"测试中，田伟新在回答"今年 5 月 21 日以后林永顺给你送过钱吗？"时说"没有"的说谎概率为 71.9%（说谎概率大于 50% 为说谎，小于 50% 为诚实）；在第二组"CQT"测试中，田伟新在回答"林永顺给你过定金条吗？"时说"没有"的说谎概率为 71.7%。

在第一组"POT"测试中，田伟新在回答"你能如实回答我的问题？"时说"林永顺没有给过他定金条"对应最强；在第二组"POT"测试中，田伟新在回答"你能如实告诉我你把定金条怎么处理了吗？"时说"不是藏起来了"对应最强；在第三组"POT"测试中，田伟新在回答"你能如实告诉我你把定金条藏在什么地方了吗？"时说"不是藏在办公室"对应最强；在第四组"POT"测试中，田伟新在回答"你能如实告诉我今年 5 月 21 日以后什么时间林永顺给你送钱吗？"时说"不是 5 月 25 日"对应最强；在第五组"POT"测试中，田伟新在回答"你能如实告诉我今年 5 月 21 日后的什么时间林永顺给你送钱吗？"时说"不是下午"对应最强；在第六组"POT"测试中，田伟新在回答"你能如实告诉我今年 5 月 21 日后林永顺给你送了多少钱吗？"时说"不是 5 万元"对应最强；在第七组"POT"测试中，田伟新在回答"你能如实告诉我林永顺是在什么地方把钱给你的吗？"时说"不是在他办公室"对应最强；在第八组"POT"测试中，田伟新在回答"你能如实告诉我你把钱退给林永顺的原因吗？"时说"不是因为他知道市纪委治理工程建设突出问题有关规定后害怕受处理"对应最强；在第九组"POT"测试中，田伟新在回答"你能如实告诉我今年 5 月 21 日后林永顺送给你的钱你怎么处理了吗？"时说"不是存进银行"对应最强。

测试结论：

1. 田伟新说今年 5 月 21 日以后林永顺没有给他送过钱是谎话；
2. 田伟新说林永顺没有给过他定金条是谎话；
3. 田伟新说他没有把定金条藏起来是谎话；
4. 田伟新说他没有把定金条藏在他的办公室里是谎话；
5. 田伟新说今年 5 月 25 日林永顺没有给他送钱谎话；
6. 田伟新说今年 5 月 25 日下午林永顺没有给他送钱是谎话；
7. 田伟新说今年 5 月 25 日林永顺没有给他送 5 万元是谎话；
8. 田伟新说林永顺不是在田伟新的办公室把钱给他的是谎话；
9. 田伟新说他退钱的原因不是因为他知道市纪委治理工程建设突出问题有关规定后害怕受处理是谎话；

10. 田伟新说今年 5 月 21 日后林永顺送给他的钱不是存进银行是谎话。

以上测试充分表明：今年 5 月 25 日下午在田伟新的办公室林永顺给他送了 5 万元，田伟新把钱存进了银行；田伟新退钱的原因是因为他知道市纪委治理工程建设突出问题有关规定后害怕受处理；林永顺给过田伟新定金条，田伟新把定金条藏在办公室里。

测试要点 10 涉嫌受贿的犯罪嫌疑人坦白"某行贿人"向其行贿，但"某行贿人"却不承认行贿，如何借助心理测试确定"某行贿人"是否涉嫌犯罪

案例 中国某车辆有限公司原董事长曹华受贿案

中国某车辆有限公司系 2007 年国内某车企将旗下货车资源整合组成，在人事任命时，时任某车辆厂厂长的曹华升任上述有限公司董事长、董事和党委副书记，特殊的身份，造成了权力过分集中。在任职期间，曹华在管理、制度还有员工安置等方面的安排，引发诸多民怨，被广泛质疑存在权钱交易情况。无论是湖北省内各相关部门还是发改委、国家信访局等部门，都有很多人反映其问题。因曹华任职跨越湖南和湖北两地，案件牵涉人员众多，案情复杂，2009 年 9 月 4 日，最高人民检察院将曹华涉嫌重大受贿犯罪线索交给湖北省人民检察院依法侦查。9 月 14 日，湖北省人民检察院以曹华涉嫌受贿犯罪依法对其立案侦查并刑事拘留。经查：2002 年 1 月至 2009 年 3 月，曹华在任中国某集团车辆厂厂长、中国某车辆有限公司总经理、董事长期间，利用职务之便，为他人谋取利益，从中收受他人贿赂人民币 845 万元，加拿大币 2 万元，公司股份 80 万元。

在对曹华进行讯问时，其对检察机关已查明情况予以否认，但却主动交代收受宋铮贿赂的情况。检察机关在询问宋铮时，宋铮坚决否认向曹华行贿。由于数额巨大，为了弄清曹华所述的犯罪事实是否属实，湖北省人民检察院反贪局委托洛阳市人民检察院心理测试中心对曹华进行心理测试，经测试认定曹华讲宋铮向其行贿系说谎，有了这个定心丸，检察机关又经过进一步侦查，排除了宋铮向曹华行贿的可能，进而明确了侦查方向和侦查内容，案件顺利侦破，曹华被人民法院以受贿罪等罪名判处有期徒刑十五年，并处没收财产 60 万元。

测试题目：

1. 彭伟国给你送过钱吗？
2. 宋铮给你送过钱吗？
3. 你能确认是宋铮给的你 100 万元的存单吗？
4. 你能如实告诉我段江涛送给你的公司股份是多少万元吗？
5. 你能如实告诉我今年 1 月门楠楠送给你多少人民币吗？
6. 你能如实告诉我中铁十一局某公司总共送给你多少现金吗？
7. 你能如实告诉我中铁十一局某公司总共给你送了几次现金吗？
8. 你能如实告诉我彭伟国总共送给你多少现金吗？
9. 你能如实告诉我彭伟国总共给你送了几次现金吗？

测试时间、仪器、指标及测前检查：

1. 测试时间：2009 年 12 月 30 日
2. 测试仪器：PG—12 型多参量心理测试仪
3. 测试指标：皮肤电、脉搏、血压，上、下呼吸
4. 测前检查：仪器均正常

测试过程及分析说明：

经曹华本人同意，我们对他采用一组"CQT"（准绳问题测试法）、一组"MGQT"（改进的一般问题测试法）和六组"POT"（紧张峰测试法）进行了测试。

在"CQT"测试中，曹华在回答"彭伟国给你送过钱吗？"时说"没有"的说谎概率为 78.2%（说谎概率大于 50% 为说谎，小于 50% 为诚实）。

在"MGQT"测试中，曹华在回答"宋铮给你送过钱吗？"时说"有"的说谎概率为 66.7%（说谎概率大于 50% 为说谎，小于 50% 为诚实）；曹华在回答"你能确认是宋铮给的你 100 万元的存单吗？"时说"是"的说谎概率为 74%。

在第一组"POT"测试中，曹华在回答"你能如实告诉我段江涛送给你的公司股份是多少万元吗？"时说"不是 300 万"对应最强；在第二组"POT"测试中，曹华在回答"你能如实告诉我今年 1 月门楠楠送给你多少人民币吗？"时说"不是 100 万元"对应最强；在第三组"POT"测试中，曹华在回答"你能如实告诉我中铁十一局某公司总共送给你多少现金吗？"时说

"不是 100 万元"对应最强；在第四组"POT"测试中，曹华在回答"你能如实告诉我中铁十一局某公司总共给你送了几次现金吗？"时说"不是 2 次"对应最强；在第五组"POT"测试中，曹华在回答"你能如实告诉我彭伟国总共送给你多少现金吗？"时说"不是 200 万元"对应最强；在第六组"POT"测试中，曹华在回答"你能如实告诉我彭伟国总共给你送了几次现金吗？"时说"不是 4 次"对应最强。

测试结论：

1. 曹华说彭伟国没有给他送过钱是谎话；

2. 曹华说宋铮给他送过钱是谎话；

3. 曹华说他能确认是宋铮给的他 100 万元的存单是谎话；

4. 曹华说段江涛送给他的公司股份不是 300 万元是谎话；

5. 曹华说今年 1 月门楠楠送给他不是 100 万元人民币是谎话；

6. 曹华说中铁十一局某公司总共送给他不是 100 万元现金是谎话；

7. 曹华说中铁十一局某公司不是总共给他送了 2 次现金是谎话；

8. 曹华说彭伟国不是总共送给他 200 万元现金是谎话；

9. 曹华说彭伟国不是总共给他送了 4 次现金是谎话。

测试要点 11 　犯罪嫌疑人对犯罪行为进行"合乎情理"的辩解，如何通过心理测试确认其辩解是否属实

案例一　中铁七局集团二公司 109 项目部原经理郝来运贪污、挪用公款、滥用职权案

2007 年，中铁七局集团二公司向郑州铁路运输检察院举报，称在内蒙古国道 109 线大东高速公路施工过程中，该公司 109 项目部经理郝来运滥用职权，致使该公司与下属承包工程的鑫隆公司的委托代理人柳埃等人发生经济纠纷，造成重大国有资产流失。经郑州铁路运输检察院立案侦查查明：郝来运任 109 项目部经理期间，在明知项目部已和下属承包工程的鑫隆公司结算完工程款，并且实际多付 857271 元的情况下，未经项目部集体研究并请示上级有关部门，于 2006 年 9 月 19 日，擅自以项目部名义向鑫隆公司的债权人打欠条 31 张，总金额 266.33 万元，将鑫隆公司所欠债务全部转嫁给了 109 项目部。后白金龙、刘子义、岳虎、张志强 4 人（上述原鑫隆公司的债

权人）持郝来运所打欠条向人民法院提起诉讼。2007 年 10 月 10 日，经内蒙古鄂尔多斯市中级人民法院二审审理，判决中铁七局向上述 4 人支付共计 52.94 万元。

在被依法逮捕后，郝来运向检察机关供述称自己是在被人胁迫并且大脑一片空白、精神几乎崩溃的情况下，给对方打的欠条。为了弄清郝来运所讲是否属实，郑州铁路运输检察院遂委托洛阳市人民检察院心理测试中心对郝来运进行心理测试，测试结果显示郝来运讲其是在受胁迫情况下给对方打欠条的供述属实。

测试题目：

1. 韩玉福给你个人送过钱和物吗？
2. 你能如实告诉我你给柳埃的债权人打借条的原因（被人胁迫除外）吗？
3. 你能如实告诉我 2007 年 40 万元买的房子是谁的吗？
4. 你能如实告诉我韩玉福给你个人送过多少钱吗？
5. 你能如实告诉我别人送给你的钱你是怎么处理的吗？

测试时间、仪器、指标及测前检查：

1. 测试时间：2008 年 1 月 17 日
2. 测试仪器：PG—12 型多参量心理测试仪
3. 测试指标：皮肤电、脉搏、血压、上、下呼吸
4. 测前检查：仪器均正常

测试过程及分析说明：

经郝来运本人同意，我们对他采用一组"MGQT"（改进的一般问题测试法）和五组"POT"（紧张峰测试法）进行了测试。

在"MGQT"测试中，郝来运在回答"韩玉福给你个人送过钱和物吗？"时说"没有"的说谎概率为 72.2%（说谎概率大于 50% 为说谎，小于 50% 为诚实）。

在第一组"POT"测试中，郝来运在回答"你能如实告诉我你给柳埃的债权人打借条的原因（被人胁迫除外）吗？"时说"不是和柳埃串通好的"对应不是最强；在第二组"POT"测试中，郝来运在回答"你能如实告诉我你给柳埃的债权人打借条的原因（被人胁迫除外）吗？"时说"不是因为自己有

什么把柄在柳埃手里"对应不是最强；在第三组"POT"测试中，郝来运在回答"你能如实告诉我 2007 年 40 万元买的房子是谁的吗？"时说"是他亲戚的"对应最强；在第四组"POT"测试中，郝来运在回答"你能如实告诉我韩玉福给你个人送过多少钱吗？"时说"不是更多的钱"对应最强；在第五组"POT"测试中，郝来运在回答"你能如实告诉我别人送给你的钱你是怎么处理的吗？"时说"不是买房子和不是藏起来"对应较强。

测试结论：

1. 郝来运说韩玉福没有给他个人送过钱和物是谎话；

2. 郝来运说给柳埃的债权人打借条不是因为他和柳埃串通好的是实话；

3. 郝来运说给柳埃的债权人打借条不是因为他有什么把柄在柳埃手里是实话；

4. 郝来运说 2007 年 40 万元买的房子是他亲戚家的是说谎；

5. 郝来运说韩玉福没有给他个人送过更多的钱是谎话；

6. 郝来运说别人送给他的钱不是买房子和不是藏起来是谎话。

以上测试表明：郝来运给柳埃的债权人打借条应当是在被胁迫的情况下给打的，郝来运收受了韩玉福送的钱和物，收的钱用于买房子或藏起来。

案例二　中油一建公司设备租赁维修分公司财务科原出纳员张丽贪污案

2002 年 6 月 10 日，洛阳市洛龙区人民检察院举报电话突然响起，举报信息受理员像往常一样熟练地拿起电话，对方称：中国石油天然气第一建设公司设备租赁维修分公司财务人员在工作中截留收入款，私设小金库。接到此信息，信息员很快通过专线电话把此信息反馈到反贪局，反贪局领导报检察长批准立案侦查，侦查人员依法定程序传讯该公司财务科长张惠和出纳员张丽，同时调取了该公司的账本。经查账发现：有存款额大于余额和账面余额没有现金又支出大额现金等情况，显然有其他收入款没记账。但张丽却一直不承认有其他收入款没记账，并且称她们公司 1996 年之前的小金库账在检察院查账之前就交给了公司纪委了。据此，办案人员向公司纪委了解情况，公司纪委同志很干脆地说：张丽说的情况属实。这不假思索的回答让侦查人员之间产生了两种分歧：一种意见是应该结案停止调查，另一种意见是怀疑公司纪委在保护自己公司职员，应该继续调查。

由于意见一时无法统一，洛龙区人民检察院领导决定委托洛阳市人民检察院心理测试中心对张丽进行心理测试，在了解案情后，心理测试人员针对疑问编写了测试题目，最终确认张丽说谎，在测试结论的指导下，侦查人员明确了侦查方向，对张丽开展进一步讯问，在强大的心理攻势下，没过多久张丽就如实交代了小金库的问题，案件及时告破，中止了近 50 万元的国有资金流失。

测试题目：

1. 你有没有收入不入账？
2. 检察院查你们的账之前你就把你们单位 1996 年以前的小金库账交给公司纪委了吗？

测试时间、仪器、指标及测前检查：

1. 测试时间：2002 年 9 月 4 日
2. 测试仪器：PG—7 型多道心理测试仪
3. 测试指标：皮电、脉搏，上、下呼吸
4. 测前检查：仪器均正常

测试过程及分析说明：

经张丽本人同意，我们对其采用了一组"CQT"（准绳问题测试法）和一组"MGQT"（改进的一般问题测试法）进行测试。

在"CQT"测试中，张丽在回答"你有没有收入不入账？"时说"没有"的说谎概率为 72.6%（说谎概率大于 50% 为说谎，小于 50% 为诚实）。

在"MGQT"测试中，张丽在回答"检察院查你们的账之前你就把你们单位 1996 年以前的小金库账交给公司纪委了吗？"时说"是"的说谎概率为 62.5%。

测试结论：

1. 张丽说她没有收入不入账是说谎。
2. 张丽说检察院查账之前她就把她们单位 1996 年以前的小金库账交给公司纪委是说谎。

测试要点 12　伪造公文案中，对物证的文检检验得不出唯一排他结论，无法确定文书是何人书写，如何借助心理测试查明伪造者

案例　洛阳市某司法人员徇私舞弊案

1999 年 11 月 19 日，由洛阳市人民检察院提起公诉的被告人李新安涉嫌绑架勒索案，被洛阳市中级人民法院以寻衅滋事罪判处有期徒刑五年。判决生效后的 12 月 5 日，洛阳市中级人民法院下达执行通知书，将李新安交付某市看守所执行。12 月 6 日，李新安的家属提出对李新安暂予监外执行的申请，12 月 17 日，洛阳市中级人民法院刑二庭的办案人员违法对不符合"患严重疾病"的李新安暂予监外执行。此案的判决引起广大人民群众的强烈不满，省、市领导予以关注，洛阳市人民检察院遂指定洛阳市高新区法纪科对洛阳市中级人民法院刑二庭承办此案的工作人员立案侦查。

经调查发现：洛阳市中级人民法院作出暂予监外执行的主要依据是某市看守所于 1999 年 12 月 14 日写给洛阳市中级人民法院刑事审判庭的"申请书"，而"申请书"中前后字迹不一致。在经文检检验后仍无法排除该"申请书"书写人（某市看守所所长李保国）有意伪装添加的可能。在讯问中，李保国讲"申请书"是他本人所写，写好后亲自交给了中院刑二庭的白建军，但"申请书"后面的两行字不是他写的，他也不知道是谁写的，他不认识李富安，李富安也未找过他；白建军讲 1999 年 12 月 14 日他没去某看守所；李富安（李新安之弟）讲"申请书"是李保国写好后交给他的，其曾多次找李保国开"申请书"，他们二人早就认识。

为了验证李保国等人所讲是否是实话，高新区人民检察院法纪科委托洛阳市人民检察院心理测试中心对李保国等人进行心理测试，最终确定是李富安模仿李保国字迹在"申请书"后边加上了两行字。最终白建军等人被洛阳市中级人民法院以徇私舞弊暂予监外执行罪判处有期徒刑三年，缓刑四年，李新安等 8 名被告人被洛阳市中级人民法院依法以绑架罪判处无期徒刑至五年有期徒刑。

（一）对李保国的测试

测试题目：

1. 是你把证明写好后亲自交给白建军的吗？
2. 你写完证明后，是否有人再找你添加内容？
3. 开证明时李富安找过你吗？
4. 开证明之前你是否认识李富安？
5. 你知道是谁在证明后边添加的二行字吗？
6. 是不是你有意改变自己的笔体，在证明后边添加了两行字？

测试时间、仪器、指标及测前检查：

1. 测试时间：2002 年 5 月 7 日
2. 测试仪器：PG—7Ⅱ型多道心理测试仪
3. 测试指标：皮电、脉搏，上、下呼吸
4. 测前检查：仪器均正常

测试过程及分析说明：

经李保国本人同意，我们对李保国采用了二组"CQT"（准绳问题测试法）和二组"MGQT"（改进的一般问题测试法）进行测试。

李保国在第一组"CQT"测试中，在回答"是你把证明写好后亲自交给白建军的吗？"时说"是"的说谎概率为 70.4%。（说谎概率大于 50% 为说谎，小于 50% 为诚实）；李保国在第二组"CQT"测试中，在回答"你写完证明后，是否有人再找你添加内容？"时说"没有"的说谎概率为 23.9%。

李保国在第一组"MGQT"测试中在回答"开证明时李富安找过你吗？"时说"没有"以及在回答"开证明之前你是否认识李富安？"时说"不认识"的说谎概率为 85.2%；李保国在第二组"MGQT"测试中在回答"你知道是谁在证明后边添加的二行字吗？"时说"不知道"以及在回答"是不是你有意改变自己的笔体，在证明后边添加了两行字？"时说"不是"的概率为 52.2%。

测试结论：

1. 李保国讲他把"申请书"写好后亲自交给白建军是说谎；
2. 李保国讲他不认识李富安是说谎；
3. 李保国讲李富安没有找过他是说谎；
4. 李保国讲"申请书"后边的两行字不是他有意改变自己的字迹写上去的是实话；
5. 李保国讲他不知道"申请书"后边的两行字是谁添加上的是实话。

（二）对白建军的测试

测试题目：

你知道证明（即"申请书"）后边的两行字是谁写的吗？

测试时间、仪器、指标及测前检查：

1. 测试时间：2002 年 5 月 7 日
2. 测试仪器：PG—7Ⅱ型多道心理测试仪
3. 测试指标：皮电、脉搏，上、下呼吸
4. 测前检查：仪器均正常

测试过程及分析说明：

经白建军本人同意，我们对白建军采用了"GKT"（犯罪情节测试法）和"MGQT"（改进的一般问题测试法）两种方法进行测试，白建军在"GKT"测试中回答说"不是李富安"的对应最强。在"MGQT"测试中，在回答"你说你不知道证明后面的两行字是谁写的是实话吗？"时说"是"的说谎概率为 99.2%。

测试结论：

白建军说他不知道证明后边的两行字是谁所写是说谎。

（三）对李富安的测试

测试项目：

1. 你把 5 万元交给刑二庭是为了给你哥判的轻一点吗？
2. 你说你没给王少义送过钱或物是实话吗？
3. 为了你哥的事你给白建军送过钱或物吗？
4. 判决之前你真的不知道你哥的判决结果吗？
5. 要是你哥以绑架勒索罪被判十年以上有期徒刑，你会不会给刑二庭交钱？

测试时间、仪器、指标及测前检查：

1. 测试时间：2002 年 5 月 29 日
2. 测试仪器：PG—7 型多道心理测试仪
3. 测试指标：皮电、脉搏、上、下呼吸
4. 测前检查：仪器均正常

测试过程分析说明：

经李富安本人同意，我们对李富安采用了一组"GQT"（准绳问题测试法）和二组"MGQT"（改进的一般问题测试法）进行测试。

在"CQT"测试中，李富安在回答"你把 5 万元交给刑二庭是为了给你哥判的轻一点吗？"时说"不"的说谎概率为 70.7%（说谎概率大于 50% 为说谎，小于 50% 为诚实）。

在第一组"MGQT"测试中，李富安在回答"你说你没给王少义送过钱或物是实话吗？"时说"是"的说谎概率为 86.3%；在回答"为了你哥的事你给白建军送过钱或物吗？"时说"没有"的说谎概率为 96.3%；在第二组"MGQT"测试中，李富安在回答"判决之前你真的不知道你哥的判决结果吗？"时说"不知道"时的说谎概率为 94.7%；在回答"要是你哥以绑架勒索罪被判十年以上有期徒刑，你会不会给刑二庭交钱？"时说"会"的说谎概率为 97.8%。

测试结论：

1. 李富安讲他把 5 万元钱交给刑二庭不是为了给他哥判的轻一点是说谎；
2. 李富安讲他没给王少义送钱或物是说谎；
3. 李富安讲为了他哥的事他没给白建军钱或物是说谎；
4. 李富安讲判决之前他真的不知道他哥的判决结果是说谎；
5. 李富安讲即使他哥以绑架勒索罪被判十年以上有期徒刑他也会给刑二庭交钱是说谎。

二

公安类普通刑事案件篇

测试要点 13　在盗窃案件中，失主在被盗后第一时间报案，且提供与被盗钱款密切接触的人员，但犯罪嫌疑人拒不认罪。如何借助心理测试锁定犯罪嫌疑人

案例一　陈山货款失盗案

2001年9月19日夜，洛宁县个体货车司机李纹驾驶汽车从洛阳出发向汝州运送拖拉机，随车同行的还有货主陈山之子陈鸣。当天晚上货送到，卸完货已是夜里12：00左右，对方把货款68680元用报纸包好放进塑料袋里交给陈鸣。由于陈家经常雇用李纹的大货车，彼此非常熟悉，陈鸣把装钱的塑料袋放在副驾驶座位下的工具箱里。当晚返回途中只在一加油站停留加过油，到洛阳天已快亮了，司机李纹说天有点凉，要去他在唐村的妹妹李芳家取件衣服。李纹刚走，陈鸣就让副驾驶姚玉把钱取出来，姚玉打开工具箱时发现里边的钱不见了。陈鸣急忙打电话问李纹是否见钱了，李纹说没见。陈鸣见自己辛辛苦苦挣的钱不翼而飞，怎么向父亲交代，立即向洛阳市涧西公安分局报案。

洛阳市公安局涧西分局刑警大队第三中队接到报案后即展开调查。经调查，认为货车司机李纹有重大作案嫌疑，就对其采取了强制措施，但李纹到案后，百般抵赖，始终不承认是自己拿走了货款。为了弄清此案是否李纹所为，涧西分局刑警大队遂委托洛阳市人民检察院心理测试中心对李纹和其妹妹李芳进行心理测试。

通过对李纹和其妹妹李芳以及副驾驶姚玉进行心理测试，证明李纹所说他没有盗窃放在副驾驶座位下工具箱里的货款是谎言，为案件的侦查指明了方向。公安机关进一步侦查，查明李纹趁陈鸣和姚玉不注意，盗走货款并让其妹妹李芳、妹夫董超为其保管的犯罪事实。至此，通过心理测试技术的有力协助，使一起盗窃案件得以顺利侦破。

（一）对李纹的测试

测试项目：

1. 是你偷走了货款吗？
2. 你知道是谁拿走了6万多元货款吗？

3. 是你拿走了 6 万多元货款吗？

4. 你知道货款现在在什么地方吗？

测试时间、仪器、指标及测前检查：

1. 测试时间：2001 年 9 月 20 日

2. 测试仪器：PG—7 型多参量心理测试仪

3. 测试指标：皮肤电、脉搏、血压，上、下呼吸

4. 测前检查：仪器均正常

测试过程及分析说明：

经李纹本人同意，我们对他采用了一组"CQT"（准绳问题测试法）和一组"MGQT"（改进的一般问题测试法）以及一组"POT"（紧张峰测试法）进行了测试。

在"CQT"测试中，李纹在回答"是你偷走了货款吗？"时说"不是"的说谎概率 85.7%（说谎概率大于 50% 为说谎，小于 50% 为诚实）。

在"MGQT"测试中，李纹在回答"你知道是谁拿走了 6 万多元货款吗？"时说"不知道"的说谎概率为 78.6%；李纹在回答"是你拿走了 6 万多元货款吗？"时说"不是"的说谎概率为 89.2%。

在"POT"测试中，李纹在回答"你知道货款现在在什么地方吗？"时说"不知道在他妹妹家"对应最强。

测试结论：

1. 李纹说他没有偷走货款是谎话；

2. 李纹说他不知道是谁偷走货款是谎话；

3. 李纹说 6 万多元货款不是他拿走的是谎话；

4. 李纹说他不知道 6 万多元货款在他妹妹家是谎话。

以上测试充分表明：是李纹偷走了 6 万多元货款，并把 6 万多元货款放在他妹妹家。

（二）对李芳的测试

测试项目：

9 月 20 日凌晨你哥到你家给你什么东西了吗？

测试时间、仪器、指标及测前检查：

1. 测试时间：2001 年 9 月 20 日
2. 测试仪器：PG—7 型多参量心理测试仪
3. 测试指标：皮肤电、脉搏、血压，上、下呼吸
4. 测前检查：仪器均正常

测试过程及分析说明：

经李芳本人同意，我们对她采用了一组"POT"（紧张峰测试法）进行了测试。

在"POT"测试中，李芳在回答"9 月 20 日凌晨你哥到你家给你什么东西了吗？"时说"没有给她用报纸和塑料袋包着的钱"对应最强。

测试结论：

李芳说 9 月 20 日凌晨她哥到她家没有给她用报纸和塑料袋包着的钱是谎话。

以上测试充分表明：是李纹偷走了 6 万多元货款，并把 6 万多元货款放在他妹妹家，李纹的妹妹李芳不但知情，而且涉嫌窝赃。

（三）对姚玉的测试

测试项目：

是你从工具箱里拿走了货款吗？

测试时间、仪器、指标及测前检查：

1. 测试时间：2001 年 9 月 20 日
2. 测试仪器：PG—7 型多参量心理测试仪
3. 测试指标：皮肤电、脉搏、血压，上、下呼吸
4. 测前检查：仪器均正常

测试过程及分析说明：

经姚玉本人同意，我们对他采用了一组"CQT"（准绳问题测试法）进行了测试。

在"CQT"测试中，姚玉在回答"是你从工具箱里拿走了货款吗？"时说"不是"的说谎概率为21.6%。

测试结论：

姚玉说不是他从工具箱里拿走了货款是实话。

案例二　顾兵盗窃案

　　2003年7月13日8时左右，巩义人张某到洛阳市西工区道北陶瓷市场买瓷砖，在装瓷砖的过程中，张某把自己装有手机和6000元钱的黑皮包挂在仓库门口的一辆摩托车车把上，两三分钟后，张某发现皮包不见了，找了一圈没找到，赶紧拨打放在皮包内的手机，手机响着但无人接听。十几分钟后，陶瓷市场管理处的工作人员说，一名清洁工在1排22号仓库旁边水沟里发现一个黑色皮包。拿过来一看，正是张某丢失的皮包。经清点，手机还在，皮包内的6000元现金被盗，于是张某就向洛阳市西工公安分局刑警五中队报案。

　　经调查，当时在现场共有9个人，其中6个人是装卸工，一名营业员，还有雇用的一名货车司机。张某的皮包丢失时，在现场装卸的一名叫顾兵的装卸工不见了，警方怀疑顾兵有作案嫌疑，寻找顾兵已不见踪影。过了两天，顾兵又返回到陶瓷市场干活，警方立即将顾兵传讯到案，但顾兵到案后拒不承认自己盗窃了张某的皮包，为弄清此案是否为顾兵所为，西工公安分局刑警队遂委托洛阳市人民检察院心理测试中心对顾兵进行心理测试。

　　通过对顾兵进行心理测试，证明顾兵所说自己没有盗窃张某皮包里的6000元现金系说谎。经过对顾兵的反复审讯，迫使其最终交代自己的作案过程，原来顾兵趁张某等人正在挑选建材时，盗走了张某挂在摩托车把上的皮包，打开皮包盗走6000元现金，将皮包抛弃在一水沟里。为了转移警方视线，顾兵故意向领工的郭女士说家中有事，向其借200元钱回家，然后过了两天又返回来。至此，一起盗窃案件利用心理测试技术得以顺利告破。

测试项目：

1. 2003 年 7 月 13 日上午是你拿走了挂在摩托车车把上的黑皮包吗？
2. 7 月 13 日上午是你拿走了张某皮包内的 6000 元钱吗？
3. 你知道被盗的 6000 元都是多大面值的吗？

测试时间、仪器、指标及测前检查：

1. 测试时间：2003 年 7 月 17 日
2. 测试仪器：PG—7 型多道心理测试仪
3. 测试指标：皮电、脉搏，上、下呼吸
4. 测前检查：仪器均正常

测试过程及分析说明：

经顾兵本人同意，我们对顾兵采用了"CQT"（准绳问题测试法）和"MGQT"（改进的一般问题测试法）以及"GKT"（犯罪情节测试法）3 种方法进行了测试。

在"CQT"测试中，顾兵在回答"2003 年 7 月 13 日上午是你拿走了挂在摩托车把上的黑皮包吗？"时说"不是"的说谎概率为 89.6%（说谎概率大于 50% 为说谎，小于 50% 为诚实）。顾兵在"MGQT"测试中回答说"7 月 13 日上午是你拿走了张某皮包内的 6000 元钱吗？"时说"不是"的说谎概率为 61.1%。在"GKT"测试中顾兵在回答说"不知道被盗的 6000 元都是 100 元面值"时对应最强。

测试结论：

1. 顾兵说 2003 年 7 月 13 日他没有拿挂在摩托车车把上的黑皮包是说谎；
2. 顾兵说 7 月 13 日他没有拿张某皮包内的 6000 元钱是说谎；
3. 顾兵说他不知道被盗的 6000 元都是 100 元面值是说谎。

案例三　翟军盗窃案

2003 年 10 月 18 日 14 时许，个体工商户段某在汝阳县杜康酒厂仓库前装酒，其黑色提包放在仓库门前，包内装有现金 8000 元整。17 时 10 分左右，段某从酒厂拉着一车酒回县城，当打开皮包时发现里面的 8000 元现金不翼而飞，段某感到非常奇怪，怎么在自己身边的皮包内的现金被盗走，而自己一点也不知道，于是段某立即向汝阳县公安局刑警大队报案。

汝阳县公安局刑警大队接到报案，指派民警同段某一同赶赴现场。经初步调查，认为当天在场装酒的共有 5 个人，分别是张三强、刘国盛、何强、何仁伟和翟军，通过调查询问，其中张三强、刘国盛、何强、何仁伟立即来到警方跟前证明自己没有拿段某皮包里的 8000 元现金，但翟军却找不到，询问其他人均不知其去向。于是警方把视线转移到翟军身上，认为翟军有作案嫌疑。警方经过多方努力，终于将犯罪嫌疑人翟军捉拿归案，但翟军到案后拒不承认自己盗窃了段某皮包内的 8000 元现金。为了弄清翟军所讲是否属实，汝阳县公安局刑警大队遂委托洛阳市人民检察院心理测试中心对翟军进行心理测试。

通过对翟军进行心理测试，证明翟军所说自己没有盗窃段某黑提包内的 8000 元现金系说谎。经过对翟军的审讯，迫使其最终交代趁人不注意之机，盗走段某黑提包的 8000 元现金的作案过程。至此，一起盗窃案件利用心理测试技术得以顺利告破。

测试项目：

1. 你知道是谁 10 月 18 日下午拿走了段某包里的钱吗？

2. 10 月 18 日下午是你拿走了段某包里的钱吗？

3. 你知道 10 月 18 日下午段某被偷走的现金都是多大面值的吗？

测试时间、仪器、指标及测前检查

1. 测试时间：2003 年 11 月 26 日

2. 测试仪器：PG—12 型多道心理测试仪

3. 测试指标：皮电、血容量、血压，上、下呼吸

4. 测前检查：仪器均正常

测试过程及分析说明：

经翟军本人同意，我们对他采用了"CQT"（准绳问题测试法）和"MGQT"（改进的一般问题测试法）以及"GKT"（犯罪情节测试法）3 种方法进行测试。

在"CQT"测试中，翟军回答"你知道是谁拿走了段某包里的钱吗？"时说"不知道"的说谎概率为 69.5%（说谎概率大于 50% 为说谎，小于 50% 为

诚实）。

在"MGQT"测试中，翟军回答"10月18日下午是你拿走了段某包里的钱吗？"时说"不是"的说谎概率为54.6%。

在"GKT"测试中，翟军回答说"我不知道10月18日下午段某被偷走的钱都是100元的"时对应最强。

测试结论：

1. 翟军说他不知道是谁10月18日下午拿走了段某包里的钱是说谎；
2. 翟军说不是他拿走了段某包里的钱是说谎；
3. 翟军说他不知道段某被偷走的钱是100元的是说谎。

测试要点14 在一些盗窃案件中，针对室内保险柜及门窗完好而柜内钱物不翼而飞的情况，已经断定是内部人员所为，且人员范围已经圈定。如何借助心理测试技术来锁定犯罪嫌疑人

案例一 洛宁县邮政局保险柜内现金被盗案

2003年7月10日下午3：30左右，洛宁县邮政局出纳李涛上班来到办公室，当打开保险柜时，发现放在保险柜里数十万元现金少了85000元，李涛立即向洛宁县公安局报案。公安机关接到报案后，即到案发现场进行勘察。经勘察，该邮政局办公室的门窗、锁具均完好无损，室内也没有丢失其他物品，初步断定应是内部人员所为，当时该邮政局办公室内有十几个人都具备作案可能。但是经过对有关人员的一一询问，都说没有拿保险柜内的85000元现金，案件也没有其他线索证明，最后不了了之。

2005年9月，洛宁县人民检察院得知此事后，认为可能涉嫌职务犯罪，但由于该案时间较长，失去了最好的破案时机，为了缩小嫌疑人的范围，使侦查更有针对性，洛宁县人民检察院遂委托洛阳市人民检察院心理测试中心对洛宁县邮政局发案当天有机会作案的党海峰等十几人进行心理测试。

经过对党海峰等十几名具有作案嫌疑的人员一一进行心理测试，排除了其他人员的作案嫌疑，只有党海峰在心理测试中没有通过。在对党海峰进行政策教育和审讯下，党海峰最终交代了自己的犯罪过程。原来，党海峰利用该局管理松懈的机会，从保险柜管理员处盗走并偷配了一把保险柜钥匙，于2003年7月10日，趁中午上班前办公室无人之机，用偷配的钥匙打开保险柜盗走了保险柜里的85000元现金。至此，一起时隔两年没有结果的案件在心理测试技术的帮助下得以侦破。

测试项目：

1. 你知道是谁 2003 年 7 月 10 日偷走了你们单位的 85000 元吗？

2. 你私自配有保险柜的钥匙吗？

3. 2003 年 7 月 10 日是你偷走了你们单位的 85000 元吗？

4. 你是用私配的钥匙打开保险柜里偷走了 85000 元吗？

5. 你知道 2003 年 7 月 10 日是谁偷走了你们单位的 85000 元吗？

6. 你知道 2003 年 7 月 10 日参与盗窃你们单位 85000 元的有几个人吗？

7. 你知道作案分子是用谁经手的钥匙偷配的保险柜的钥匙吗？

8. 你知道作案分子是在什么地方配的保险柜的钥匙吗？

9. 你知道作案分子是什么时间偷配的保险柜的钥匙吗？

10. 你知道作案分子是 2003 年 7 月 10 日什么时间偷走了保险柜里的 85000 元吗？

11. 你知道作案分子 2003 年 7 月 10 日当天作案后把偷的钱放在什么地方吗？

12. 你知道作案分子是在洛宁县什么地方偷配的保险柜的钥匙吗？

13. 你知道作案分子是在 2003 年什么时间偷配的保险柜的钥匙吗？

测试时间、仪器、指标及测前检查：

1. 测试时间：2005 年 10 月 18 日

2. 测试仪器：PG—12 型多参量心理测试仪

3. 测试指标：皮肤电、脉搏、血压，上、下呼吸

4. 测前检查：仪器均正常

测试过程及分析说明：

经党海峰本人同意，我们对他采用了二组"CQT"（准绳问题测试法）和一组"MGQT"（改进的一般问题测试法）以及九组"POT"（紧张峰测试法）进行了测试。

在第一组"CQT"测试中，党海峰在回答"你知道是谁 2003 年 7 月 10 日偷走了你们单位的 85000 元吗？"时说"不知道"的说谎概率为 75.8%（说谎概率大于 50% 为说谎，小于 50% 为诚实）；在第二组"CQT"测试中，党海峰在回答"你私自配有保险柜的钥匙吗？"时说"没有"的说谎概率为 74%。

在"MGQT"测试中，党海峰在回答"2003 年 7 月 10 日是你偷走了你们单位的 85000 元吗？"时说"不是"的说谎概率为 82.7%；党海峰在回答"你

是用私配的钥匙打开保险柜偷走了 85000 元吗？"时说"不是"的说谎概率为 80.1% 。

在第一组"POT"测试中，党海峰在回答"你知道 2003 年 7 月 10 日是谁偷走了你们单位的 85000 元吗？"时说"不是他自己"对应最强；在第二组"POT"测试中，党海峰在回答"你知道 2003 年 7 月 10 日参与盗窃你们单位 85000 元的有几个人吗？"时说"不知道是 1 个人"对应最强；在第三组"POT"测试中，党海峰在回答"你知道作案分子是用谁经手的钥匙偷配的保险柜的钥匙吗？"时说"不知道是用罗勤娟经手的钥匙"对应最强；在第四组"POT"测试中，党海峰在回答"你知道作案分子是在什么地方配的保险柜的钥匙吗？"时说"不知道是在洛宁县"对应最强；在第五组"POT"测试中，党海峰在回答"你知道作案分子是什么时间偷配的保险柜的钥匙吗？"时说"不知道是 2003 年"对应最强；在第六组"POT"测试中，党海峰在回答"你知道作案分子是 2003 年 7 月 10 日什么时间偷走了保险柜里的 85000 元吗？"时说"不知道是中午喝酒以后上班以前"对应最强；在第七组"POT"测试中，党海峰在回答"你知道作案分子 2003 年 7 月 10 日当天作案后把偷的钱放在什么地方吗？"时说"不是放在自己家里"对应最强；在第八组"POT"测试中，党海峰在回答"你知道作案分子是在洛宁县什么地方偷配的保险柜的钥匙吗？"时说"不知道是在洛宁县城"对应最强；在第九组"POT"测试中，党海峰在回答"你知道作案分子是在 2003 年什么时间偷配的保险柜的钥匙吗？"时说"不知道是 2003 年 7 月"对应最强。

测试结论：

1. 党海峰说他不知道是谁 2003 年 7 月 10 日偷走了他们单位的 85000 元是说谎；

2. 党海峰说他没有私配保险柜的钥匙是说谎；

3. 党海峰说 2003 年 7 月 10 日不是他偷走了他们单位的 85000 元是说谎；

4. 党海峰说不是他用私配的钥匙打开保险柜偷走了 85000 元是说谎；

5. 党海峰说 2003 年 7 月 10 日不是他偷走了他们单位的 85000 元是说谎；

6. 党海峰说他不知道 2003 年 7 月 10 日参与盗窃他们单位 85000 元的就一个人是说谎；

7. 党海峰说他不知道作案分子是用罗勤娟经手的钥匙偷配的保险柜的钥匙是说谎；

8. 党海峰说他不知道作案分子是在洛宁县配的保险柜钥匙是说谎；

9. 党海峰说他不知道作案分子是 2003 年偷配的保险柜的钥匙是说谎；

10. 党海峰说他不知道作案分子是 2003 年 7 月 10 日中午喝酒之后上班以前偷走了保险柜里的 85000 元是说谎；

11. 党海峰说他不知道作案分子 2003 年 7 月 10 日当天作案后把偷的钱放在自己家是说谎；

12. 党海峰说他不知道作案分子是在洛宁县城偷配的保险柜钥匙是说谎；

13. 党海峰说他不知道作案分子是在 2003 年 7 月偷配的保险柜钥匙是说谎。

综合以上这些问题的测试结果充分表明：是党海峰于 2003 年 7 月用罗勤娟经手的保险柜钥匙在洛宁县城偷配了保险柜钥匙，于 2003 年 7 月 10 日中午喝酒以后上班以前用偷配的钥匙打开保险柜盗走了保险柜里的 85000 元。

案例二　洛阳百货大楼珠宝城保险柜金锭被盗案

2005 年 1 月 6 日 8：00 左右，洛阳百货大楼金鑫珠宝城营业员打开保险柜准备上货时，发现放在保险柜里价值 20 余万元的五个金锭不见了。联想到 2004 年 10 月 28 日该保险柜还丢失过两个价值 8000 余元的金戒指，金鑫珠宝城管理人员推测可能是内部人员作案。不到两个月时间，连续出现两起保险柜被盗案件，该珠宝城管理人员即刻向洛阳市西工派出所报了案。

接案后，西工派出所即派人来到洛百大楼金鑫珠宝城进行实地调查。经调查发现，洛百大楼金鑫珠宝城被盗的五根金锭是 1 月 5 日晚上 7：40 以后由营业员金楠、耿美等人收货后放入保险柜的，保险柜没有撬盗痕迹，初步断定应是内部人员作案。公安机关将当晚有条件作案的保安员汪虹和几个营业员传讯到案进行询问。但是，他们均不承认此案与自己有关。为了弄清汪虹等人讲的是否属实，该派出所遂委托洛阳市人民检察院心理测试中心对汪虹等人进行心理测试。

通过对汪虹等人进行心理测试，证实汪虹所说的不是他拿了保险柜里的五根金锭是谎言，初步锁定此案是汪虹所为。公安机关遂加大对汪虹的审讯力度，迫使汪虹最终承认了盗窃保险柜金锭的犯罪经过。原来，汪虹作为一名年轻人，做保安员工作，工资较低，满足不了平时生活娱乐需要。为了满足个人花销，他瞄准了珠宝城的珠宝，于是私自偷配了保险柜钥匙，利用晚上无人之机，用私配的保险柜钥匙打开保险柜盗走了五根金锭，将盗窃金锭私自变卖后供自己日常生活娱乐所需。通过此案，还迫使汪虹交代其曾经盗窃保险柜里先前丢失的两个金戒指案件。至此，利用心理测试技术顺利侦破两起内部盗窃案件。

测试项目：

1. 2005 年 1 月 5 日晚上是你拿走了保险柜里的金锭吗？
2. 你私自配有放金锭的保险柜的钥匙吗？
3. 2004 年 10 月 28 日晚上是你拿走了保险柜里的金戒指吗？
4. 你知道是谁盗走了保险柜里的金锭吗？
5. 你知道参与盗窃保险柜金锭的有几个人吗？
6. 你知道作案分之是在 1 月 5 日的什么时间盗走了保险柜里的金锭吗？

测试时间、仪器、指标及测前检查：

1. 测试时间：2005 年 1 月 15 日
2. 测试仪器：PG—12 型多参量心理测试仪
3. 测试指标：皮肤电、脉搏、血压，上、下呼吸
4. 测前检查：仪器均正常

测试过程及分析说明：

经汪虹本人同意，我们对他采用了一组"MGQT"（改进的一般问题测试法）和一组"CQT"（准绳问题测试法）以及三组"POT"（紧张峰测试法）进行了测试。

在"MGQT"测试中，汪虹在回答"今年 1 月 5 日晚上是你拿走了保险柜里的金锭吗"时说"不是"的说谎概率为 79.2%（说谎概率大于 50% 为说谎，小于 50% 为诚实）；汪虹在回答"你私自配有放金锭的保险柜钥匙吗？"时说"没有"的说谎概率为 82%。

在"CQT"测试中，汪虹在回答"2004 年 10 月 28 日晚上是你拿走了保险柜里的金戒指吗？"时说"不是"的说谎概率为 72.5%。

在第一组"POT"测试中，汪虹在回答"你知道是谁盗走了保险柜里的金锭吗？"时说"不是他自己"对应最强；在第二组"POT"测试中，汪虹在回答"你知道参与盗窃保险柜金锭的有几个人吗？"时说"不知道是一个人"对应最强；在第三组"POT"测试中，汪虹在回答"你知道作案分之是在 1 月 5 日的什么时间盗走了保险柜里的金锭吗？"时说"不知道是 8：30 以后和 9：00 以前"对应最强。

测试结论：

1. 汪虹说今年 1 月 5 日晚上他没有拿保险柜里的金锭是说谎；

2. 汪虹说他没有私配放金锭的保险柜的钥匙是说谎；

3. 汪虹说 2004 年 10 月 28 日晚上他没有拿保险柜里的金戒指是说谎；

4. 汪虹说不是他自己盗走了保险柜里的金锭是说谎；

5. 汪虹说他不知道参与盗窃保险柜金锭的是一个人是说谎；

6. 汪虹说他不知道作案分之是在 1 月 5 日的 8：30 以后 9：00 以前盗走了保险柜里的金锭是说谎。

综合以上这些问题的测试结果充分表明：是汪虹一个人于 2004 年 1 月 5 日晚上 8：30 以后 9：00 以前用私配的保险柜钥匙打开保险柜盗走了五根金锭。是汪虹于 2004 年 10 月 28 日晚上盗走了保险柜里的两个金戒指。

案例三　洛阳市东方巴黎公司保险柜内现金被盗案

2003 年 12 月 1 日上午，洛阳市思念电力设备公司下属的东方巴黎公司出纳赵亚雨来到位于湖北路 18—1—101 号的办公室里，当打开保险柜时，发现自己于 2003 年 11 月 28 日存放于保险柜内的 47000 元现金不见了。赵亚雨立即向洛阳市思念电力设备公司总经理进行汇报，按照总经理要求，立即向洛阳市公安局涧西分局湖北路派出所报案。

接到报案后，涧西分局湖北路派出所的干警即赶到现场进行勘查。经查，该 18—1—101 号办公室的门窗完好无损，房间内的屋门锁和保险柜锁均完好无损。初步断定应是内部人员监守自盗。据公司出纳讲，为了工作上存取钱方便，公司保险柜没有设立密码，这给犯罪分子盗窃保险柜内钱物以可乘之机，也是公司管理方面的漏洞。由于公司内员工较多，虽认为是内部人员作案，但无法认定究竟系何人所为。公安机关一一询问，但始终没有人承认盗窃保险柜现金。为了及早找到真正作案人，涧西分局湖北路派出所遂委托洛阳市人民检察院心理测试中心对疑点较大的公司经理王国富、出纳员赵亚雨等 3 人进行心理测试。

通过对王国富、赵亚雨等三人进行心理测试，证明王国富所说的不是他偷走了保险柜里的 47000 元现金系说谎，而出纳赵亚雨所说没有拿保险柜里的 47000 元现金系实话，从而为案件侦破指明了方向。经过对王国富进行正面教育和政策攻心，迫使其最终交代利用保险柜没有密码的机会、私自偷配了保险柜钥匙，盗走了保险柜内的 47000 元现金。至此，一起内部人员盗守自盗案件在心理测试技术的帮助下顺利告破，犯罪分子受到了法律的应有惩处。

测试项目：

1. 你知道是谁偷走了保险柜里的 47000 元吗？
2. 是你偷走了保险柜里的 47000 元现金吗？
3. 你是用配的钥匙打开办公室门拿走了保险柜内的 47000 元现金吗？
4. 你知道被盗的 47000 元中有几捆是 10 元面值的吗？
5. 你知道保险柜里的现金 47000 元是什么时间被盗的吗？

测试时间、仪器、指标及测前检查：

1. 测试时间：2003 年 12 月 8 日
2. 测试仪器：PG 12 型多参量心理测试仪
3. 测试指标：皮电、血容量、血压、上、下呼吸
4. 测前检查：仪器均正常

测试过程及分析说明：

经王国富本人同意，我们对他采用了"CQT"（准绳问题测试法）和"MGQT"（改进的一般问题测试法）和"GKT"（犯罪情节测试法）以及"POT"（紧张峰测试法）进行测试。

在"CQT"测试中，王国富在回答"你知道是谁偷走了保险柜里的 47000 元吗？"时说"不知道"的说谎概率是 80.9%（说谎概率大于 50% 为说谎，小于 50% 为诚实）。在"MGQT"测试中，王国富在回答"是你偷走了保险柜里的 47000 元现金吗？"时说"不是"的说谎概率是 72.3%；王国富在回答"你是用配的钥匙打开办公室门拿走了保险柜中的 47000 元现金吗？"时说"不是"的说谎概率是"79.6%"。在"GKT"测试中，王国富在回答"你知道被盗的 47000 元中有几捆是 10 元面值的吗？"时说"不知道有 2 捆是 10 元面值的"对应最强；在"POT"测试中，王国富在回答"你知道保险柜里的现金 47000 元是什么时间被盗的吗？"时说"不是 11 月 29 日白天"对应最强。

测试结论：

1. 王国富说他不知道是谁偷走了保险柜里的 47000 元现金是说谎；
2. 王国富说他自己没有偷保险柜里的 47000 元是说谎；
3. 王国富说他没有用配的钥匙打开办公室门拿走保险柜内的 47000 元现

金是说谎；

　　4. 王国富说他不知道被盗的 47000 元中有 2 捆是 10 元面值的是说谎；

　　5. 王国富说他不知道保险柜内的 47000 元是 11 月 29 日白天被盗的是说谎。

测试要点 15　　在盗窃案件中，单位内部特殊物件（印章、记账凭证等）被盗，如何借助心理测试确定犯罪嫌疑人及作案动机

案例一　洛阳市西工区某派出所户口专用章被盗案

　　2004 年 2 月 9 日（星期一）上午上班后，洛阳市公安局西工分局某派出所户籍室的干警开始工作时，发现户口专用章变成了章坯子（上面没有刻字）。由于该所地处洛阳市中心城区，人口密集，派出所每天需要办理大量的入户、注销、迁入、迁出等业务，工作中一刻也离不开户口专用章。刚开始，所里领导以为哪个干警搞恶作剧开玩笑，没有放在心上，但过去了两天，户口专用章还是没有找到，才感到事态严重。因为公安机关对户口专用章有严格规定，户口专用章必须到省级公安机关备案，启用新章必须交旧章，否则将追究有关领导责任，并在年终目标考评中被扣除 20 分。

　　该所领导立即向洛阳市政法委和洛阳市公安局做了汇报，洛阳市公安局抽调 4 名干警成立了专案组。专案组经调查发现，户口专用章系被人偷换。2004 年 2 月 6 日（星期五）下午，该所户口室管身份证内勤李博为他人办证时，一直在使用户口专用章，但 2 月 7 日（星期六）上午李博在上班时没有使用户口专用章。中午，该所为防止意外，更换了户口室的门锁。由此判断，该所户口专用章被人偷换的时间应是 2 月 6 日下午 5：30 到 2 月 7 日中午 12：00 之间。经过近一个月的调查，认为该派出所管户口的内勤赵敏具有作案嫌疑，因为该所准备调换管户口的内勤，赵敏对调换自己的工作不满。但对赵敏进行询问时，赵敏拒不承认自己偷换户口专用章。为了弄清赵敏所讲是否属实，专案组遂委托洛阳市人民检察院心理测试中心对赵敏进行心理测试。

　　通过对赵敏进行心理测试，证明其所说的自己没有偷换户口专用章是说谎。经过对赵敏的审讯，使其最终交代因为自己对调换工作不满，以偷换户口专用章作为报复的犯罪经过。至此，一起发生在公安机关内部的盗窃案件在心理测试技术的帮助之下得以顺利侦破。

测试项目：

1. 这枚章胚子是你的吗？
2. 你能如实回答你最早什么时间知道户口专用章要被换？
3. 你知道户口专用章是什么时间被调换的吗？
4. 你知道作案分子为什么要调换户口专用章吗？
5. 你知道作案分子调换户口专用章有几个人知道吗？
6. 你最早是在什么时间见过这枚章胚子？
7. 以前你保存过旧的印章吗？
8. 你知道作案分子是什么时间调换走户口专用章的吗？
9. 你星期五上午离开户口室又去过户口室吗？
10. 户口专用章是什么时间被调换的？

测试时间、仪器、指标及测前检查：

1. 测试时间：2004 年 3 月 28—30 日
2. 测试仪器：PG—12 型多参量心理测试仪
3. 测试指标：皮肤电、脉搏、血压，上、下呼吸
4. 测前检查：仪器均正常

测试过程及分析说明：

经赵敏本人同意，我们对她采用了一组"CQT"（准绳问题测试法）和九组"POT"（紧张峰测试法）进行了测试。

在"CQT"测试中，赵敏在回答"这枚章胚子是你的吗？"时说"不是"的说谎概率为 78.7%（说谎概率大于 50% 为说谎，小于 50% 为诚实）。

在第一组"POT"测试中，赵敏在回答"你能如实回答你最早什么时间知道户口专用章要被换？"时说"不是星期四"和"是星期一"均呈现明显的说谎反应；在第二组"POT"测试中，赵敏在回答"你知道户口章是什么时间被调换的吗？"时说"不是后半夜被换掉的"呈现明显的说谎反应；在第三组"POT"测试中，赵敏在回答"你知道作案分子为什么要调换户口专用章吗？"时说"不是为了报复领导"呈现明显的说谎反应；在第四组"POT"测试中，赵敏在回答"你知道作案分子调换户口专用章有几个人知道吗？"时说"不是三个人知道"呈现明显的说谎反应；在第五组"POT"测试中，赵敏在回答"你最早是在什么时间见过这枚章胚子？"时说"是在星期一下午才见到

的和不是一年以前早就见到过"均呈现明显的说谎反应；在第六组"POT"测试中，赵敏在回答"以前你保存过旧的印章吗？"时说"没有旧的铜图章"呈现明显的说谎反应；在第七组"POT"测试中，赵敏在回答"你知道作案分子是什么时间调换走户口专用章的吗？"时说"是星期一"和"不是星期五"均呈现明显的说谎反应；在第八组"POT"测试中，赵敏在回答"你星期五上午离开户口室又去过户口室吗？"时说"星期五晚上没去过"呈现明显的说谎反应；在第九组"POT"测试中，赵敏在回答"户口章是什么时间被调换的？"时说"不是星期五"呈现明显的说谎反应。

测试结论：

以上测试表明：赵敏曾有过旧的铜图章，而且在一年以前就见过；赵敏星期五上午离开户口室后当天晚上又去过户口室；她知道户口专用章是在星期五晚上被调换，有可能她在星期四晚上策划了这件事，可能有三个人参与了这件事。

综合以上这些问题的测试结果，充分表明赵敏说她没有参与调换户口专用章系说谎，调换户口专用章系赵敏所为。

案例二　洛玻集团洛阳鼎鸿玻璃技术工程有限公司记账凭证被盗案

2005年6月6日下午，洛玻集团洛阳鼎鸿玻璃技术工程有限公司人员发现，该公司5月份的记账凭证丢失。记账凭证不翼而飞，将会极大地影响公司的生产经营活动，也将给公司带来较大的麻烦。公司领导立即向所在地公安机关西工公安分局玻璃厂南路派出所报案。

经调查，案发当天上午，该公司会计王虹与出纳赵晓萍发生过争吵，有可能是两人中一人为了报复故意拿走该记账凭证，从而使对方受到纪律处分，以发泄心中怨气。同时，拿有该房间钥匙的还有公司职工刘茜茜以及公司财务总监张天俊等人，公安机关一一传唤上述人员进行询问，但上述4人均称没有拿该记账凭证。为了弄清此案是否系以上4人所为，西工分局玻南路派出所遂委托洛阳市人民检察院心理测试中心对赵晓萍等4人进行心理测试。

通过对赵晓萍等4人进行心理测试。证明赵晓萍所说的她没有拿走公司的记账凭证系说谎，其余3人所说没有拿走公司的记账凭证系实话，从而为案件侦查提供了方向。经过对赵晓萍进行审讯，赵晓萍承认自己为了报复同事，于2005年6月5日拿走了公司的记账凭证，并把记账凭证藏在她儿子的卧室里。至此，一起公司内部人员盗窃公司记账凭证案件在心理测试技术的帮助下得以顺利侦破。

测试项目：

1. 你参与策划拿走公司记账凭证一事了吗？
2. 你拿走了公司的记账凭证吗？
3. 你知道是谁拿走了你们公司的记账凭证吗？
4. 你知道参与盗窃你们公司记账凭证的有几个人吗？
5. 你知道你们公司的记账凭证是什么时间被人拿走的吗？
6. 你知道作案分子拿走记账凭证的目的是什么吗？
7. 你知道你们公司的记账凭证被人怎么处理了吗？
8. 你知道你们公司的记账凭证被人藏在什么地方吗？
9. 你知道你们公司的记账凭证藏在你家什么地方吗？

测试时间、仪器、指标及测前检查：

1. 测试时间：2004年7月1日
2. 测试仪器：PG—12型多参量心理测试仪
3. 测试指标：皮肤电、脉搏、血压、上、下呼吸
4. 测前检查：仪器均正常

测试过程及分析说明：

经赵晓萍本人同意，我们对她采用了一组"MGQT"（改进的一般问题测试法）和七组"POT"（紧张峰测试法）进行了测试。

在"MGQT"测试中，赵晓萍在回答"你参与策划拿走公司记账凭证一事了吗？"时说"没有"的说谎概率为81.8%（说谎概率大于50%为说谎，小于50%为诚实）；赵晓萍在回答"你拿走了公司的记账凭证吗？"时说"不是"的说谎概率为81.4%。

在第一组"POT"测试中，赵晓萍在回答"你知道是谁拿走了你们公司的记账凭证吗？"时说"不是她自己"对应最强；在第二组"POT"测试中，

赵晓萍在回答"你知道参与盗窃你们公司记账凭证的有几个人吗?"时说"不知道是一人"对应最强;在第三组"POT"测试中,赵晓萍在回答"你知道你们公司的记账凭证是什么时间被人拿走的吗?"时说"不知道是 6 月 5 日"对应最强;在第四组"POT"测试中,赵晓萍在回答"你知道作案分子拿走记账凭证的目的是什么吗?"时说"不知道是为了报复同事"对应最强;在第五组"POT"测试中,赵晓萍在回答"你知道你们公司的记账凭证被人怎么处理了吗?"时说"不知道是被藏起来"对应最强;在第六组"POT"测试中,赵晓萍在回答"你知道你们公司的记账凭证被人藏在什么地方吗?"时说"不是藏在她家里"对应最强;在第七组"POT"测试中,赵晓萍在回答"你知道你们公司的记账凭证藏在你家什么地方吗?"时说"不是藏在她儿子的卧室里"对应最强。

测试结论:

1. 赵晓萍说她没有参与策划拿走公司记账凭证一事是说谎;
2. 赵晓萍说她没有拿走公司的记账凭证是说谎;
3. 赵晓萍说不是她自己拿走公司的记账凭证是说谎;
4. 赵晓萍说不知道参与盗窃公司记账凭证的是一个人是说谎;
5. 赵晓萍说她不知道公司的记账凭证是 6 月 5 日被人拿走的是说谎;
6. 赵晓萍说不知道作案分子拿走记账凭证是为了报复同事是说谎;
7. 赵晓萍说不知道公司的记账凭证被人藏起来了是说谎;
8. 赵晓萍说公司的记账凭证不是藏在她家里是说谎;
9. 赵晓萍说公司的记账凭证不是藏在她儿子的卧室里是说谎。

案例三 中国工商银行偃师支行行政印章被盗案

2008 年 9 月 26 日 10 时 40 分,中国工商银行偃师支行纪检员李乾坤在打开印章保险柜时发现支行行政印章不见了,经询问办公室印章专管员李明是否见过印章,李明说没有,逐一到办公室寻找没有找到,询问了在一起办公的每个职工都说没见,确定印章丢失。遂立即向偃师市公安局刑侦大队报案。

经过调查发现,存放印章的办公室现场保险柜完好,办公室门锁、窗户完好。经人员排查和现场情况分析，外人作案可能性不大，因此怀疑为内部员工作案。保管印章的保险柜设在支行二楼的一间办公室，王建龙、任杰、赵小宇三人均有作案嫌疑。在案发后询问涉及人员时，李明反映在印章丢失一个月前，自己锁在抽屉里的 12000 元现金丢失，以及在前一段单位装修时发现以前一张丢失的承兑汇票被人藏在办公室的顶棚里。为了弄清王建龙、任杰、赵小宇三人是否和这几起被盗案件有关，偃师市公安局刑侦大队遂委托洛阳市人民检察院心理测试中心对犯罪嫌疑较大的任杰进行心理测试。

通过对任杰进行心理测试，证明任杰所说的不是他偷走了李明放在办公室的现金、不是他私藏承兑汇票、不知道是谁偷走单位的行政印章均是谎话，从而为案件侦破提供了正确方向。经过对任杰进行正面教育和政策攻心，使其最终交代了自己盗窃李明抽屉里 12000 元现金和银行行政印章的犯罪事实。

测试项目：

1. 是你偷走了李明放在办公室的现金吗？

2. 是你私藏了承兑汇票吗？

3. 你知道是谁偷走了你们单位的行政章吗？

4. 是你偷走了你们单位的行政章吗？

5. 你知道是谁拿走了你们单位的行政章吗？

6. 你知道你们单位的行政章是什么时间被人偷走的吗？

7. 你知道是谁偷走了李明放在办公室的现金吗？

8. 你知道去年是谁私藏承兑汇票吗？

9. 你知道作案分子把偷走的行政章怎么处理了吗？

10. 案发以后你知道作案者向洛阳市工行写了几封举报信吗？

11. 你知道李明被盗的现金是多少吗？

测试时间、仪器、指标及测前检查：

1. 测试时间：2009 年 3 月 13 日

2. 测试仪器：PG—12 型多参量心理测试仪

3. 测试指标：皮肤电、脉搏、血压，上、下呼吸

4. 测前检查：仪器均正常

测试过程及分析说明：

经任杰本人同意，我们对他采用二组"CQT"（准绳问题测试法）、一组"MGQT"（改进的一般问题测试法）和七组"POT"（紧张峰测试法）进行了测试。

在第一组"CQT"测试中，任杰在回答"是你偷走了李明放在办公室的现金吗？"时说"不是"说谎概率为72.7%（说谎概率大于50%为说谎，小于50%为诚实）；在第二组"CQT"测试中，任杰在回答"是你私藏了承兑汇票吗？"时说"不是"说谎概率为84.5%。

在"MGQT"测试中，任杰在回答"你知道是谁偷走了你们单位的行政章吗？"时说"不知道"说谎概率为77.05%；任杰在回答"是你偷走了你们单位的行政章吗？"时说"不是"说谎概率为86.3%。

在第一组"POT"测试中，任杰在回答"你知道是谁拿走了你们单位的行政章吗？"时说"不是他自己"对应最强；在第二组"POT"测试中，任杰在回答"你知道你们单位的行政章是什么时间被人偷走的吗？"时说"不是2008年9月26日早晨6—9点"对应最强；在第三组"POT"测试中，任杰在回答"你知道是谁偷走了李明放在办公室的现金吗？"时说"不是他自己"对应最强；在第四组"POT"测试中，任杰在回答"你知道去年是谁私藏承兑汇票吗？"时说"不是他自己"对应最强；在第五组"POT"测试中，任杰在回答"你知道作案分子把偷走的行政章怎么处理了吗？"时说"不是把它藏起来了"对应最强；在第六组"POT"测试中，任杰在回答"案发以后你知道作案者向洛阳市工行写了几封举报信吗？"时说"不是两封"对应最强；在第七组"POT"测试中，任杰在回答"你知道李明被盗的现金是多少吗？"时说"不是12000元"对应最强。

测试结论：

1. 任杰说不是他偷走了李明放在办公室的现金是谎话；

2. 任杰说不是他私藏了承兑汇票是谎话；

3. 任杰说不知道是谁偷走了他们单位的行政章是谎话；

4. 任杰说不是他偷走了他们单位的行政章是谎话；

5. 任杰说不是他自己拿走了他们单位的行政章是谎话；

6. 任杰说他不知道他们单位的行政章是是2008年9月26日早晨6—9点被人偷走的是谎话；

7. 任杰说不是他自己偷走了李明放在办公室的现金是谎话；

8. 任杰说不是他自己私藏承兑汇票是谎话；

9. 任杰说他不知道作案分子把偷走的行政章藏起来了是谎话；

10. 任杰说案发以后他不知道作案者向洛阳市工行写了两封举报信是谎话；

11. 任杰说他不知道李明被盗的现金是 12000 元是谎话。

综上所述，是任杰盗窃李明抽屉里 12000 元现金和银行行政印章。

测试要点 16　盗窃案件中，有间接证据指向犯罪嫌疑人，但犯罪嫌疑人拒不供认进行盗窃，如何借助心理测试为侦查指明方向

案例一　任建强盗窃案

2008 年 5 月 21 日 9 时左右，嵩县田湖镇上湾村群众发现，上湾村附近西干渠的一泄洪水闸铁门被盗，价值约 2.5 万元。泄洪水闸被盗，如果一遇到下大雨天气，将会对下游群众生命财产安全产生重大隐患，关系重大，事不迟疑，该村干群立即向当地派出所报案。

公安干警经对犯罪现场周围进行细致的勘察，发现被盗现场存留一张"嵩县田湖镇千秋机砖厂结算单"，该单据上姓名标识有"建强"字样，经排查，初步认为嵩县田湖镇窑上村五组的任建强有犯罪嫌疑，但任某到案后拒不承认自己有盗窃行为。为了弄清任建强是否涉嫌盗窃，嵩县田湖派出所遂委托洛阳市人民检察院心理测试中心对任建强进行心理测试。

通过对任建强进行心理测试，证明任建强所说的不是他偷走了西干渠的闸门是谎话。经过对其正面教育和政策攻心，其最终交代了在 2008 年 5 月 18 日晚上用气割把闸门割开并偷走的犯罪事实。

测试项目：

1. 是你偷走了西干渠的闸门吗？

2. 你知道是谁偷走了西干渠的闸门吗？

3. 你知道作案分子是什么时间偷走了西干渠的闸门吗？

4. 你知道作案分子是用什么方法偷走闸门的吗？

5. 你知道作案分子什么东西掉在作案现场了吗？

6. 你知道作案分子还有什么东西掉在作案现场吗？

7. 你知道作案分子掉在作案现场的是什么手套吗？

测试时间、仪器、指标及测前检查：

1. 测试时间：2008 年 5 月 30 日

2. 测试仪器：PG—12 型多参量心理测试仪

3. 测试指标：皮肤电、脉搏、血压，上、下呼吸

4. 测前检查：仪器均正常

测试过程及分析说明：

经任建强本人同意，我们对他采用一组"CQT"（准绳问题测试法）、三组"POT"（紧张峰测试法）和三组"GKT"（犯罪情节测试法）进行了测试。

在"CQT"测试中，任建强在回答"是你偷走了西干渠的闸门吗？"时说"不是"的说谎概率为 79.4%（说谎概率大于 50% 为说谎，小于 50% 为诚实）。

在第一组"POT"测试中，任建强在回答"你知道是谁偷走了西干渠的闸门吗？"时说"不是他自己"对应最强；在第二组"POT"测试中，任建强在回答"你知道作案分子是什么时间偷走了西干渠的闸门吗？"时说"不是 18 日晚上"对应最强；在第三组"POT"测试中，任建强在回答"你知道作案分子是用什么方法偷走闸门的吗？"时说"不是用气割割开闸门偷走的"对应最强。

在第一组"GKT"测试中，任建强在回答"你知道作案分子什么东西掉在作案现场了吗？"时说"不是手套"对应最强；在第二组"GKT"测试中，任建强在回答"你知道作案分子还有什么东西掉在作案现场吗？"时说"不是结算单"对应最强；在第三组"GKT"测试中，任建强在回答"你知道作案分子掉在作案现场的是什么手套吗？"时说"不是线手套"对应最强。

测试结论：

1. 任建强说不是他偷走了西干渠的闸门是谎话；

2. 任建强说不是他自己偷走了西干渠的闸门是谎话；

3. 任建强说作案分子不是 18 日晚上偷走了西干渠的闸门是谎话；

4. 任建强说作案分子不是用气割割开闸门偷走闸门的是谎话。

5. 任建强说作案分子不是把手套掉在作案现场是谎话；

6. 任建强说作案分子不是把结算单掉在作案现场是谎话；

7. 任建强说作案分子掉在作案现场的不是线手套是谎话。

案例二　王双建盗窃案

2008年6月30日晚上8时20分左右，洛阳市清风环保设备有限公司经理陈庆峰和妻子开车到洛浦公园秋风园内散步，将汽车（日产尼桑风度，车牌号为豫CR1885）停放在秋风园门口，半个小时后从秋风园出来，发现汽车右后窗玻璃被撬，打开车门发现物品被盗，遂立即向高新公安分局创业路派出所报案。

接到报案后，侦查人员即赶到现场对失主被盗物品进行了清点，失主向公安机关讲述被盗有3张承兑汇票，金额分别是10万元、5万元、1.2万元，还有现金3000元左右以及银行卡两张、公司财务印章和汽车电子导航仪，价值总计16万余元。这是一起重大盗窃案件，高新公安分局创业路派出所立即成立专案组进行侦查，但一直没有获得有价值线索，案件没有任何侦破迹象。

2008年8月5日，高新公安分局创业路派出所接群众举报称，一人在南昌路滨河加油站附近倒卖承兑汇票，遂将倒卖承兑汇票的王双建当场抓获。经调查，王双建倒卖的承兑汇票正是6月30日晚上洛浦公园被撬盗车主的。经对王双建审讯，交代他曾于2008年7月1日向他人出售偷来的承兑汇票，但承兑汇票是他的朋友贾京海偷的，王双建说他自己没有参与盗窃，拒不承认自己有撬车盗窃犯罪事实。为了弄清王双建所讲是否属实，洛阳市高新区公安分局创业路派出所遂委托洛阳市人民检察院心理测试中心对王双建进行心理测试。

通过对王双建进行心理测试，证明王双建所说他没有参与撬盗车上的承兑汇票、银行卡、现金、公司财务印章和汽车电子导航仪是说谎行为。经过对其审讯、政策攻心和正面教育，最后王双建承认自己参与了撬盗车上的承兑汇票、银行卡、现金、公司财务印章和汽车电子导航仪的犯罪行为，使一起重大盗窃案件得以成功告破。

测试项目：

1. 是贾京海给你的承兑汇票吗？

2. 当时你知道这些承兑汇票是偷来的吗？

3. 2008 年 6 月 30 日你参与盗窃承兑汇票一案了吗？

4. 你知道作案分子是怎么偷走承兑汇票的吗？

5. 你知道 6 月 30 日被盗车上丢了几个银行卡吗？

6. 你知道 6 月 30 日在洛浦秋风园被盗车上丢了多少现金吗？

7. 你知道 6 月 30 日被盗车上丢了多少现金吗？

8. 你知道 6 月 30 日被盗车上还丢了什么东西吗？

测试时间、仪器、指标及测前检查：

1. 测试时间：2008 年 10 月 21 日

2. 测试仪器：PG—12 型多参量心理测试仪

3. 测试指标：皮肤电、脉搏、血压，上、下呼吸

4. 测前检查：仪器均正常

测试过程及分析说明：

经王双建本人同意，我们对他采用了一组"MGQT"（改进的一般问题测试法）和一组"CQT"（准绳问题测试法）以及一组"POT"（紧张峰测试法）和四组"GKT"（犯罪情节测试法）进行了测试。

在"MGQT"测试中，王双建在回答"是贾京海给你的承兑汇票吗？"时说"是的"的说谎概率为 81.1%（说谎概率大于 50% 为说谎，小于 50% 为诚实）；王双建在回答"当时你知道这些承兑汇票是偷来的吗？"时说"不知道"的说谎概率为 80.2%。

在"CQT"测试中，王双建在回答"今年 6 月 30 日你参与盗窃承兑汇票一案了吗？"时说"没有"的说谎概率为 75%。

在"POT"测试中，王双建在回答"你知道 6 月 30 日在洛浦秋风园被盗车上丢了多少现金吗？"时说"不知道是几千元"对应最强。

在第一组"GKT"测试中，王双建在回答"你知道作案分子是怎么偷走承兑汇票的吗？"时说"不知道是撬开车窗玻璃"对应最强；在第二组"GKT"测试中，王双建在回答"你知道 6 月 30 日被盗车上丢了几个银行卡吗？"时说"不知道是 2 个"对应最强；在第三组"GKT"测试中，王双建在回答"你知道 6 月 30 日被盗车上丢了多少现金吗？"时说"不知道是 3000 元左右"对应最强；在第四组"GKT"测试中，王双建在回答"你知道 6 月 30 日被盗车上还丢了什么东西吗？"时说"不知道是丢了电子导航仪"对应最强。

测试结论：

1. 王双建说是贾京海给他的承兑汇票是说谎；
2. 王双建说当时他不知道这些承兑汇票是偷来的是说谎；
3. 王双建说 2008 年 6 月 30 日他没有参与盗窃承兑汇票一案是说谎；
4. 王双建说他不知道作案分子是撬开车窗偷走承兑汇票的是说谎；
5. 王双建说他不知道 6 月 30 日被盗车上丢了 2 个银行卡是说谎；
6. 王双建说他不知道 6 月 30 日在洛浦秋风园被盗车上丢了几千元现金是说谎；
7. 王双建说他不知道 6 月 30 日被盗车上丢了 3000 元左右现金是说谎；
8. 王双建说他不知道 6 月 30 日被盗车上还丢电子导航仪是说谎。

综合以上这些问题的测试结果充分表明：王双建于 2008 年 6 月 30 日晚上在洛浦秋风园门口参与了盗窃轿车钱物的犯罪活动。

测试要点 17　在相对封闭的空间内钱物被盗，如何借助心理测试技术确定相关人员与盗窃案件的关联性

案例一　洛阳卫达电力设备有限公司办公室物品被盗案

洛阳卫达电力设备有限公司总经理李建卫报案称：2008 年 12 月 13 日他自己放进办公室保险柜里的 5000 元现金，后发现少了 3000 元；12 月 18 日，出纳李晋宇放进保险柜 9000 元，12 月 25 日也发现少了 2900 元；同时他说以前放在抽屉里的价值近万元的浪琴手表也被盗走。一系列被盗案件的发生，使该公司上下人心惶惶，严重影响了公司的生产经营活动。

为了找到何人连续多次盗窃公司财物，公司领导班子坐下来进行认真讨论，并立即向所在地公安机关报案。经过调查，认为这一系列盗窃案件的发生，是公司内部人员所为。仔细询问有关人员，发现公司的陆玲、许晖等人均有作案嫌疑，为了弄清陆玲、许晖等人是否涉嫌盗窃行为，公安机关和洛阳卫达电力设备有限公司遂委托洛阳市人民检察院心理测试中心对陆玲、许晖二人进行心理测试。

通过对陆玲、许晖二人进行心理测试，证明陆玲所说自己没有拿走办公室保险柜里的现金系说谎，许晖说不是他偷走单位保险柜里的钱是实话。从而为这起系列盗窃案件的侦破指明了方向。公安机关加大对陆玲的审讯力度，终于使其交代于 2008 年 12 月先后两次盗走了单位保险柜里的现金共5900 元的犯罪过程。至此，一起系列盗窃案件利用心理测试技术得以顺利告破。

（一）对陆玲的测试

测试项目：

1. 是你偷走了你们单位保险柜里的钱吗？
2. 你知道你们单位保险柜的密码吗？
3. 你知道今年 12 月你们单位保险柜里的现金被人盗走了几次吗？
4. 你知道今年 12 月你们单位的保险柜里第一次被人偷走了多少钱吗？
5. 你知道今年 12 月你们单位的保险柜里第二次被人偷走了多少钱吗？
6. 你知道你们老板今年还被人偷走了什么吗？
7. 你知道你们单位保险柜的密码是多少吗？

测试时间、仪器、指标及测前检查：

1. 测试时间：2008 年 12 月 31 日
2. 测试仪器：PG—12 型多参量心理测试仪
3. 测试指标：皮肤电、脉搏、血压，上、下呼吸
4. 测前检查：仪器均正常

测试过程及分析说明：

经陆玲本人同意，我们对她采用了二组"CQT"（准绳问题测试法）和五组"GKT"（犯罪情节测试法）进行了测试。

在第一组"CQT"测试中，陆玲在回答"是你偷走了你们单位保险柜里的钱吗？"时说"不是"的说谎概率为 70.9%（说谎概率大于 50% 为说谎，

小于 50% 为诚实）；在第二组"CQT"测试中，陆玲在回答"你知道你们单位保险柜的密码吗？"时说"不知道"的说谎概率为 79.7% 。

在第一组"GKT"测试中，陆玲在回答"你知道今年 12 月你们单位保险柜里的现金被人盗走了几次吗？"时说"不知道是两次"对应最强；在第二组"GKT"测试中，陆玲在回答"你知道今年 12 月你们单位的保险柜里第一次被人偷走了多少钱吗？"时说"不知道是 3000 元"对应最强；在第三组"GKT"测试中，陆玲在回答"你知道今年 12 月你们单位的保险柜里第二次被人偷走了多少钱吗？"时说"不知道是 2900 元"对应最强；在第四组"GKT"测试中，陆玲在回答"你知道你们老板今年还被人偷走了什么吗？"时说"不知道是手表"对应不强；在第五组"CKT"测试中，陆玲在回答"你知道你们单位保险柜的密码是多少吗？"时说"不知道是 981112"对应最强。

测试结论：

1. 陆玲说不是他偷走单位保险柜里的钱是谎话；
2. 陆玲说她不知道她们单位保险柜的密码是谎话；
3. 陆玲说她不知道 2008 年 12 月单位保险柜里的现金被人盗走了几次是谎话；
4. 陆玲说她不知道 2008 年 12 月单位保险柜里的现金第一次被人盗走了 3000 元是谎话；
5. 陆玲说她不知道 2008 年 12 月单位保险柜里的现金第二次被人盗走了 2900 元是谎话；
6. 陆玲说她不知道老板今年还被人偷走了手表是实话；
7. 陆玲说她不知道她们单位保险柜的密码是 981112 是谎话。

以上测试表明：是陆玲于 2008 年 12 月先后两次盗走了单位保险柜里的现金；第一次盗走了 3000 元；第二次盗走了 2900 元。

（二）对许晖的测试

测试项目：

1. 是你偷走了你们单位保险柜里的钱吗？
2. 你知道今年 12 月你们单位的保险柜里第一次被人偷走了多少钱吗？
3. 你知道今年 12 月你们单位的保险柜里第二次被人偷走了多少钱吗？

4. 你知道你们单位保险柜的密码是多少吗？

测试时间、仪器、指标及测前检查：

1. 测试时间：2008 年 12 月 31 日
2. 测试仪器：PG—12 型多参量心理测试仪
3. 测试指标：皮肤电、脉搏、血压，上、下呼吸
4. 测前检查：仪器均正常

测试过程及分析说明：

经许晖本人同意，我们对他采用了一组"CQT"（准绳问题测试法）和三组"GKT"（犯罪情节测试法）进行了测试。

在"CQT"测试中，许晖在回答"是你偷走了你们单位保险柜里的钱吗？"时说"不是"的说谎概率为 48.8%（说谎概率大于 50% 为说谎，小于 50% 为诚实）。

在第一组"GKT"测试中，许晖在回答"你知道今年 12 月你们单位的保险柜里第一次被人偷走了多少钱吗？"时说"不知道是 3000 元"对应不强；在第二组"GKT"测试中，许晖在回答"你知道今年 12 月你们单位的保险柜里第二次被人偷走了多少钱吗？"时说"不知道是 2900 元"对应不强；在第三组"GKT"测试中，许晖在回答"你知道你们单位保险柜的密码是多少吗？"时说"不知道是 981112"对应不强。

测试结论：

1. 许晖说不是他偷走单位保险柜里的钱是实话；
2. 许晖说他不知道 2008 年 12 月单位保险柜里的现金第一次被人盗走了 3000 元是实话；
3. 许晖说他不知道 2008 年 12 月单位保险柜里的现金第二次被人盗走了 2900 元是实话；
4. 许晖说她不知道她们单位保险柜的密码是 981112 是实话。

以上测试表明：许晖与此案无关。

案例二 某部队副团长家中现金被盗案

2003年6月28日晚，某部队秦副团长的爱人回家准备洗澡而从床头柜里拿换洗衣服时，发现自己存放在床头柜里一信封内的28000元现金不见了（信封内只剩余一张50元）。遂立即向部队政治处保卫股报了案。

政治处保卫人员经过仔细检查现场，认为秦副团长家里门锁没有被撬动的痕迹，而且因为外人进不到营区内，此案应是内部人员作案。秦副团长的爱人讲前两天早晨她上班时从床头柜里取东西看到钱还在，而且这两天到他们家里来只有副团长的通信兵杨洋，于是疑点集中在秦副团长的通信兵杨洋身上，但杨拒不承认此案系自己所为，该团政治处保卫股遂将此案移送洛阳市人民检察院心理测试中心要求对杨洋进行心理测试。

通过对通信兵杨洋进行心理测试，证明杨洋所说的他没有拿秦副团长家的钱是实话，排除了对杨洋的怀疑，从而为该案件的下步侦查工作改变了方向。

测试项目：

1. 是你拿走了秦副团长家的钱吗？
2. 你知道是谁拿走了秦副团长家的钱吗？

测试时间、仪器、指标及测前检查：

1. 测试时间：2003年7月3日
2. 测试仪器：PG—7型多道心理测试仪
3. 测试指标：皮电、脉搏，上、下呼吸
4. 测前检查：仪器均正常

测试过程分析说明：

经杨洋本人同意，我们对他采用了"CQT"（准绳问题测试法）和"MGQT"（改进的一般问题测试法）两种方法进行测试。在"CQT"测试中，杨在回答"是你拿走了秦副团长家的钱吗？"时说"不是"的说谎概率为19.5%（说谎概率大于50%为说谎，小于50%为诚实）。杨在"MGQT"测试中回答说"他不知道是谁拿走了秦副团长家的钱"的说谎概率为25.8%。

测试结论：

1. 杨洋说他没有拿秦副团长家的钱是实话；
2. 杨洋说他不知道是谁拿走了秦副团长家的钱是实话。

测试要点18　在一些案件中，存在涉案双方对丢失钱款的数额表述不一，如何运用心理测试技术确定丢失钱款的真实数额

案例　某市公安干警王某等徇私舞弊案

2007年8月上旬的一天，某市原市委副书记兼纪委书记汪福祥家里的电话响了起来，正准备去参加省里一个会议的汪书记接听了电话。

"喂！是汪书记家吗？"

"是，你哪位？"汪书记耐着性子说。

"我是一个老百姓，老峪口废品收购站的。"

"这么早打电话有什么事吗？你是怎么知道我家的电话号码的？"汪书记不耐烦地说。

"汪书记，没有大事我是绝对不敢打扰您这位大人物的，我给您明说了吧，您有一笔贪污受贿的证据在我们手里，这些证据可是牵扯着您的政治前途的，不过，您别害怕，只要您给我们30万元酬谢金，我就会原封不动地将这些证据还给您，您考虑考虑吧！"

汪福祥一想到竟敢有人对自己敲诈勒索，立即给某市公安局局长陈洋打电话，要求安排该市局刑侦支队调查。经调查，原来是汪福祥的家人在向废品收购人员卖废品时，不慎将装有多张银行存单、存折和银行卡的废茶叶盒给卖了，当废品收购人员刘三儿发现茶叶盒中的多张银行存单、存折和银行卡时，将其交给了废品收购站老板刘贵成，刘贵成从某矿区工商分局副局长张航处得知，这些存单是某市原市委副书记兼纪委书记汪福祥家里的。于是，刘贵成和朋友黄毛（劳改释放人员）商量，想趁机敲诈汪福祥一下。于是，就发生了废品收购站老板刘贵成给市委副书记家打电话进行敲诈勒索的过程。

该市刑侦支队打黑大队组织有关人员秘密介入调查，打黑大队原干警王洪江等人具体办理此案，王洪江等人很快就将涉案的刘贵成、刘三儿、张航、黄毛等人抓获，取回了存单、银行卡、存折等物（金额为100多万元），但没按规定办案程序当面和被扣物品的人员查点清楚并签字。

由于此案的特殊性，不久即被新闻媒体曝光，中央有关领导批示要求严查。2007年9月16日，汪福祥和有关人员被中共某省纪律检查委员会双规。由于该案涉嫌敲诈勒索的犯罪嫌疑人一方说汪福祥家里的银行存单、存折和银行卡总金额为300多万元，而该市公安局刑侦支队打黑大队的办案人员一方说金额仅为100多万元，双方叙述的涉案金额出入较大。该省纪委办案人员为了弄清此案的涉案数额以及来龙去脉，遂委托洛阳市人民检察院心理测试中心对王洪江等人进行心理测试。

通过对涉案的王洪江、乔阳（汪福祥亲外甥）二人进行心理测试，充分证明了王洪江、乔阳二人知道汪福祥家丢失了5个存折、4张存单和4个银行卡，金额总计有300多万元；戳穿了他们知法犯法、徇私舞弊想为汪福祥腐败行为保护的犯罪行为，使贪官汪福祥及时得到了惩治。王洪江作为公安机关办案干警，知法犯法，徇私枉法，也受到了法律制裁。至此，一起错综复杂的案中案利用心理测试这项高科技技术得以彻底查清，在社会上引起了极大反响。

（一）对王洪江的测试

测试项目：

1. 汪福祥家丢失的存折和存单上总共就100多万元吗？
2. 你能如实告诉我汪福祥家丢失的存折和存单上总共有多少钱吗？
3. 你知道汪福祥家丢失的存折和存单上最大的数额是多大吗？
4. 你能如实告诉我汪福祥家丢失了几个存折吗？
5. 你能如实告诉我汪福祥家丢失了几个存单吗？
6. 你能如实告诉我汪福祥家丢失了几个银行卡吗？
7. 你能如实告诉我8月9日凌晨你是用什么工具殴打当事人的吗？

测试时间、仪器、指标及测前检查：

1. 测试时间：2007年10月31日
2. 测试仪器：PG—12型多参量心理测试仪
3. 测试指标：皮肤电、脉搏、血压，上、下呼吸

4. 测前检查：仪器均正常

测试过程及分析说明：

经王洪江本人同意，我们对他采用了一组"CQT"（准绳问题测试法）和六组"POT"（紧张峰测试法）进行了测试。

在"CQT"测试中，王洪江在回答"汪福祥家丢失的存折和存单上总共就 100 多万元吗？"时说"是"的说谎概率为 67.5%（说谎概率大于 50% 为说谎，小于 50% 为诚实）。

在第一组"POT"测试中，王洪江在回答"你能如实告诉我汪福祥家丢失的存折和存单上总共有多少钱吗？"时说"不知道是 300 多万元"对应最强；在第二组"POT"测试中，王洪江在回答"你知道汪福祥家丢失的存折和存单上最大的数额是多大吗？"时说"不知道是 40 多万元"对应不强；在第三组"POT"测试中，王洪江在回答"你能如实告诉我汪福祥家丢失了几个存折吗？"时说"不知道是 5 个"对应最强；在第四组"POT"测试中，王洪江在回答"你能如实告诉我汪福祥家丢失了几个存单吗？"时说"不知道是 4 个"对应最强；在第五组"POT"测试中，王洪江在回答"你能如实告诉我汪福祥家丢失了几个银行卡吗？"时说"不知道是 4 个"对应最强；在第六组"POT"测试中，王洪江在回答"你能如实告诉我 8 月 9 日凌晨你是用什么工具殴打当事人的吗？"时说"不是用腰带"对应最强。

测试结论：

1. 王洪江说汪福祥家丢失的存折和存单上总共就 100 多万元是谎话；
2. 王洪江说他不知道汪福祥家丢失的存折和存单上总共有 300 多万元是谎话；
3. 王洪江说他不知道汪福祥家丢失的存折和存单上最大的数额是 40 多万元是实话；
4. 王洪江说不知道汪福祥家丢失了 5 个存折是谎话；
5. 王洪江说不知道汪福祥家丢失了 4 张存单是谎话；
6. 王洪江说不知道汪福祥家丢失了 4 个银行卡是谎话；
7. 王洪江说 8 月 9 日凌晨他没有用腰带殴打当事人是谎话。

综合以上这些问题的测试结果充分表明：王洪江知道汪福祥家丢失的存折和存单上总共有 300 多万元；他知道汪福祥家丢失了 5 个存折、4 张存单、4 个银行卡；王洪江 8 月 9 日凌晨是用腰带殴打当事人的。

（二）对乔阳的测试

测试项目：

1. 你舅舅汪福祥家丢失的存折和存单上总共就 100 多万元吗？
2. 公安人员移交给你的存折、存单、银行卡是经调换的吗？
3. 在移交前，你真的没有向公安干警提供过存折、存单、银行卡吗？
4. 你能如实告诉我你舅舅汪福祥家丢失的存折和存单上总共有多少钱吗？
5. 你知道你舅舅汪福祥家丢失的存折和存单上最大的数额是多大吗？
6. 你能如实告诉我汪福祥家丢失了几个存折吗？
7. 你能如实告诉我汪福祥家丢失了几个存单吗？
8. 你能如实告诉我汪福祥家丢失了几个银行卡吗？
9. 你能如实告诉我你调换存折、存单、银行卡交给谁了吗？

测试时间、仪器、指标及测前检查：

1. 测试时间：2007 年 10 月 28 日
2. 测试仪器：PG—12 型多参量心理测试仪
3. 测试指标：皮肤电、脉搏、血压，上、下呼吸
4. 测前检查：仪器均正常

测试过程及分析说明：

经乔阳本人同意，我们对他采用了一组"CQT"（准绳问题测试法）和一组"MGQT"（改进的一般问题测试法）以及六组"POT"（紧张峰测试法）进行了测试。

在"CQT"测试中，乔阳在回答"你舅舅汪福祥家丢失的存折和存单上总共就 100 多万元吗？"时说"是"的说谎概率为 76.5%（说谎概率大于 50% 为说谎，小于 50% 为诚实）。

在"MGQT"测试中，乔阳在回答"公安人员移交给你的存折、存单、银行卡是经调换的吗？"时说"不是"的说谎概率为 68.9%；乔阳在回答"在移交前，你真的没有向公安干警提供过存折、存单、银行卡吗？"时说"没有"的说谎概率为 65.4%。

在第一组"POT"测试中，乔阳在回答"你能如实告诉我你舅舅汪福祥

家丢失的存折和存单上总共有多少钱吗?"时说"不知道是 300 多万元"对应最强;在第二组"POT"测试中,乔阳在回答"你知道你舅舅汪福祥家丢失的存折和存单上最大的数额是多大吗?"时说"不知道是 40 多万元"对应最强;在第三组"POT"测试中,乔阳在回答"你能如实告诉我汪福祥家丢失了几个存折吗?"时说"不知道是 5 个"对应最强;在第四组"POT"测试中,乔阳在回答"你能如实告诉我汪福祥家丢失了几个存单吗?"时说"不知道是 4 个"对应最强;在第五组"POT"测试中,乔阳在回答"你能如实告诉我汪福祥家丢失了几个银行卡吗?"时说"不知道是 4 个"对应最强;在第六组"POT"测试中,乔阳在回答"你能如实告诉我你调换存折、存单、银行卡交给谁了吗?"时说"不是给了王洪江"对应最强。

测试结论:

1. 乔阳说他舅舅汪福祥家丢失的存折和存单上总共就 100 多万元是谎话;

2. 乔阳说公安人员移交给他的存折、存单、银行卡不是经调换的是谎话;

3. 乔阳说在移交前,他真的没有向公安干警提供过存折、存单、银行卡是谎话;

4. 乔阳说不知道他舅舅汪福祥家丢失的存折和存单上总共有 300 多万元是谎话;

5. 乔阳说不知道汪福祥家丢失的存折和存单上最大的数额是 40 多万元是谎话;

6. 乔阳说不知道汪福祥家丢失了 5 个存折是谎话;

7. 乔阳说不知道汪福祥家丢失了 4 个存单是谎话;

8. 乔阳说不知道汪福祥家丢失了 4 个银行卡是谎话;

9. 乔阳说他调换存折、存单、银行卡没有给王洪江是谎话。

综合以上这些问题的测试结果充分表明:乔阳知道他舅舅汪福祥家丢失的存折和存单上总共有 300 多万元;他把调换的存折、存单、银行卡给了王洪江。

测试要点 19　在故意杀人案件侦查中，经勘察现场及走访调查，确定若干个嫌疑对象，在嫌疑对象均不供述的情况下，如何借助心理测试确认嫌疑对象是否参与了作案

案例一　王平故意杀人、强奸案

2010 年 10 月 27 日，在山西省神木县某矿区做生意的重庆籍居民罗贵珍，早晨到其侄女罗云芳所经营的小卖部买东西，罗云芳不在房内。晚上 9 时许，当罗贵珍再次来到小卖部时，房门紧闭，罗云芳仍不在。罗贵珍觉得其侄女罗云芳可能出事了，于是急忙通知在另一矿区做工的罗云芳的爱人，罗云芳的爱人到家后，打开房门时发现房内凌乱不堪，床上遗留有大小便，经检查柜子抽屉内的现金也全部丢失，遂立即向神木县公安局刑警大队报案。

神木县公安局刑警大队接案后，立即组织刑侦技术人员赶赴现场进行勘察，发现在罗云芳经营的小卖部西侧大约一百五十米处有一露天厕所粪池，在粪池内又发现了罗云芳的尸体。经法医学尸体检验认定罗云芳系他杀，生前可能有被性侵害行为。经过对现场周围细致勘查，发现有男士内裤一条，在走访调查后得知，该内裤系租住在罗云芳隔壁的邻居王平所有，经公安机关初步调查发现，王平在发案时间段不能证实自己的活动情况，遂决定拘传王平，王平到案后极不配合，说自己根本没有杀人。为了弄清此案是否为王平所为，神木县公安局刑警大队遂委托洛阳市人民检察院心理测试中心对王平进行心理测试。

通过对王平进行心理测试，证明王平本人与罗云芳被杀害一案无关，从而帮助公安机关排除了王平作案的嫌疑，为案件的下步侦破工作缩小了可疑范围。公安机关经过细致调查，终于锁定杀害罗云芳的真正凶手，并很快将真凶捉拿归案，使一起命案很快告破。

测试项目：

1. 26 日晚上你打牌回去时去过罗云芳的小卖部吗？

2. 是你杀害了罗云芳吗？

3. 你知道罗云芳是什么时间被人杀害的吗？

4. 你知道罗云芳被人杀害的原因吗？

5. 你知道罗云芳是怎么死的吗？

6. 你知道罗云芳被人从房间里弄出去怎么处理了吗？

7. 你知道你的裤头丢在什么地方了吗？

8. 你知道参与杀害罗云芳的有几个人吗？

测试时间、仪器、指标及测前检查：

1. 测试时间：2010 年 10 月 30 日

2. 测试仪器：PG—12 型多参量心理测试仪

3. 测试指标：皮肤电、脉搏、血压，上、下呼吸

4. 测前检查：仪器均正常

测试过程及分析说明：

经王平本人同意，我们对他采用了二组"CQT"（准绳问题测试法）和六组"POT"（紧张峰问题测试法）进行了测试。

在第一组"CQT"测试中，王平在回答"26 日晚上你打牌回去时去过罗云芳的小卖部吗？"时说"没有"的说谎概率为 32.4%（说谎概率大于 50% 为说谎，小于 50% 为诚实）；在第二组"CQT"测试中，王平在回答"是你杀害了罗云芳吗？"时说"没有"的说谎概率为 31.1%。

在第一组"POT"测试中，王平在回答"你知道罗云芳是什么时间被人杀害的吗？"时说"不是 10 月 26 日 21—24 点"对应不是最强；在第二组"POT"测试中，王平在回答"你知道罗云芳被人杀害的原因吗？"时说"不是想强奸她"对应不是最强；在第三组"POT"测试中，王平在回答"你知道罗云芳是怎么死的吗？"时说"不是被人用手掐死的"对应不是最强；在第四组"POT"测试中，王平在回答"你知道罗云芳被人从房间里弄出去怎么处理了吗？"时说"不是被弄出去杀害了"对应不是最强；在第五组"POT"测试中，王平在回答"你知道你的裤头丢在什么地方了吗？"时说"不是丢在厕所旁边的草地上"对应不是最强；在第六组"POT"测试中，王平在回答"你知道参与杀害罗云芳的有几个人吗？"时说"不是一个人"对应不是最强。

测试结论：

1. 王平说 26 日晚上他打牌回去时没有去过罗云芳的小卖部是实话；

2. 王平说罗云芳不是他杀害的是实话；

3. 王平说他不知道罗云芳是被人于 10 月 26 日 21—24 点杀害的是实话；

4. 王平说他不知道罗云芳是因为有人想强奸她而被人杀害的是实话；

5. 王平说他不知道罗云芳被人用手掐死的是实话；

6. 王平说他不知道罗云芳被人从房间里弄出去放在草地上强奸后扔进厕所是实话；

7. 王平说他不知道他的裤头丢在厕所旁边的草地上是实话；

8. 王平说他不知道是一个人杀害了罗云芳是实话。

以上测试充分表明：王平与罗云芳被杀害一案无关。

案例二　李金故意杀人案

2004 年 9 月 14 日晚上，江西省某县公安局刑侦大队接到报案称：该县宝塔乡收破烂的梅海被人杀害。接到报案后，刑侦大队立即组织人员赶赴现场进行勘察。发现梅海被人杀害于荒郊野外，头上有钝器伤，脖子上有锐器伤，在作案现场附近发现一块方形铁块，死者身上的现金被洗劫一空。

经调查发现，与梅海同在一处收破烂的李金有重大作案嫌疑，遂对李金传唤并进行审讯。但李金始终不承认自己与此案有关。为了弄清此案是否李金所为，江西省某县公安局刑侦大队遂委托洛阳市人民检察院心理测试中心对李金进行心理测试。

通过对李金进行心理测试，证明了李金说他没有抢劫杀人系谎言，为案件侦查指明了方向。公安机关加大对李金的审讯力度，李金面对测试结果，精神崩溃，全面供述了自己杀害梅海的犯罪经过。原来，李金见梅海收破烂比自己生意好，手里有钱，遂起歹心。于 2004 年 9 月 14 日晚上，拿自己家里的菜刀来到梅海住处，趁梅海不注意之机，将梅海砍死，并抢走了梅海内衣口袋 600 多元现金。至此，一起命案在心理测试技术的帮助下得以顺利侦破。

测试项目：

1. 你知道梅海是被谁杀害的吗？

2. 9 月 14 日晚上是你杀害了梅海吗？

3. 9 月 14 日晚上你参与杀害梅海一案了吗？

4. 你知道 9 月 14 日晚上参与杀害梅海的有几个人吗？

5. 你知道梅海的脖子上被人砍了几刀吗？

6. 你知道梅海 9 月 14 日晚上被人抢走的钱放在哪吗？

7. 你知道梅海 9 月 14 日晚上被人抢走了多少钱吗？

8. 你知道作案分子砍死梅海的刀是从哪里弄来的吗？

9. 你知道作案分子砍死梅海后把作案用的刀怎么处理了吗？

测试时间、仪器、指标及测前检查：

1. 测试时间：2004 年 10 月 1 日

2. 测试仪器：PG—12 型多参量心理测试仪

3. 测试指标：皮肤电、脉搏、血压、上、下呼吸

4. 测前检查：仪器均正常

测试过程及分析说明：

经李金本人同意，我们对他采用了一组"CQT"（准绳问题测试法）、一组"MGQT"（改进的一般问题测试法）以及六组"POT"（紧张峰测试法）进行了测试。

在"CQT"测试中，李金在回答"你知道梅海是被谁杀害的吗？"时说"不知道"的说谎概率为 70.4%（说谎概率大于 50% 为说谎，小于 50% 为诚实）。

在"MGQT"测试中，李金在回答"9 月 14 日晚上是你杀害了梅海吗？"时说"不是"的说谎概率为 81.8%；李金在回答"9 月 14 日晚上你参与杀害梅海一案了吗？"时说"没有"的说谎概率为 83.8%。

在第一组"POT"测试中，李金在回答"你知道 9 月 14 日晚上参与杀害梅海的有几个人吗？"时说"不知道是一个人"对应最强；在第二组"POT"测试中，李金在回答"你知道梅海的脖子上被人砍了几刀吗？"时说"不知道是 4 刀以上"的对应最强；在第三组"POT"测试中，李金在回答"你知道梅海 9 月 14 日晚上被人抢走的钱放在哪吗？"时说"不知道是放在内衣左上边的口袋"对应最强；在第四组"POT"测试中，李金在回答"你知道梅海 9

月 14 日晚上被人抢走了多少钱吗?"时说"不知道是 600 多元"的对应最强;在第五组"POT"测试中,李金在回答"你知道作案分子砍死梅海的刀是从哪里弄来的吗?"时说"不是从自己家里拿来的"对应最强;在第六组"POT"测试中,李金在回答"你知道作案分子砍死梅海后把作案用的刀怎么处理了吗?"时说"不知道是把刀放回家了"对应最强。

测试结论:

1. 李金说他不知道梅海是被谁杀害是谎话;

2. 李金说 9 月 14 日晚上不是他杀害了梅海是谎话;

3. 李金说 9 月 14 日晚上他没有参与杀害梅海是谎话;

4. 李金说不知道 9 月 14 日晚上参与杀害梅海的是一个人是谎话;

5. 李金说不知道梅海的脖子上被人砍了 4 刀以上是谎话;

6. 李金说不知道梅海 9 月 14 日晚上被人抢走的钱放在内衣左上边的口袋是谎话;

7. 李金说不知道梅海 9 月 14 日晚上被人抢走了 600 多元是谎话;

8. 李金说不知道作案分子砍死梅海的刀是从自己家里拿来的是谎话;

9. 李金说不知道作案分子砍死梅海后把作案用的刀放回家了是谎话。

综合以上这些问题的测试结果充分表明:是李金 9 月 14 日晚上拿自己家里的刀砍死了梅海;抢走了梅海内衣左上边口袋的 600 多元。

案例三　刘建业故意杀人、强奸案

2006 年 7 月 10 日 21 时 32 分,河南省偃师市高龙镇一年轻女子沿着公路边爬行到派出所门口,见到派出所值班民警就喊道:"杀人了!快——快!救救她!"然后指着身后一大片玉米田,该女子爬行所经过的地方都被鲜血所染红。值班民警随即呼叫医院急救车,将受伤女子送往附近医院治疗,并通知派出所其他警员沿道路搜索,在距离派出所不远的公路边的玉米田里发现一具年轻女子尸体。

后经公安机关调查得知,报案女子名叫李兰(化名),19 岁,系偃师市高龙镇高龙村人,现在高龙镇一发廊当学徒。死亡的年轻女子名叫王芳(化名),系偃师市大口乡大口村人,两人同在发廊工作。事发当晚 9 时许,两人吃过晚饭在横穿镇中心的公路上由北向南朝镇边缘地带散步。大约走了 10 分钟,有一男子一直尾随身后。由于是夏天,镇上行人比较多,而且当地的派出所就在附近，两女子以为可以互相做伴，都没有感觉到害怕。突然，一直尾随其身后的男子冲了上来。用胳膊死死地卡住两女子的脖子喊："别出声，出声就捅死你们。"就这样她们两人被男子挟持到了路边的玉米田里。大约向玉米田深处行进了5分钟，该男子便要与两女子发生性关系，两女子不从，便大声呼救。男子操着一口普通话说："你们再喊，我就捅死你们！"两女子奋力与男子搏斗，在搏斗中，王芳身中数刀，先倒在了血泊中。歹徒又向李兰扑来，该女子也被刺中数刀。正在此时，一辆汽车经过公路，车灯正好照到案发现场，李兰看到了凶手的模样：该男子身高大约175公分，说普通话，平头，身穿红色短袖上衣。李兰大声呼救，歹徒见势不妙，转身逃跑。李兰忍着剧痛，爬到派出所来报案。

公安机关经过仔细侦查，发现偃师市高龙镇高龙村三组的张旭升有作案嫌疑，遂将张传讯到案进行审问，但张旭升拒不承认与此案有关。为了弄清此案是否系张旭升所为，偃师市公安局刑侦大队遂委托洛阳市人民检察院心理测试中心对张旭升进行心理测试。

通过对张旭升进行心理测试，证明张旭升与这起故意伤人、强奸案无关，从而帮助公安机关排除了张旭东的作案嫌疑。洛阳市人民检察院心理测试中心建议公安机关扩大调查范围，案发当时正值郑西高速铁路建设高峰，来自全国各地的建设者集聚此地，人员复杂，极有可能是铁路建设工人作案。公安机关采纳了这一建议，经过一个多月的走访调查，终于从众多有效线索中发现河北唐山人刘建业有重大作案嫌疑，案发当晚7时许，有人看到刘建业独自一人在高龙镇一小酒馆喝酒，之后就再没有见到过此人。公安机关迅速赶赴河北将潜逃回家的刘建业捉拿归案。刘某到案后，公安机关加大对刘建业的审讯力度，很快攻破了刘建业的心理防线，刘建业交代了自己的犯罪过程。至此，一起重大强奸、伤人致死案件通过心理测试技术的帮助得以顺利告破。

测试项目：

1. 你知道6月29日的什么时间你们镇上发生杀人案吗？
2. 你知道6月29日受害人的裤子是怎么掉的吗？
3. 你知道6月29日晚上犯罪分子作案后拿走了受害人的什么东西吗？
4. 你知道6月29日晚上犯罪分子是用什么工具作案吗？

测试时间、仪器、指标及测前检查：

1. 测试时间：2006 年 7 月 16 日
2. 测试仪器：PG—12 型多参量心理测试仪
3. 测试指标：皮肤电、脉搏、血压，上、下呼吸
4. 测前检查：仪器均正常

测试过程及分析说明：

经张旭升本人同意，我们对他采用了四组"GKT"（犯罪情节测试法）进行了测试。

在第一组"GKT"测试中张旭升在回答"你知道 6 月 29 日的什么时间你们镇上发生杀人案吗？"时说"不知道是 6 月 29 日晚上 9—11 点"对应不强；在第二组"GKT"测试中张旭升在回答"你知道 6 月 29 日受害人的裤子是怎么掉的吗？"时说"不知道是作案分子用刀把裤子划开的"对应不强；在第三组"GKT"测试中张旭升在回答"你知道 6 月 29 日晚上犯罪分子作案后拿走了受害人的什么东西吗？"时说"不知道是拿走了受害人的裤头"对应不强；在第四组"GKT"测试中张旭升在回答"你知道 6 月 29 日晚上犯罪分子是用什么工具作案吗？"时说"不知道是用单棱刀"对应不强。

测试结论：

综合以上这些问题的测试结果充分表明：张旭升对作案现场一无所知，张旭升与该案无关。

案例四　路满囤抢劫杀人案

2011 年 1 月 3 日早晨 8 时许，神木县公安局 110 指挥中心接到报案称：在红柳林煤矿附近一麻将馆老板杨建锋（小名四娃）被人打伤头部，赤身裸体躺在麻将馆后面卧室的地面上，已经死亡。

接警后，神木县公安局刑警队民警迅速出警勘验现场，经查验，杨建锋是被人用钝器击中头部致昏迷，室内物品被翻得十分凌乱，其钱夹内的钱被洗劫一空，估计室内还有其他物品被盗。初步认定是谋财害命。犯罪嫌疑人

作案手段极其残忍。经走访周围群众调查，杨建锋由于开办麻将馆，生意十分红火，另外，杨建锋接触的社会人员复杂，很可能是杨的生意遭到嫉妒而使犯罪嫌疑人产生谋财害命。经过多方打探，最后把目标锁定在神木县打工的渭南人路满囤身上，因为该人经常到杨建锋的麻将馆玩耍打麻将，有时还赌博，最近由于赌博输了很多钱，而且案发后路满囤不知去向，认为路某有重大作案嫌疑。公安机关遂立即组织警力赶赴渭南将已潜逃回家的路某抓获归案。审讯过程中路满囤拒不交代自己的犯罪事实。为了弄清此案是否是路满囤所为，神木县公安局刑警大队遂委托洛阳市人民检察院心理测试中心对路满囤进行心理测试。

通过对路满囤进行心理测试，证明杨建锋被杀害案系路满囤所为，经过对路满囤进行讯问，路满囤交代了其在1月3日凌晨从麻将馆的后面进入麻将馆打伤了杨建锋并拿走了麻将馆的钱和烟的作案过程。使一起重大抢劫杀人案件得以顺利告破。

测试项目：

1. 你知道是谁1月2日晚上打伤了麻将馆的四娃吗？

2. 是你1月2日晚上打伤了麻将馆的四娃吗？

3. 1月2日晚上你去过红柳林麻将馆吗？

4. 你知道杨建锋（四娃）是什么时间被人打伤的吗？

5. 你知道作案人是从什么地方进入房间作案的吗？

6. 你知道四娃的麻将馆当天晚上被抢走了多少钱吗？

7. 你知道四娃的麻将馆当天晚上还丢失了什么东西吗？

8. 你知道四娃的麻将馆当天晚上丢失了几条香烟吗？

9. 你知道四娃的麻将馆当天晚上丢失的是什么烟吗？

10. 你知道1月2日晚上参与作案的有几个人吗？

11. 你知道你被警方抓获的真正原因吗？

12. 你知道麻将馆的四娃是被什么凶器打伤的吗？

13. 你知道作案凶器被怎么处理了吗？

14. 你能如实告诉我1月2日晚上8点以后你去什么地方了吗？

15. 你能如实告诉我1月2日你是怎么去红柳林的吗？

16. 你知道麻将馆被盗的钱现在在什么地方吗？

测试时间、仪器、指标及测前检查：

1. 测试时间：2011 年 1 月 6 日
2. 测试仪器：PG—12 型多参量心理测试仪
3. 测试指标：皮肤电、脉搏、血压，上、下呼吸
4. 测前检查：仪器均正常

测试过程及分析说明：

经路满囤本本人同意，我们对他采用了一组"MGQT"（改进的一般问题测试法）和一组"CQT"（准绳问题测试法）以及十二组"POT"（紧张峰问题测试法）进行了测试。

在"MGQT"测试中，路满囤在回答"你知道是谁 1 月 2 日晚上打伤了麻将馆的四娃吗?"时说"不知道"的说谎概率为 69.9%（说谎概率大于 50% 为说谎，小于 50% 为诚实）；路满囤在回答"是你 1 月 2 日晚上打伤了麻将馆的四娃吗?"时说"不是"的说谎概率为 82.1%。

在"CQT"测试中，路满囤在回答"1 月 2 日晚上你去过红柳林麻将馆吗?"时说"没有"的说谎概率为 82.6%。

在第一组"POT"测试中，路满囤在回答"你知道杨建锋（四娃）是什么时间被人打伤的吗?"时说"不是 1 月 3 日凌晨 2—4 点之间"对应最强；在第二组"POT"测试中，路满囤在回答"你知道作案人是从什么地方进入房间作案的吗?"时说"不知道是从麻将馆的后门"对应最强；在第三组"POT"测试中，路满囤在回答"你知道四娃的麻将馆当天晚上被抢走了多少钱吗?"时说"不知道是 10 万元左右"对应最强；在第四组"POT"测试中，路满囤在回答"你知道四娃的麻将馆当天晚上还丢失了什么东西吗?"时说"不知道是香烟"对应最强；在第五组"POT"测试中，路满囤在回答"你知道四娃的麻将馆当天晚上丢失了几条香烟吗?"时说"不知道是两条香烟"对应最强；在第六组"POT"测试中，路满囤在回答"你知道四娃的麻将馆当天晚上丢失的是什么烟吗?"时说"不知道是芙蓉王和苏烟"对应较强；在第七组"POT"测试中，路满囤在回答"你知道 1 月 2 日晚上参与作案的有几个人吗?"时说"不知道是 1 个人"对应最强；在第八组"POT"测试中，路满囤在回答"你知道你被警方抓获的真正原因吗?"时说"不知道是自己打伤了麻将馆的四娃"对应最强；在第九组"POT"测试中，路满囤在回答"你知道麻将馆的四娃是被什么凶器打伤的吗?"时说"不知道是被斧子打伤的"对

应最强；在第十组"POT"测试中，路满囤在回答"你知道作案凶器被怎么处理了吗？"时说"不知道是扔掉了"对应最强；在第十一组"POT"测试中，路满囤在回答"你能如实告诉我 1 月 2 日晚上 8 点以后你去什么地方了吗？"时说"去县城好远连宾馆嫖娼了和没有去红柳林"对应较强；在第十二组"POT"测试中，路满囤在回答"你能如实告诉我 1 月 2 日你是怎么去红柳林的吗？"时说"不是自己雇车去的"对应最强；在第十三组"POT"测试中，路满囤在回答"你知道麻将馆被盗的钱现在在什么地方吗？"时说"不知道是放在亲戚家"对应最强。

测试结论：

1. 路满囤说他不知道是谁 1 月 2 日晚上打伤了麻将馆的四娃是谎话；

2. 路满囤说不是他 1 月 2 日晚上打伤了麻将馆的四娃是谎话；

3. 路满囤说 1 月 2 日晚上他没有去过红柳林麻将馆是谎话；

4. 路满囤说他不知道杨建锋（四娃）是 1 月 3 日凌晨 2—4 点之间被人打伤的是谎话；

5. 路满囤说他不知道作案人是从麻将馆的后门进入房间作案的是谎话；

6. 路满囤说他不知道四娃的麻将馆当天晚上被抢走了 10 万元左右是谎话；

7. 路满囤说他不知道四娃的麻将馆当天晚上还丢失了香烟是谎话；

8. 路满囤说他不知道四娃的麻将馆当天晚上丢失了两条香烟是谎话；

9. 路满囤说他不知道四娃的麻将馆当天晚上丢失的是芙蓉王和苏烟是谎话；

10. 路满囤说他不知道 1 月 2 日晚上参与作案的是 1 个人是谎话；

11. 路满囤说他不知道他被警方抓获的真正原因是自己打伤了麻将馆的四娃是谎话；

12. 路满囤说他不知道麻将馆的四娃是被斧子打伤的是谎话；

13. 路满囤说他不知道作案凶器被扔掉了是谎话；

14. 路满囤说他 1 月 2 日晚上 8 点以后他去县城好远连宾馆嫖娼了和没有去红柳林均是谎话；

15. 路满囤说 1 月 2 日晚上他不是自己雇车去的红柳林是谎话；

16. 路满囤说麻将馆被盗的钱现在不是放在亲戚家是谎话。

以上测试充分表明：是路满囤 1 月 3 日凌晨从麻将馆的后面进入麻将馆打伤了麻将馆的杨建锋（四娃），拿走了麻将馆的钱和烟；路满囤是 1 月 2 日晚上 8 点后雇车去红柳林作案的。

测试要点 20　在故意杀人案件的前期排查中，确定死者生前的密切联系人有重大作案嫌疑，如何借助心理测试锁定犯罪嫌疑人

案例一　吉新伟故意杀人案

2008 年 2 月 5 日上午（阴历腊月 29），偃师市诸葛镇发生一起命案。该镇梁村村民梁润才（男，现年 58 岁）被发现死在本村南沟其看护的石灰厂门岗室里。死者梁润才头部有多处外伤，尸体被焚烧，场面十分残忍。

案情就是命令。偃师市公安局诸葛派出所立即成立了专案组，火速赶赴现场进行调查。经对周围村民走访调查，发现梁润才生前是一个勤劳淳朴、善良厚道的农民，与周围邻居关系良好，没有明显的矛盾点。是谁这样残忍地杀害这样一个好人？于是，公安机关转移调查方向，把调查重点放到死者的近亲属身上，发现死者的二女婿吉新伟在案发后行为表现反常，时常到公安机关询问案件进展情况，对一些问题十分敏感。公安机关对其询问时，见其神情恍惚，答非所问，心不在焉。当问他是否与案件有关时，他十分紧张地表示自己怎么会杀害自己的老丈人，与公安机关极不配合。为了弄清吉新伟是否与此案有关，偃师市公安局诸葛派出所遂委托洛阳市人民检察院心理测试中心对吉新伟进行心理测试。

通过对吉新伟进行心理测试，证明梁润才被害一案系吉新伟所为。公安机关遂加大对吉新伟的审讯力度。经过对吉新伟进行正面教育和政策攻心，最终使其交代了杀害自己岳父的犯罪经过。原来，梁润才有两个女儿，吉新伟是梁润才的上门女婿，但吉新伟为人心胸狭窄，时常认为岳父一家对自己不好，在处理事情上对他不公平，对岳父怀恨在心。2007 年农历腊月 28 晚上，吉新伟来到其岳父梁润才值班的灰厂，因为要钱与梁润才发生争执，先后用气筒和斧子击打梁润才的头部，十分凶残地杀害梁润才。至此，利用心理测试技术使一起杀人案件得以顺利告破。

测试项目：

1. 是你杀害了你岳父吗？
2. 腊月 28 晚上你去灰厂的值班室抽过烟吗？
3. 你知道是谁杀死你岳父的吗？
4. 你知道你岳父是腊月 28 什么时间被人杀害的吗？
5. 你知道你岳父被害的原因吗？

6. 你知道犯罪分子是先用什么凶器打击你岳父的吗？

7. 你知道腊月 28 晚上作案分子在值班室总共抽了几根烟吗？

8. 你知道你岳父腊月 28 晚上死前是被几种凶器击打的吗？

测试时间、仪器、指标及测前检查：

1. 测试时间：2008 年 2 月 25 日

2. 测试仪器：PG—12 型多参量心理测试仪

3. 测试指标：皮肤电、脉搏、血压，上、下呼吸

4. 测前检查：仪器均正常

测试过程及分析说明：

经吉新伟本人同意，我们对他采用二组"CQT"（准绳问题测试法）以及六组"POT"（紧张峰测试法）进行了测试。

在第一组"CQT"测试中，吉新伟在回答"是你杀害了你岳父吗？"时说"不是"的说谎概率为 77.5%（说谎概率大于 50% 为说谎，小于 50% 为诚实）；在第二组"CQT"测试中，吉新伟在回答"腊月 28 晚上你去灰厂的值班室抽过烟吗？"时说"没有"的说谎概率为 76.3%。

在第一组"POT"测试中，吉新伟在回答"你知道是谁杀死你岳父的吗？"时说"不是他自己"对应最强；在第二组"POT"测试中，吉新伟在回答"你知道你岳父是腊月 28 什么时间被人杀害的吗？"时说"不知道是晚上 7 点至 10 点"对应最强；在第三组"POT"测试中，吉新伟在回答"你知道你岳父被害的原因吗？"时说"不是因为钱"时对应最强；在第四组"POT"测试中，吉新伟在回答"你知道犯罪分子是先用什么凶器打击你岳父的吗？"时说"不知道是先用气筒"对应最强；在第五组"POT"测试中，吉新伟在回答"你知道腊月 28 晚上作案分子在值班室总共抽了几根烟吗？"时说"不知道是一根或两根"对应最强；在第六组"POT"测试中，吉新伟在回答"你知道你岳父腊月 28 晚上死前是被几种凶器击打的吗？"时说"不知道是 2 种"对应最强。

测试结论：

1. 吉新伟说不是他杀害了他岳父是谎话；

2. 吉新伟说他腊月 28 晚上没有去灰厂的值班室抽过烟是谎话；

3. 吉新伟说他不知道是谁杀死他岳父是谎话；

4. 吉新伟说他不知道他岳父是腊月 28 什么时间被人杀害的是谎话；

5. 吉新伟说他不知道他岳父被害的原因是谎话；

6. 吉新伟说他不知道犯罪分子是先用什么凶器打击他岳父的是谎话；

7. 吉新伟说他不知道腊月 28 晚上作案分子在值班室总共抽了几根烟是谎话；

8. 吉新伟说他不知道他岳父腊月 28 晚上死前是被 2 种凶器击打的是谎话。

以上测试表明：腊月 28 晚上 7 点至 10 点，吉新伟到他岳父梁润才值班的灰厂，为了要钱与梁润才发生争执，并先后用气筒和斧子击打其头部致梁润才死亡。

案例二　王伟故意杀人案

2011 年 3 月 3 日，在神木县锦界镇瑶渠兴伙盘村某居民家院子的水井内发现了一具女尸，经神木县公安干警仔细侦查，终于查明了该尸体身份为陕西淳化籍女性卜亚芹。死者生前同淳化籍男子王社教、王伟父子俩及湖北籍男子刘文顺居住在一起（该女一直与王社教姘居），于是上述三人成为杀害卜亚芹的犯罪嫌疑人。

经公安机关调查发现：2011 年 3 月 2 日 10 时左右，王社教和刘文顺一起出门办事，走时家中只有王伟和死者卜亚芹二人；上午 11 时左右，王社教和刘文顺返回家中，发现只有王伟一人在家。王社教问王伟是否知道卜亚芹的去向，王伟说不知道。王社教随后两次出门找卜亚芹未果。3 月 3 日晚上，王社教在打水时发现井内的水桶拉不上来，遂怀疑井里有什么东西，并立即叫来朋友杨胜军，同时带着刘文顺来到神木县城内找到王伟。在返回锦界的途中，杨胜军问王伟是否是他杀害了卜亚芹，王伟迫于压力说出了自己杀害卜亚芹并将卜亚芹的尸体扔到井内的过程。王社教、杨胜军等人感到事态严重，遂立即向当地公安机关报案。公安机关经过侦查，将犯罪嫌疑人王伟控制起来。后来，公安干警在对王伟进行审问时，王伟却始终不承认此事系自己所为。为了弄清此案是否系王伟所为，神木县公安局刑警大队遂委托洛阳市人民检察院心理测试中心对王伟进行心理测试。

通过对王伟进行心理测试，证明王伟所说自己没有杀害卜亚芹系说谎。经过对王伟进行正面教育和政策攻心，迫使其交代了其在 2011 年 3 月 2 日 10—12 点之间把卜亚芹打晕后扔进井里的作案过程。

测试项目:

1. 是你害死了卜亚芹吗?
2. 3 月 2 日上午你殴打卜亚芹了吗?
3. 是你把卜亚芹弄进井里的吗?
4. 你知道卜亚芹是怎么掉进井里的吗?
5. 你知道卜亚芹是 3 月 2 日什么时间掉进井里的吗?
6. 你能如实告诉我汇款 1000 元的回执单是怎么到你手上的吗?
7. 你能如实告诉我塑料桶是怎么掉进井里的吗?
8. 你能如实告诉我塑料桶是怎么时间掉进井里的吗?

测试时间、仪器、指标及测前检查:

1. 测试时间:2011 年 3 月 12 日
2. 测试仪器:PG—12 型多参量心理测试仪
3. 测试指标:皮肤电、脉搏、血压,上、下呼吸
4. 测前检查:仪器均正常

测试过程及分析说明:

经王伟本人同意,我们对他采用了一组"CQT"(准绳问题测试法)和一组"MGQT"(改进的一般问题测试法)以及五组"POT"(紧张峰问题测试法)进行了测试。

在"CQT"测试中,王伟在回答"是你害死了卜亚芹吗?"时说"不是"的说谎概率为 76.1%(说谎概率大于 50% 为说谎,小于 50% 为诚实)。

在"MGQT"测试中,王伟在回答"3 月 2 日上午你殴打卜亚芹了吗?"时说"没有"的说谎概率为 72.9%;王伟在回答"是你把卜亚芹弄进井里的吗?"时说"不是"的说谎概率为 67%。

在第一组"POT"测试中,王伟在回答"你知道卜亚芹是怎么掉进井里的吗?"时说"不是他把她打晕扔进井里"对应最强;在第二组"POT"测试中,王伟在回答"你知道卜亚芹是 3 月 2 日什么时间掉进井里的吗?"时说"不知道是 10—12 点之间"对应最强;在第三组"POT"测试中,王伟在回答"你能如实告诉我汇款 1000 元的回执单是怎么到你手上的吗?"时说"是他自己从床上捡的"对应最强;在第四组"POT"测试中,王伟在回答"你能如实告诉我塑料桶是怎么掉进井里的吗?"时说"不是他把它扔

进去"对应最强;在第五组"POT"测试中,王伟在回答"你能如实告诉我塑料桶是什么时间掉进井里的吗?"时说"不知道是 3 月 2 日 10—12 点之间"对应最强。

测试结论:

1. 王伟说不是他害死了卜亚芹是谎话;
2. 王伟说 3 月 2 日上午他没有殴打卜亚芹是谎话;
3. 王伟说不是他把卜亚芹弄进井里的是谎话;
4. 王伟说他不知道卜亚芹是被打晕后扔进井里的是谎话;
5. 王伟说他不知道卜亚芹是 3 月 2 日 10—12 点之间掉进井里的是谎话;
6. 王伟说汇款 1000 元的回执单是他从床上捡的是谎话;
7. 王伟说塑料桶不是被他扔进井里的是谎话;
8. 王伟说他不知道塑料桶是 3 月 2 日 10—12 点之间掉进井里的是谎话。

以上测试充分表明:是王伟于 2011 年 3 月 2 日 10—12 点之间把卜亚芹打晕后扔进井里的。

案例三　杨昌江故意杀人案

2011 年 6 月 21 日 19 时许,陕西省神木县公安局刑警大队接到吴大舟(周开兵的表哥)电话报案称:其与周开均(周开兵的哥哥)等人在永兴店沟煤矿附近山上发现了周开兵的尸体,尸体用被子裹着埋于土中。接到报案后,神木县公安局民警迅速赶赴现场展开调查。经现场勘察发现:死者全身赤裸,尸体用被褥包裹着,外面用铁丝捆扎,埋于土中。另沾有血迹的一些被褥被塞入山上一水井内。死者致命伤为脖子上的刀伤。

公安民警经向周围群众展开调查。据周开兵的邻居赖德云夫妇二人反映,他们最后一次见周开兵是在 2011 年 6 月 17 日 7 时许,后二人在 16 时许回到住处,见周开兵的房门已锁,之后再也没有见过周开兵。另据调查发现,周开兵于 2011 年 6 月 15 日下午至 6 月 16 日凌晨时许,一直与店沟煤矿工人王晓东、汪洋、雷会林、李红宁、杨继路、吴大舟、罗有维、李书松、杨昌江、陈天有、杨秋、陈邦瑞等人玩扑克牌"扎金花"进行赌博,先开始 5 元打底,后来 10 元打底,100 元封顶,周开兵那天破纪录赢了 5000 多元。其中,罗有为输了 3000 多元,杨昌江输了 1200 多元。

周开兵居住的房子均为简易石棉瓦房，坐西向东，周开兵住南边第一间，向北第二间住着赖德云夫妇，第三、四间空着，第五间住着杨昌江，第六间也空着。发案第一现场为周开兵所住房间的床上，第二现场为周开兵所住房子背后的山上，即埋尸现场。公安民警经调查分析，认为杨昌江等人有重大作案嫌疑。为了弄清此案是否是杨昌江所为，神木县公安局刑警大队遂委托洛阳市人民检察院心理测试中心对杨昌江进行心理测试。

通过对杨昌江进行心理测试，证明了杨昌江所说自己没有杀害周开兵是说谎，为案件侦查指明了方向。经过对杨昌江进一步审讯，终于查明杨昌江于 6 月 17 日 15—18 点之间用周开兵的菜刀杀害了周开兵，并挖坑掩埋了周开兵尸体的犯罪经过。

测试项目：

1. 你知道是谁杀害了周开兵吗？

2. 是你杀害了周开兵吗？

3. 你参与杀害周开兵了吗？

4. 你能告诉我是谁杀害了周开兵吗？

5. 你知道现场参与作案的有几个人吗？

6. 你知道周开兵是什么时间被人杀害的吗？

7. 你知道周开兵是 6 月 17 日什么时间被人杀害的吗？

8. 你知道周开兵是被什么凶器杀害的吗？

9. 你知道杀害周开兵的凶器是谁的吗？

10. 你知道挖坑埋周开兵的铁锹是谁的吗？

11. 你知道捆绑周开兵尸体的铁丝是从哪里弄来的吗？

测试时间、仪器、指标及测前检查：

1. 测试时间：2011 年 6 月 25 日

2. 测试仪器：PG—12 型多参量心理测试仪

3. 测试指标：皮肤电、脉搏、血压、上、下呼吸

4. 测前检查：仪器均正常

测试过程及分析说明：

经杨昌江本本人同意，我们对他采用了一组"CQT"（准绳问题测试法）和一组"MGQT"（改进的一般问题测试法）以及八组"POT"（紧张峰问题

测试法）进行了测试。

在"CQT"测试中，杨昌江在回答"你知道是谁杀害了周开兵吗？"时说"不知道"的说谎概率为 80.7%（说谎概率大于 50% 为说谎，小于 50% 为诚实）。

在"MGQT"测试中，杨昌江在回答"是你杀害了周开兵吗？"时说"不是"的说谎概率为 73.7%；杨昌江在回答"你参与杀害周开兵了吗？"时说"没有"的说谎概率为 72.3%。

在第一组"POT"测试中，杨昌江在回答"你能告诉我是谁杀害了周开兵吗？"时说"不是他自己"对应最强；在第二组"POT"测试中，杨昌江在回答"你知道现场参与作案的有几个人吗？"时说"不知道是 1 个人"对应最强；在第三组"POT"测试中，杨昌江在回答"你知道周开兵是什么时间被人杀害的吗？"时说"不知道是 6 月 17 日"对应最强；在第四组"POT"测试中，杨昌江在回答"你知道周开兵是 6 月 17 日什么时间被人杀害的吗？"时说"不知道是 6 月 17 日 15—18 点之间"对应最强；在第五组"POT"测试中，杨昌江在回答"你知道周开兵是被什么凶器杀害的吗？"时说"不知道是菜刀"对应最强；在第六组"POT"测试中，杨昌江在回答"你知道杀害周开兵的凶器是谁的吗？"时说"不知道是周开兵的"对应较强；在第七组"POT"测试中，杨昌江在回答"你知道挖坑埋周开兵的铁锹是谁的吗？"时说"不是他自己的"对应最强；在第八组"POT"测试中，杨昌江在回答"你知道捆绑周开兵尸体的铁丝是从哪里弄来的吗？"时说"不是从赖德云家门口的材火堆上捡的"对应最强。

测试结论：

1. 杨昌江说他不知道是谁杀害了周开兵是谎话；
2. 杨昌江说不是他杀害了周开兵是谎话；
3. 杨昌江说他没有参与杀害周开兵是谎话；
4. 杨昌江说不是他本人杀害了周开兵是谎话；
5. 杨昌江说他不知道参与杀害周开兵是 1 个人是谎话；
6. 杨昌江说他不知道周开兵是 6 月 17 日被人杀害的是谎话；
7. 杨昌江说他不知道周开兵是 6 月 17 日 15—18 点之间被人杀害的是谎话；
8. 杨昌江说他不知道周开兵是被菜刀杀害的是谎话；
9. 杨昌江说他不知道周开兵是被自己家的菜刀杀害的是谎话；
10. 杨昌江说挖坑埋周开兵的铁锹不是杨自己的是谎话；

11. 杨昌江说捆绑周开兵尸体的铁丝不是从赖德云家门口的材火堆上捡的是谎话。

以上测试充分表明：是杨昌江于 6 月 17 日 15—18 点之间用周开兵自己的菜刀杀害了周开兵；用从赖德云家门口的材火堆上捡的铁丝捆绑了周开兵的尸体；用自己的铁锹在山上挖坑埋了周开兵的尸体。

测试要点 21　在放火或者投毒案件中，犯罪嫌疑人供述后翻供，或者拒不供述，如何运用心理测试确定犯罪嫌疑人是否作案及作案动机

案例一　杨克放火案

2005 年 12 月 4 日凌晨，伊川县葛寨乡沙元村一农机配件商店着火，商店老板史东川和其孙子史运通被烧死在商店内。这是一起重大案件，周围村民立即向公安机关报案。

伊川县公安局刑警队火速赶到案发现场，经过仔细勘察现场，初步断定这是一起故意纵火案件。案情重大，伊川县公安局立即向洛阳市公安局领导汇报，并迅速成立了专案组，开展细致地侦查工作。经过向周围群众多方了解情况，初步锁定了沙元村村民杨克有重大作案嫌疑，于 12 月 4 日 18 时将犯罪嫌疑人杨克抓获，经过突审，杨克于 12 月 5 日上午如实交代了纵火的犯罪事实经过，杨克的哥哥杨光也因涉嫌窝藏罪而被抓获归案。

2006 年，此一重大放火案被洛阳市人民检察院审查起诉，洛阳市中级人民法院以放火罪判处杨克死刑，其哥哥杨光被以窝藏罪判处有期徒刑三年。杨克提出上诉，翻供说他是被冤枉的，称自己没有故意放火，是他们村会计杨其伟放火烧毁了史东川的门市，同时，其哥哥杨光也不承认窝藏犯罪。为了弄清杨克和杨光所讲是否属实，洛阳市人民检察院公诉处委托该院心理测试中心对杨克、杨光和杨其伟三人进行心理测试。

通过对杨克、杨光和杨其伟三人进行心理测试，证明了杨克所说自己没有放火烧死史东川、史运通系谎言，所说是他们村会计杨其伟放火烧毁了史东川的门市系谎言，杨克纵火犯罪事实属实；杨光所说他没有犯窝藏罪系谎言；杨伟所说他没有放火烧死史东川、史运通系实话。在大量事实和证据面前，杨克、杨光不得不承认自己的犯罪事实。原来，杨克十分嫉妒同做农机

配件生意的史东川，总想加害史东川，遂产生了纵火烧毁史东川门市部的念头，于是于 2005 年 12 月 4 日凌晨将汽油倒入史东川的门市部，并用面粉围在门市部门前防止汽油流出，然后点燃汽油将门市部着火，也使在门市部内睡觉的史东川、史运通烧死。至此，一起重大恶性放火案通过心理测试技术得以侦破，打消了犯罪嫌疑人试图翻供的企图，得到了应有惩处。

测试项目：

1. 是你放火烧死了史东川吗？
2. 你说是杨其伟放火烧死了史东川是实话吗？
3. 你看到杨其伟放火烧死了史东川是吗？
4. 你确信是杨其伟放火烧死了史东川是吗？

测试时间、仪器、指标及测前检查：

1. 测试时间：2007 年 1 月 5 日上午
2. 测试仪器：PG—12 型多参量心理测试仪
3. 测试指标：皮肤电、脉搏、血压，上、下呼吸
4. 测前检查：仪器均正常

测试过程及分析说明：

经杨克本人同意，我们对他采用了一组 "CQT"（准绳问题测试法）和一组 "MGQT"（改进的一般问题测试法）进行了测试。

在 "CQT" 测试中，杨克在回答 "是你放火烧死了史东川吗？" 时说 "不是" 的说谎概率为 77.2%（说谎概率大于 50% 为说谎，小于 50% 为诚实）。

在 "MGQT" 测试中，杨克在回答 "你说是杨其伟放火烧死了史东川是实话吗？" 时说 "是" 的说谎概率为 91.2%；杨克在回答 "你看到杨其伟放火烧死了史东川是吗？" 时说 "是" 的说谎概率为 76.8%；杨克在回答 "你确信是杨其伟放火烧死了史东川是吗？" 时说 "是" 的说谎概率为 82.6%。

测试结论：

1. 杨克说不是他自己放火烧死了史东川是说谎；
2. 杨克说是杨其伟放火烧死了史东川是说谎；
3. 杨克说他看到杨其伟放火烧死了史东川是说谎；

4. 杨克说他确信是杨其伟放火烧死了史东川是说谎。

综合以上这些问题的测试结果表明：2005 年 12 月 4 日凌晨是杨克放火烧死了史东川，杨其伟与此案无关。

案例二 孟娇娥故意杀人案

2002 年 4 月 22 日 9 点多，孟津县王良乡赵岭村发生了一件震动全村的大事，该村村民梁利娟被发现中毒死亡，其 3 岁的儿子王跃宗被发现时也躺在地上口吐白沫，全身抽搐。该村群众立即将王跃宗送往孟津县人民医院抢救，2002 年 4 月 27 日王跃宗因抢救无效死亡。

案情重大，孟津县公安局刑警大队接到报案后，迅速成立专案组进驻赵岭村展开侦查工作。经调查取证认定：梁与其子均是喝面汤中毒，经对梁与其子喝过的面汤进行化验，化验出面汤里含有剧毒成分"毒鼠强"，进一步查验，毒源来自梁家盛面的瓦罐内，从而排除自杀的可能，认定是其他人故意投毒杀人恶性案件。经公安侦查人员仔细侦查，发现梁利娟的嫂子孟娇娥有重大作案嫌疑，公安机关对孟娇娥进行审问，但孟娇娥拒不承认是她投毒杀害梁利娟与其子。为了验证孟娇娥所说是否属实，孟津县公安局刑警大队遂委托洛阳市人民检察院心理测试中心对孟娇娥进行心理测试，以确定孟娇娥是否说谎。

通过对孟娇娥进行心理测试，证明了孟娇娥说她没有下药毒害死梁利娟母子系谎言行为。经过对孟娇娥进一步审讯，孟娇娥最终交代了自己毒死梁利娟母子的犯罪经过。原来，孟娇娥因为嫉妒、憎恨梁利娟，总想找机会报复梁利娟；于是在 2004 年 4 月 20 日，孟娇娥利用梁利娟带着儿子去赶集的机会，将剧毒老鼠药"毒鼠强"投放到梁利娟家装面器具中，致使梁利娟母子中毒死亡。至此，一起故意投毒致二人死亡命案通过心理测试技术得以顺利告破。

测试项目：

1. 是你下药毒死了梁利娟吗？
2. 你知道梁利娟家是什么时候被下了毒药吗？

测谎时间、仪器、指标及测前检查：

测试时间：2002 年 4 月 29 日

测试仪器：PG—7 型多道心理测试仪

测试指标：皮电、脉搏，上、下呼吸

测前检查：仪器均正常

测试过程及分析说明：

经孟娇娥本人同意，我们对孟娇娥采用了"CQT"（准绳问题测试法）和"POT"（紧张峰测试法）进行测试。孟娇娥在"CQT"测试中回答"是你下药毒死了梁利娟吗？"时说"不是"的说谎概率为 87.7%（说谎概率大于 50% 为说谎，小于 50% 为诚实）。孟娇娥在"POT"测试中回答"你知道梁利娟家是什么时候被下了毒药吗？"时说"不是 20 日白天"的对应最强。

测试结论：

1. 孟娇娥说她没有下药毒死梁利娟是说谎；
2. 梁利娟家的毒药应是 20 日白天下的。

案例三　郭丙森投毒案

2003 年 6 月 12 日晚 8 时 45 分，伊川县公安局 110 指挥中心值班室电话急促响起，值班民警快速拿起话筒，"快，鸣皋镇东叶寨村有好几个人中毒，已死了 3 个人"。不等民警问话，对方就急促地语无伦次说不下去了。

案情重大，事不宜迟，警方火速赶到案发现场，迅速展开调查工作。经调查，当天下午，鸣皋镇东叶寨村村民郭胜武、郭嫩鸟夫妻要种玉米，为了赶在下雨前把玉米种好，郭胜武叫来弟弟郭胜全、堂弟郭红锁、郭社锁 3 人帮忙。5 人从中午一直干到下午 5 点多，累了散坐在田间地头歇息。郭胜武无意中伸腿踢开身边的几堆麦秸，发现有两瓶饮料，几个人由于天热，争着喝了起来。没过几分钟，郭胜武、郭嫩鸟、郭胜全、郭红锁 4 人均出现了中毒症状，他们口吐白沫，呼吸困难，全身抽搐，只有郭社锁一人没有中毒症状，郭社锁急忙跑回村中喊人，立即把中毒 4 人送到鸣皋镇卫生院，经过全力抢救，郭红锁保住了性命，郭胜武、郭嫩鸟、郭胜全 3 人经抢救无效死亡。

　　警方经过对郭胜武等人所喝饮料以及胃溶物进行化验，发现饮料中含有剧毒物"毒鼠强"，经过对瓶中饮料进行化验，发现一只瓶中含有毒，而另一只则无毒。由于案发现场在野外田间，且正值"三夏"大忙时节，案发现场遭到严重破坏，给警方排查工作带来很大困难。经过大量细致的排查，民警从与死者有矛盾的犯罪嫌疑人中，发现郭丙森具有重大作案嫌疑。遂立即将郭丙森传讯到案进行讯问，郭丙森承认与郭胜武家有矛盾，但不承认自己实施了投毒行为，并向警方提出投毒有可能是郭社锁所为，因为他是喝饮料5个人中唯一没有中毒的人，的确很难让人不产生怀疑。但郭社锁和受害人是亲属关系，平日没有任何矛盾，而且案发时第一时间报案，使警方陷入了困境。

　　郭丙森具有作案的时间和动机，但郭丙森拒承认此案是自己所为。为了证明此案是否与郭丙森有关，2003年6月21日，伊川县警方委托洛阳市人民检察院心理测试中心对郭社锁、郭丙森二人进行心理测试。

　　通过心理测试，排除了郭社锁，认定了郭丙森，为他们破案指明了方向，坚定了信心，使案件得以顺利侦破。

　　经郭社锁、郭丙森二人同意，对他们均采用了"CQT"（准绳问题测试法）进行测试。在正式测试前对二人采用了 STIM（刺激测试法）进行测试，郭社锁写的是"6"，郭丙森写的是"8"，二人均被准确无误地测试出来，使他们更加相信心理测试仪器的准确性。郭社锁在"CQT"测试中回答说"他没有下药毒死郭胜全等3人"的说谎概率为20.1%（说谎概率大于50%为说谎，小于50%为诚实）；而郭丙森在"CQT"测试中回答说"他没有下药毒死郭胜全等3人"的说谎概率为84.2%。

　　通过测试，排除了郭社锁作案的可能，认定郭丙森有重大作案嫌疑。

　　测试要点22　在死刑案件的复核程序中，犯罪嫌疑人突然翻供，如何运用心理测试查明犯罪嫌疑人翻供的真实性和缘由

案例　李冰辉、李宝龙抢劫杀人案

2005年12月19日夜，洛阳市高新技术开发区辛店镇后营村发生了一起命案，该村村民张会先被杀死在自己家中。

洛阳市公安局洛龙分局接到报案后，立即成立调查组赶赴现场进行勘查。经过对现场的勘查，张会先是被人勒死在家中，室内被翻的凌乱不堪，贵重物品被洗劫一空，警方判断很可能是谋财害命。通过对死者周围邻里调查询问，发现辛店镇后营村的李冰辉和李宝龙在案发时间段不能证实自己与他人在一起，案发后二人不知去向，具有重大作案嫌疑。警方遂全力捉拿二人，最终将二人抓获。该二人到案后供述，他们在19日夜里翻墙进入张会先家偷东西时被张发现，因害怕案情败露，二人用白布条将张会先勒死。经过洛阳市人民检察院提起公诉，洛阳市中级人民法院依法判处李冰辉、李宝龙二人死刑，该二人提出了上诉。在案件进入二审程序后，李冰辉、李宝龙二人均翻供，说此案与自己无关，从而使审判工作进入僵局。为了弄清李冰辉、李宝龙是否与此案有关，河南省高级人民法院遂委托洛阳市人民检察院技术处对李冰辉进行心理测试。

通过对李冰辉和李宝龙二人进行心理测试，证明了李冰辉和李宝龙说他们与张会先被害一案无关均为谎言。经过对李冰辉和李宝龙再次审问，二人最终交代了在张会先家偷东西时被张会先发现后将张勒死的犯罪经过，翻供的目的是为了活命。至此，一起入室抢劫杀人翻供案件在心理测试技术的帮助下得以澄清事实，犯罪嫌疑人得到了应有的惩处。

（一）对李冰辉的测试

测试项目：

1. 2005 年 12 月 19 日晚上你去过张会先家吗？
2. 是你和李宝龙杀害了张会先吗？
3. 是你杀害了张会先吗？
4. 你知道张会先是怎么死的吗？
5. 你知道张会先是被什么工具勒死的吗？

测试时间、仪器、指标及测前检查：

1. 测试时间：2007 年 8 月 8 日
2. 测试仪器：PG—12 型多参量心理测试仪

3. 测试指标：皮肤电、脉搏、血压，上、下呼吸

4. 测前检查：仪器均正常

测试过程及分析说明：

经李冰辉本人同意，我们对他采用了一组"MGQT"（改进的一般问题测试法）和一组"CQT"（准绳问题测试法）以及二组"POT"（紧张峰测试法）进行了测试。

在"MGQT"测试中，李冰辉在回答"2005年12月19日晚上你去过张会先家吗？"时说"没有"的说谎概率为64.2%（说谎概率大于50%为说谎，小于50%为诚实）；李冰辉在回答"是你和李宝龙杀害了张会先吗"时说"不是"的说谎概率为82.3%。

在"CQT"测试中，李冰辉在回答"是你杀害了张会先吗？"时说"不是"的说谎概率为71.3%。

在第一组"POT"测试中，李冰辉在回答"你知道张会先是怎么死的吗？"时说"不知道是被勒死的"对应最强；在第二组"POT"测试中，李冰辉在回答"你知道张会先是被什么工具勒死的吗？"时说"不知道是被布条勒死的"对应最强。

测试结论：

1. 李冰辉说他2005年12月19日晚上没有去过张会先家是说谎；

2. 李冰辉说不是他和李宝龙杀害了张会先是说谎；

3. 李冰辉说张会先不是他杀害是说谎；

4. 李冰辉说他不知道张会先是被勒死的是说谎；

5. 李冰辉说他不知道张会先是被布条勒死的是说谎。

以上测试充分表明：是李冰辉和李宝龙于2005年12月19日晚上用布条勒死了张会先。

（二）对李宝龙的测试

测试项目：

1. 2005年12月19日晚上你去过张会先家吗？

2. 是你和李冰辉杀害了张会先吗？

3. 是你杀害了张会先吗？

4. 你知道张会先是怎么死的吗？

5. 你知道张会先是被什么工具勒死的吗？

测试时间、仪器、指标及测前检查：

1. 测试时间：2007 年 8 月 8 日

2. 测试仪器：PG—12 型多参量心理测试仪

3. 测试指标：皮肤电、脉搏、血压，上、下呼吸

4. 测前检查：仪器均正常

测试过程及分析说明：

经李宝龙本人同意，我们对他采用了一组"MGQT"（改进的一般问题测试法）和一组"CQT"（准绳问题测试法）以及二组"POT"（紧张峰测试法）进行了测试。

在"MGQT"测试中，李宝龙在回答"2005 年 12 月 19 日晚上你去过张会先家吗？"时说"没有"的说谎概率为 65.2%（说谎概率大于 50% 为说谎，小于 50% 为诚实）；李宝龙在回答"是你和李冰辉杀害了张会先吗"时说"不是"的说谎概率为 68.1%。

在"CQT"测试中，李宝龙在回答"是你杀害了张会先吗？"时说"不是"的说谎概率为 72.7%。

在第一组"POT"测试中，李宝龙在回答"你知道张会先是怎么死的吗？"时说"不知道是被勒死的"对应最强；在第二组"POT"测试中，李宝龙在回答"你知道张会先是被什么工具勒死的吗？"时说"不知道是被布条勒死的"对应最强。

测试结论：

1. 李宝龙说他 2005 年 12 月 19 日晚上没有去过张会先家是说谎；

2. 李宝龙说不是他和李冰辉杀害了张会先是说谎；

3. 李宝龙说张会先不是他杀害是说谎；

4. 李宝龙说他不知道张会先是被勒死的是说谎；

5. 李宝龙说他不知道张会先是被布条勒死的是说谎。

以上测试充分表明：是李宝龙和李冰辉于 2005 年 12 月 19 日晚上用布条勒死了张会先。

测试要点 23　在抢劫犯罪中，有证据指向犯罪嫌疑人，犯罪嫌疑人也供认不讳，但其供述的同案犯却矢口否认，如何借助心理测试查明犯罪嫌疑人口供的真实性

案例　王刘涉嫌抢劫案

2010 年 10 月 2 日凌晨 3 时许，在神木县一工地看守器材的王引现听到工地有响动，起身出来查看，发现两名男子正紧张地把施工所用的钢管卡子往一个机动三轮车上搬运，王引现没有多想，立即大声喝止，并上前紧抓住其中一人的胳膊。两名男子慌乱中顺手拿起钢筋猛击王引现，王引现本能地撒手抱住头部蹲坐在地上，后两名男子驾驶机动三轮车顺滨河路朝北逃窜。

神木县公安局在接到报案后，迅即到医院询问王引现案发的具体情况，但王引现已经深度昏迷，长时间在急救室抢救，无法得知犯罪嫌疑人的外貌、身高等具体情况，后来王引现经抢救无效死亡，从其口中获取更多的侦破线索已经没有可能。经技术侦查，侦查人员发现一个手机号码在案发前后符合作案规律，再经过进一步侦查，认定该手机号码的使用者是王刘。当公安人员决定直接接触王刘时，却发现王刘已于案发前突然失踪。至此，王刘的涉案嫌疑直线上升。公安机关使用技术手段，将王刘锁定在陕西省渭南市一个特定区域，并派出大量民警手拿照片进行地毯式搜寻，最终于 2010 年 12 月 15 日晚 9 时许在陕西渭南市将其抓获。

王刘到案后，承认到工地上盗窃并殴打了看守工人，同时供出同伙为王荣波、刘涛。兵贵神速，神木县公安局赶到王荣波的住处将王荣波抓获，同时派员奔赴重庆将刘涛抓获。但是王荣波到案后坚决否认与王刘等合伙盗窃的事实，而刘涛也对自己被抓获提出辩解，称案发时自己身处重庆，根本没有回过神木。经调查落实，因案发时为国庆"十一"长假，刘涛的同住人员均非常肯定地证明刘涛一直在重庆，刘涛没有作案时间。公安机关随即将刘涛释放。

侦查人员开始怀疑王刘供述的真实性，王刘供述的真实成分有多少？是故意释放烟幕弹还是另有隐情？为了弄清王刘所供述是否属实，神木县公安局刑警大队遂委托洛阳市检察院心理测试中心对王刘进行心理测试。

经过测试，排除了王刘涉案的嫌疑。

测试项目：

1. 你知道是谁 10 月 1 日晚上盗窃建筑工地打伤了看门人吗？
2. 是你 10 月 1 日晚上盗窃建筑工地打伤了看门人吗？
3. 你知道是谁打了工地看门人吗？
4. 你知道工地的看门人是被什么工具伤的吗？
5. 你能如实回答我的问题吗？
6. 你知道当天晚上去工地偷东西的有几个人吗？

测试时间、仪器、指标及测前检查：

1. 测试时间：2011 年 1 月 6 日
2. 测试仪器：PG—12 型多参量心理测试仪
3. 测试指标：皮肤电、脉搏、血压、上、下呼吸
4. 测前检查：仪器均正常

测试过程及分析说明：

经王刘本人同意，我们对他采用了一组"MGQT"（改进的一般问题测试法）和四组"POT"（紧张峰测试法）进行了测试。

在"MGQT"测试中，王刘在回答"你知道是谁 10 月 1 日晚上盗窃建筑工地打伤了看门人吗？"时说"不知道"的说谎概率为 44.6%（说谎概率大于 50% 为说谎，小于 50% 为诚实）；王刘在回答"是你 10 月 1 日晚上盗窃建筑工地打伤了看门人吗？"时说"不是"的说谎概率为 45.9%。

在第一组"POT"测试中，王刘在回答"你知道是谁打了工地看门人吗？"时说"不是他自己"对应不强；在第二组"POT"测试中，王刘在回答"你知道工地的看门人是被什么工具伤的吗？"时说"不知道是钢筋"对应不强；在第三组"POT"测试中，王刘在回答"你能如实回答我的问题吗？"时说"没有偷过东西"对应不强；在第四组"POT"测试中，王刘在回答"你知道当天晚上去工地偷东西的有几个人吗？"时说"不知道是 2 个人"对应不强。

测试结论：

1. 王刘说他不知道是谁 10 月 1 日晚上盗窃建筑工地打伤了看门人是实话；
2. 王刘说不是他 10 月 1 日晚上盗窃建筑工地打伤了看门人是实话；
3. 王刘说他不知道是谁打了工地看门人是实话；
4. 王刘说他不知道工地的看门人是被什么工具伤的是实话；

5. 王刘说他不知道有 2 个人当天晚上去工地偷东西是实话。

以上测试充分表明：王刘与此案无关。

测试要点 24　在抢劫犯罪侦查中，有间接证据证明是某人实施了犯罪，而某人却坚决否认，如何依据犯罪情节测试，确定某人是否涉嫌该犯罪事实

案例　宁平顺涉嫌抢劫案

2009 年 4 月 12 日 20 时 30 分左右，几个蒙面人翻墙进入洛阳市孟津县金村金龙寺，径直奔向寺内的值班室，踹开屋门，将房内值班的村民郭中立和王留义一顿暴打，再将两人用透明胶带捆住手、用胶带和麻绳捆住脚，之后，把寺门打开，大摇大摆地将一尊北魏石佛盗走。

第二天早上，早起的村民看到寺门洞开而无人洒扫庭院，感到事情蹊跷，就进入寺内查看，发现两人被捆绑在地上，立即通知了村长。村长闻听后不敢怠慢，立即报警。经过初步勘查，孟津县公安局领导指示刑警队迅速成立专案组，对案件展开侦查。专案组一面对郭中立和王留义详细询问，一面在金村全面摸排线索。经过几天的努力，侦查人员的视线慢慢集中到宁平顺的身上。宁平顺，金村村民，熟悉寺内布局及值班等各种情况，之前曾有盗窃文物和抢劫文物的劣迹，更重要的是多位村民反映：被盗石佛的佛头是后来配上去的，原佛头在 1996 年前后被盗，当时宁平顺曾多方找人联系购买佛头的买家，并声称如果买家想要佛身，他也有办法弄到。

专案组经过多次研究，决定先以宁平顺倒卖文物的犯罪事实将其拘留，然后再扩大战果。宁平顺被刑拘后，公安机关立即对其审讯，但几次较量下来，侦查人员才发现宁平顺有丰富的反侦查经验，不仅坚称没有参与抢劫石佛，而且对证据确凿的倒卖文物的犯罪事实也矢口否认。办案期限一天天临近，而讯问始终没有突破，案件的侦查也一直停滞不前，专案组成员个个心急如焚。为了弄清宁平顺所讲是否属实，是否参与抢劫金龙寺内的北魏石佛，孟津县公安局遂委托洛阳市检察院心理测试中心对宁平顺进行心理测试。

经过测试，确认此前盗窃佛头的就是宁平顺，闯入寺中抢走石佛的也是宁平顺，为公安机关侦破系列文物盗抢案件指明了方向。

测试项目：

1. 是你策划盗走了金龙寺的石佛吗？
2. 金龙寺的石佛头是你偷走的吗？
3. 你曾经和别人联系过倒卖石佛一事吗？
4. 金龙寺的石佛被盗一案是你一手策划的吗？
5. 你知道金龙寺的石佛头是什么时间被人偷走的吗？
6. 你知道金龙寺的石佛头是在什么地点被人偷走的吗？
7. 你知道金龙寺的石佛头是被谁偷走的吗？
8. 你知道金龙寺的石佛是什么时间被人偷走的吗？
9. 你知道去金龙寺偷石佛的总共几个人吗？
10. 你知道金龙寺的石佛是被谁偷走的吗？
11. 你知道金龙寺被盗的石佛现在在什么地方吗？
12. 你知道作案分子今年曾去金龙寺偷过几次石佛吗？
13. 你知道作案分子曾以多少钱的价格与人协商倒卖石佛头？

测试时间、仪器、指标及测前检查：

1. 测试时间：2009 年 8 月 17 日
2. 测试仪器：PG—12 型多参量心理测试仪
3. 测试指标：皮肤电、脉搏、血压，上、下呼吸
4. 测前检查：仪器均正常

测试过程及分析说明：

经宁平顺本人同意，我们对他采用一组"CQT"（准绳问题测试法）和一组"MGQT"（改变的一般问题测试法）以及十组"POT"（紧张峰测试法）进行了测试。

在"CQT"测试中，宁平顺在回答"是你策划盗走了金龙寺的石佛吗？"时说"不是"的说谎概率为73.4%（说谎概率大于50%为说谎，小于50%为诚实）。

在"MGQT"测试中，宁平顺在回答"金龙寺的石佛头是你偷走的吗？"时说"不是"的说谎概率为88.3%；宁平顺在回答"你曾经和别人联系过倒卖石佛一事吗？"时说"没有"的说谎概率为82.7%；宁平顺在回答"金龙寺的石佛被盗一案是你一手策划的吗？"时说"不是"的说谎概率为78.5%。

在第一组"POT"测试中，宁平顺在回答"你知道金龙寺的石佛头是什么时间被人偷走的吗？"时说"不是1996年"对应最强；在第二组"POT"测试中，宁平顺在回答"你知道金龙寺的石佛头是在什么地点被人偷走的吗？"时说"不是在工作人员房间"对应最强；在第三组"POT"测试中，宁平顺在回答"你知道金龙寺的石佛头是被谁偷走的吗？"时说"不是他自己"对应最强；在第四组"POT"测试中，宁平顺在回答"你知道金龙寺的石佛是什么时间被人偷走的吗？"时说"不知道是在今年4月12日20点到13日凌晨1点"对应最强；在第五组"POT"测试中，宁平顺在回答"你知道去金龙寺偷石佛的总共几个人吗？"时说"不知道是6个人"对应最强；在第六组"POT"测试中，宁平顺在回答"你知道金龙寺的石佛是被谁偷走的吗？"时说"不知道是张洪亮"对应最强；在第七组"POT"测试中，宁平顺在回答"你知道金龙寺的石佛是被谁偷走的吗？"时说"不知道是张庆涛"对应最强；在第八组"POT"测试中，宁平顺在回答"你知道金龙寺被盗的石佛现在在什么地方吗？"时说"不知道是在香港"对应最强；在第九组"POT"测试中，宁平顺在回答"你知道作案分子今年曾去金龙寺偷过几次石佛吗？"时说"不是3次"对应最强；在第十组"POT"测试中，宁平顺在回答"你知道作案分子曾以多少钱的价格与人协商倒卖石佛头？"时说"不知道是12000元"对应最强。

测试结论：

1. 宁平顺说不是他策划盗走了金龙寺的石佛是谎话；
2. 宁平顺说金龙寺的石佛头不是他偷走的是谎话；
3. 宁平顺说他从没有和别人联系过倒卖石佛一事是谎话；
4. 宁平顺说金龙寺的石佛被盗一案不是他一手策划的是谎话；
5. 宁平顺说他不知道金龙寺的石佛头是1996年被人偷走的是谎话；
6. 宁平顺说他不知道金龙寺的石佛头是在工作人员房间被人偷走的是谎话；
7. 宁平顺说金龙寺的石佛头不是被他本人偷走的是谎话；
8. 宁平顺说他不知道金龙寺的石佛是在今年4月12日20点到13日凌晨1点被人偷走的是谎话；
9. 宁平顺说他不知道去金龙寺偷石佛的总共有6个人是谎话；
10. 宁平顺说他不知道金龙寺的石佛是被张洪亮偷走的是谎话；
11. 宁平顺说他不知道金龙寺的石佛是被张庆涛偷走的是谎话；
12. 宁平顺说他不知道金龙寺被盗的石佛现在在香港是谎话；

13. 宁平顺说他不知道作案分子今年曾去金龙寺偷过三次石佛是谎话；

14. 宁平顺说他不知道作案分子曾以 1.2 万元的价格与人协商倒卖石佛头是谎话。

以上测试表明：是宁平顺于 1996 年偷走了佛头，宁平顺曾以 1.2 万元的价格与人协商倒卖石佛头；是宁平顺一手策划了石佛被盗一案；有 6 个人参与了 2009 年 4 月 12 日晚上金龙寺内北魏石佛被抢劫一案，其中有张庆涛和张洪亮。

测试要点 25　在故意伤害案件中，受害人明确指认某人为行凶者，但该人却矢口否认，如何借助心理测试确定某人是否是真正行凶者

案例一　吕本厚被伤害案

孟津县白鹤镇堡子村在当地是个较大的行政村，因为紧邻焦枝铁路的一个小火车站和黄河西霞院水利工程，村庄土地一夜之间成了香饽饽。村支部书记也因为在土地出租及相关工程项目中有较大的话语权，一时之间位高权重，成为投机分子窥伺的宝座。

2005 年是当地村民自治组织换届之年，一心想在村委获取权力继而攫取财富的不法分子开始蠢蠢欲动，现任支部书记吕本厚因为不听"招呼"，屡屡接到一些恐吓电话及书信。9 月 17 日 21 时 30 分左右，吕本厚一家人已经入睡，猛听到一些人在拍打自家大门并吆喝开门。吕本厚披衣下床，拿起手电筒去看个究竟。谁知道刚把大门的插手拉开，四五个人推门而进，轮手便打，其中还有人拿着砍刀朝自己乱砍。吕本厚本能地大喊救命并转身朝家中跑去，歹徒有人拿刀穷追，有人对院子中的家具一番乱砸，几乎就是短短的一二分钟，歹徒全部撤离，骑上摩托车逃之夭夭。

接到报警后，白鹤派出所民警立即赶到现场，看到吕家院内一片狼藉，地上血迹斑斑。吕本厚的颈部有一处较重的刀伤，左小腿被砍断。民警迅速把吕本厚送到镇卫生院抢救，路途中，吕本厚指认本村王狮子是行凶者之一。在现场勘查的民警提取了遗落在院子中的砍刀，并发现院门口有三个摩托车的印痕。

民警在第一时间内抓获王狮子并将其刑事拘留，但王狮子连呼冤枉，称自己没有伤害吕本厚，也没有雇用他人伤害吕本厚。因为没有发现其他的线索和证据，办案民警又到医院详细询问吕本厚。吕本厚坚称当晚自己认出其中一人是王狮子，并称王狮子因为竞争村干部与自己有很深的矛盾，此前也放话说要找人把自己"摆平"，此次闯入家中的主谋必定是王狮子。

至此，被害人信誓旦旦，坚称王狮子是行凶者，而王狮子则矢口否认，但也无法提供自己没有作案时间等与案件无关的有力证据，案件其他方面的侦查也没有结果。眼看拘留的期限将到，对王狮子放也不是，不放也不是，办案干警左右为难。为了弄清此案是否王狮子所为，孟津县公安局白鹤派出所遂委托洛阳市检察院心理测试中心对王狮子进行心理测试。

经过测试，确认吕本厚指认错误，王狮子没有参与当晚的案件。

测试项目：

1. 你知道是谁砍伤了吕本厚吗。
2. 是你砍伤了吕本厚吗？
3. 9 月 17 日你去过吕本厚家吗？
4. 你知道吕本厚是被什么凶器砍伤的吗？
5. 你知道 9 月 17 日作案分子是怎么进入吕本厚家的吗？
6. 你知道 9 月 17 日晚上参与作案的总共有几个人吗？
7. 你知道 9 月 17 日晚上作案分子总共骑了几辆摩托车去的吗？

测试时间、仪器、指标及测前检查：

1. 测试时间：2005 年 10 月 12 日
2. 测试仪器：PG—12 型多参量心理测试仪
3. 测试指标：皮肤电、脉搏、血压，上、下呼吸
4. 测前检查：仪器均正常

测试过程及分析说明：

经王狮子本人同意，我们对他采用了一组"CQT"（准绳问题测试法）、一组"MGQT"（改进的一般问题测试法）以及四组"POT"（紧张峰测试法）

进行了测试。

在"CQT"测试中，王狮子在回答"你知道是谁砍伤了吕本厚吗？"时说"不知道"的说谎概率为 20.1%（说谎概率大于 50% 为说谎，小于 50% 为诚实）。

在"MGQT"测试中，王狮子在回答"是你砍伤了吕本厚吗？"时说"不是"的说谎概率为 42.9%；王狮子在回答"9 月 17 日你去过吕本厚家吗？"时说"没有"的说谎概率为 44.2%。

在第一组"POT"测试中，王狮子在回答"你知道吕本厚是被什么凶器砍伤的吗？"时说"不知道是被砍刀砍伤的"对应不强；在第二组"POT"测试中，王狮子在回答"你知道 9 月 17 日作案分子是怎么进入吕本厚家的吗？"时说"不知道是从前边把门叫开的"对应不强；在第三组"POT"测试中，王狮子在回答"你知道 9 月 17 日晚上参与作案的总共有几个人吗？"时说"不知道是 5 个人"对应不强；在第四组"POT"测试中，王狮子在回答"你知道 9 月 17 日晚上作案分子总共骑了几辆摩托车去的吗？"时说"不知道是 3 辆摩托车"对应不强。

测试结论：

1. 王狮子说他不知道是谁砍伤了吕本厚是实话；

2. 王狮子说不是他砍伤了吕本厚是实话；

3. 王狮子说 9 月 17 日晚上他没有去过吕本厚家是实话；

4. 王狮子说不知道吕本厚是被什么凶器砍伤的是实话；

5. 王狮子说不知道 9 月 17 日作案分子是怎么进入吕本厚家的是实话；

6. 王狮子说不知道 9 月 17 日晚上参与作案的总共有几个人是实话；

7. 王狮子说不知道 9 月 17 日晚上作案分子总共骑了几辆摩托车去的是实话。

综合以上这些问题的测试结果充分表明：王狮子与堡子村支书吕本厚被人伤害一案无关。

案例二 王华被伤害案

2002 年 6 月 1 日，涧西区天津路邮政局女职工王华因为加班，12 时 20 分左右才从单位骑自行车回家。在景华路与牡丹路交叉口西北角，王华看到 8 号市场入口处一个水果摊上的荔枝很新鲜，就想买点荔枝。王华把自行车停在路边，又用钢丝锁把手提包锁到自行车车把上，然后转身到水果摊边买荔枝。

在小贩称重的过程中，王华无意间扭身发现一男子正在翻动她的手提包，就疾步上前抓住其胳膊质问。谁料想该男子不仅没有羞愧逃窜，反而大声辱骂王华，同时往距离王华三四米远的一个自行车走去。在快到自行车处的时候，该男子绕到王华身后，突然掏出一把刀子朝王华腰部捅了一刀（经法医鉴定为轻伤），迅速骑车朝南逃窜。因为当时正值中午，街上人声嘈杂，没等路人从王华的喊叫声中明白过来，那名男子早已不见踪影。

7 月 11 日上午，王华正在邮政大厅紧张地忙碌着，一名男子前来缴费，王华抬头看时，惊讶地发现该男子正是一个多月前偷翻自己钱包并把自己刺伤后逃窜的人！王华不动声色，借口查阅资料走出柜台，示意大厅内的保安上前将该男子控制，并立即打电话报警。涧西公安分局刑警三中队民警迅速赶赴现场，将该男子抓获并带回刑警队。经讯问，该男子名叫陈松峰，在天津路附近经营一个烟摊，但陈松峰坚决否认自己有任何违法犯罪的行为。对办案民警提到的 6 月 1 日中午在景华路口 8 号市场发生了什么事情，更是坚决表示毫不知情，因为 6 月 1 日是儿童节，自家一个亲戚带孩子到公园游玩，自己在烟摊处一直等他们吃饭，直到 1 点多钟才离开烟摊一起去吃饭。为了验证陈松峰所讲是否属实，涧西公安局刑警三中队遂委托洛阳市检察院心理测试中心对陈松峰进行心理测试。

经过测试，确认王华指认错误，陈松峰不是当天作案的男子。

测试时间、仪器、指标及测前检查：

1. 时间：2002 年 12 月 11 日

2. 仪器：PG—7 型多道心理测试仪

3. 指标：皮电、脉搏，上、下呼吸

4. 测前检查：仪器均正常

测试项目：

1. 今年 6 月 1 日 8：00—13：00 你一直在你的烟摊什么地方也没去吗？
2. 你说 6 月 1 日中午你没到 8 号市场扎伤一女青年是实话吗？
3. 你 6 月 1 日中午在 8 号市场因翻一女子手提包并与之争吵吗？
4. 你知道犯罪分子捅伤王华后怎样逃跑的吗？
5. 你知道犯罪分子捅伤王华后往什么方向逃跑的吗？

测试过程分析说明：

对陈松峰采用了一组"CQT"（准绳问题测试法）和二组"MGQT"（改进的一般问题测试法）以及二组"GKT"（犯罪情节测试法）进行测试。

在"CQT"测试中，陈松峰在回答"今年 6 月 1 日 8：00—13：00 你一直在你的烟摊什么地方也没去吗？"时说"是"的说谎概率为 24%（说谎概率大于 50% 为说谎，小于 50% 为诚实）。

在第一组"MGQT"测试中陈松峰在回答"你说 6 月 1 日中午你没到 8 号市场扎伤一女青年是实话吗？"时说"是的"的说谎概率为 49.8%；在第二组"MGQT"测试中，陈松峰在回答"你 6 月 1 日中午在 8 号市场因翻一女子手提包并与之争吵吗？"时说"没有"的说谎概率为 20.4%。

在第一组"GKT"测试中，陈松峰在回答"你知道犯罪分子捅伤王华后怎样逃跑的吗？"时说"不是骑自行车逃跑的"对应不强；在第二组"GKT"测试中陈松峰在回答"你知道犯罪分子捅伤王华后往什么方向逃跑的吗？"时说"不是向南边逃跑的"对应不强。

测试结论：

1. 陈松峰说今年 6 月 1 日 8：00—13：00 他一直在烟摊什么地方也没去是实话；
2. 陈松峰说 6 月 1 日中午他没到 8 号市场扎伤一女青年是实话；
3. 陈松峰说 6 月 1 日中午他没有在 8 号市场因翻一女子手提包并与之争吵是实话；
4. 陈松峰说他不知道犯罪分子捅伤王华后怎样逃跑的是实话；
5. 陈松峰说他不知道犯罪分子捅伤王华后往什么方向逃跑的是实话。

综上所述，陈松峰与本案无关。

测试要点 26　在有预谋有组织的伤害案件中，受害人不能指认具体的行凶者，如何依据受害人的推测确定幕后的组织者

案例一　申书云被伤害案

洛阳市周山森林公园位于居民集中的高新技术开发区，三季有花，四季有绿，月月有新意，季季景不同，是市民休闲放松的好去处。在游人常去的地段，申书云开了一间小小的商店，生意颇为红火。2006 年 4 月 2 日夜，劳累了一天的申书云关门打烊，上床歇息。突然有 5 名歹徒踹开屋门，一拥而上，把申书云按倒在床上，拿着刀子在其身上乱划，最长的一个伤口从胸部一直到脚踝处，总长近两米，而后几名歹徒快速消失在黑夜中。

因为歹徒作案手段残忍且组织严密，当地居民谈之色变，议论纷纷。高新区公安分局紧急召开案情研判会，一致认定该案为一起有组织有预谋、带有明显报复色彩的暴力案件，带有明显的黑社会性质。于是成立专案组，围绕申书云的日常生活圈子展开细致排查。在排查中，申书云反映：同村的申平、李贤夫妇以及李贤的妹妹李群有重大雇凶伤害嫌疑。理由：一是自己平时与人和睦相处，少有仇家，只有在 3 月 30 日、31 日时，申平盖厂房需占用自家的土地，但是在下水道问题上两家协商不下，申书云干脆拒绝申平占用自家土地，两家为此发生争吵、打架。二是在 4 月 1 日李贤曾带孩子两次从自家商店前经过，没多久，有两个年轻人到商店买烟，在买烟的时候四处查看，而在 4 月 2 日到商店行凶的五人中，申书云认出其中有一人就是两个年轻人中的一个，现在想来买烟是假，踩点是真。

专案组在排查中没有发现别的有价值的线索，虽说申平等有重大嫌疑，但只是推测，案件侦破迟迟没有进展。时间过得飞快，转眼几个月过去了，申书云一家对此非常不满，甚至怀疑公安机关在故意偏袒申平等人，为此不断到市委、省公安厅等部门上访。后来，时任河南省副省长、省公安厅厅长秦玉海收到申书云的来信，批示督办此案。高新区公安分局遂到洛阳市检察院心理测试中心，希望借助心理测试技术侦破此案。

经过对申平等一干人员的测试，排除了无辜人员的涉案嫌疑，确定了真正的涉案人员及其在案件中的作用和地位。

（一）对高一伟的测试

测试项目：

1. 你知道 4 月 2 日在现场参与伤害申书云的是几个人吗？
2. 你知道 4 月 2 日在现场参与伤害申书云的是谁吗？
3. 你知道 4 月 1 日是谁带作案人到申书云家的商店去踩点的吗？
4. 你知道 4 月 1 日到申书云家商店里面去踩点的有几个人吗？
5. 你知道 4 月 1 日到申书云家商店里面去踩点的是谁吗？

测试时间、仪器、指标及测前检查：

1. 测试时间：2006 年 11 月 28 日
2. 测试仪器：PG—12 型多参量心理测试仪
3. 测试指标：皮肤电、脉搏、血压，上、下呼吸
4. 测前检查：仪器均正常

测试过程及分析说明：

经高一伟本人同意，我们对他采用四组"GKT"（犯罪情节测试法）和一组"POT"（紧张峰测试法）进行了测试。

在第一组"GKT"测试中高一伟在回答"你知道 4 月 2 日在现场参与伤害申书云的是几个人吗？"时说"不知道是 5 个人"对应不强；在第二组"GKT"测试中高一伟在回答"你知道 4 月 2 日在现场参与伤害申书云的是谁吗？"时说"不是他自己"对应不强；在第三组"GKT"测试中高一伟在回答"你知道 4 月 1 日是谁带作案人到申书云家的商店去踩点的吗？"时说"不知道是李贤"对应不强；在第四组"GKT"测试中高一伟在回答"你知道 4 月 1 日到申书云家商店里面去踩点的有几个人吗？"时说"不知道是两个人"对应不强。

在"POT"测试中，高一伟在回答"你知道 4 月 1 日到申书云家商店里面去踩点的是谁吗？"时说"不知道是叫俊峰"对应不强。

测试结论：

以上测试表明：高一伟不知道 4 月 2 日在现场参与伤害申书云的是 5 个

人；4月2日在现场参与伤害申书云的没有高一伟；高一伟不知道4月1日是李贤带作案人到申书云家的商店去踩点的；高一伟不知道4月1日到申书云家商店里面去踩点的是两个人；高一伟不知道4月1日到申书云家商店里面去踩点的有叫俊峰的。

综合以上这些问题的测试结果充分表明：高一伟没有参与伤害申书云一案；高一伟对此案不知情。

（二）对申平的测试

测试项目：

1. 你知道4月2日是谁伤害了申书云吗？
2. 是李群找人伤害了申书云吗？
3. 你知道4月2日在现场参与伤害申书云的是几个人吗？
4. 你知道4月1日是谁带作案人到申书云家的商店去踩点的吗？

测试时间、仪器、指标及测前检查：

1. 测试时间：2006年11月28日
2. 测试仪器：PG—12型多参量心理测试仪
3. 测试指标：皮肤电、脉搏、血压，上、下呼吸
4. 测前检查：仪器均正常

测试过程及分析说明：

经申平本人同意，我们对他采用一组"MGQT"（改进的一般问题测试法）和二组"GKT"（犯罪情节测试法）进行了测试。

在"MGQT"测试中，申平在回答"你知道4月2日是谁伤害了申书云吗？"时说"不知道"的说谎概率为77.4%（说谎概率大于50%为说谎，小于50%为诚实）；申平在回答"是李群找人伤害了申书云吗？"时说"不知道"的说谎概率为81%。

在第一组"GKT"测试中申平在回答"你知道4月2日在现场参与伤害申书云的是几个人吗？"时说"不知道是5个人"呈现明显的说谎反应；在第二组"GKT"测试中申平在回答"你知道4月1日是谁带作案人到申书云家的商店去踩点的吗？"时说"不知道是李贤"呈现明显的说谎反应。

测试结论：

以上测试表明：申平知道 4 月 2 日是谁伤害了申书云；申平知道是李群找人伤害了申书云；申平知道 4 月 2 日在现场参与伤害申书云的是 5 个人；申平知道 4 月 1 日是李贤带作案人到申书云家的商店去踩点的。

综合以上这些问题的测试结果充分表明：申平知道是李群找了 5 个人到现场伤害了申书云；申平知道 4 月 1 日是李贤带作案人到申书云家的商店去踩点的。

（三）对李贤的测试

测试项目：

1. 你知道 4 月 2 日是谁伤害了申书云吗？
2. 是李群找人伤害了申书云吗？
3. 你知道是谁找人 4 月 2 日伤害了申书云吗？
4. 你知道 4 月 1 日是谁带作案人到申书云家的商店去踩点的吗？
5. 你知道 4 月 1 日到申书云家的商店去踩点的有几个人吗？

测试时间、仪器、指标及测前检查：

1. 测试时间：2006 年 11 月 28 日
2. 测试仪器：PG—12 型多参量心理测试仪
3. 测试指标：皮肤电、脉搏、血压，上、下呼吸
4. 测前检查：仪器均正常

测试过程及分析说明：

经李贤本人同意，我们对她采用一组"MGQT"（改进的一般问题测试法）和一组"POT"（紧张峰测试法）以及二组"GKT"（犯罪情节测试法）进行了测试。

在"MGQT"测试中，李贤在回答"你知道 4 月 2 日是谁伤害了申书云吗？"时说"不知道"的说谎概率为 82.2%（说谎概率大于 50% 为说谎，小于 50% 为诚实）；李贤在回答"是李群找人伤害了申书云吗？"时说"不知道"的说谎概率为 75.4%。

在"POT"测试中，李贤在回答"你知道是谁找人4月2日伤害了申书云吗？"时说"不知道是李群"呈现明显的说谎反应。

在第一组"GKT"测试中李贤在回答"你知道4月1日是谁带作案人到申书云家的商店去踩点的吗？"时说"不是她自己"呈现明显的说谎反应；在第二组"GKT"测试中李贤在回答"你知道4月1日到申书云家的商店去踩点的有几个人吗？"时说"不知道是2个人"呈现明显的说谎反应。

测试结论：

以上测试表明：李贤知道4月2日是谁伤害了申书云；李贤知道是李群找人伤害了申书云；李贤知道4月1日是她自己带作案人到申书云家的商店去踩点的；李贤知道4月1日到申书云家的商店去踩点的有2个人。

综合以上这些问题的测试结果充分表明：李贤知道是李群找人到现场伤害了申书云；是李贤4月1日带了2个人到申书云家的商店去踩点的。

（四）对李群的测试

测试项目：

1. 你知道4月2日是谁伤害了申书云吗？
2. 是你找人伤害了申书云吗？
3. 你知道是谁找人4月2日伤害了申书云吗？
4. 你知道4月2日在现场参与伤害申书云的是几个人吗？
5. 你知道4月1日是谁带作案人到申书云家的商店去踩点的吗？

测试时间、仪器、指标及测前检查：

1. 测试时间：2006年11月28日
2. 测试仪器：PG—12型多参量心理测试仪
3. 测试指标：皮肤电、脉搏、血压，上、下呼吸
4. 测前检查：仪器均正常

测试过程及分析说明：

经李群本人同意，我们对她采用一组"MGQT"（改进的一般问题测试法）和一组"POT"（紧张峰测试法）以及二组"GKT"（犯罪情节测试法）进行

了测试。

在"MGQT"测试中，李群在回答"你知道 4 月 2 日是谁伤害了申书云吗？"时说"不知道"的说谎概率为 76.7%（说谎概率大于 50% 为说谎，小于 50% 为诚实）；李群在回答"是你找人伤害了申书云吗？"时说"不是"的说谎概率为 68.5%。

在"POT"测试中，李群在回答"你知道是谁找人 4 月 2 日伤害了申书云吗？"时说"不是她自己"呈现明显的说谎反应。

在第一组"GKT"测试中，李群在回答"你知道 4 月 2 日在现场参与伤害申书云的是几个人吗？"时说"不知道是 5 个人"呈现明显的说谎反应；在第二组"GKT"测试中，李群在回答"你知道 4 月 1 日是谁带作案人到申书云家的商店去踩点的吗？"时说"不知道是李贤"呈现明显的说谎反应。

测试结论：

以上测试表明：李群知道 4 月 2 日是谁伤害了申书云；李群知道是她自己找人伤害了申书云；李群知道 4 月 2 日在现场参与伤害申书云的是 5 个人；李群知道 4 月 1 日是李贤带作案人到申书云家的商店去踩点的。

综合以上这些问题的测试结果充分表明：是李群找了 5 个人到现场伤害了申书云；是李贤 4 月 1 日带作案人到申书云家的商店去踩点的。

案例二　陈森被伤害案

2004 年 2 月 16 日下午，忙碌了一天的河南科技大学第一附属医院（以下简称一附院）CT 室主任陈森整理好办公用品，关上房门准备回家。因为医院停车位置较少，为给患者提供最大的方便，医护人员的车辆都停在医院外面，而陈森的车则习惯的停在医院对面的天鹰大酒店停车场。大约 6 时30 分，陈森步行走到自己轿车附近，正准备掏车钥匙，头部被身后一人用棍子击中。陈森眼冒金星，摔倒在地，本能地又爬起来朝停车场西北方向跑去。途中又有一人用棍子向他击来，陈森用右臂挡了一下，快速向河南科技大学一附院门卫处跑去，边跑边大声喊叫自己在天鹰大酒店停车场被人打了。门卫的保安听到喊叫冲出来，快步迎上去，有保安搀扶着陈森到医院急诊室，有保安冲到天鹰大酒店停车场，看到有人上了出租车向南走了。

陈森到院急诊室进行包扎，头上被缝了十几针，右臂骨折，后经鉴定为轻伤（重度）。洛阳市公安局涧西分局湖北路派出所的民警对作案现场进行了勘察，发现了作案凶器，走访了有关当事人，初步认定为报复伤人。

陈森医德高尚、医术精湛，深得患者爱戴，平日里为人公道正派，乐于助人，人缘较好，生活中没有与他人结仇。对公安机关认定的报复伤人，陈森也赞同，但却苦想不出与何人在何事上结怨。公安人员提醒他在工作中与人有没有矛盾，陈森想起去年单位进行机构人事改革，触动了部分人的利益，同科室的人员对其有意见。为了弄清是否因工作原因引起雇凶报复伤人，湖北路派出所遂委托洛阳市人民检察院心理测试中心对在该医院 CT 室工作的刘望、李周等人进行心理测试。

经过测试，在同处室的同事中确定了雇凶伤害的犯罪嫌疑人。

（一）对刘望的测试

测试项目：

1. 是你雇人打伤了陈森吗？
2. 陈森被打一案你参与了吗？

测试时间、仪器、指标及测前检查：

1. 测试时间：2004 年 4 月 14 日
2. 测试仪器：PG—12 型多参量心理测试仪
3. 测试指标：皮肤电、脉搏、血压，上、下呼吸
4. 测前检查：仪器均正常

测试过程及分析说明：

经刘望本人同意，我们对他采用了"MGQT"（改进的一般问题测试法）进行了测试。

在"MGQT"测试中，刘望在回答"是你雇人打伤了陈森吗？"时说"不

是"的说谎概率为 32.7%（说谎概率大于 50% 为说谎，小于 50% 为诚实）；刘望在回答"陈森被打一案你参与了吗?"时说"没有"的说谎概率为 28.5%。

测试结论：

综合以上这些问题的测试结果充分表明：刘望与陈森被打一案无关。

（二）对李周的测试

测试项目：

1. 你知道是谁雇人打伤了陈森吗?
2. 是你雇人打伤了陈森吗?
3. 是你让白铁功找人打伤了陈森吗?
4. 是你找人打伤了陈森吗?
5. 你知道有几个人参与策划殴打陈森吗?
6. 你知道有几个人参与殴打陈森吗?
7. 你是什么时间知道陈森要被打的吗?
8. 你知道是谁雇凶打伤了陈森吗?

测试时间、仪器、指标及测前检查：

1. 测试时间：2004 年 4 月 14 日
2. 测试仪器：PG—12 型多参量心理测试仪
3. 测试指标：皮肤电、脉搏、血压、上、下呼吸
4. 测前检查：仪器均正常

测试过程及分析说明：

经李周本人同意，我们对他采用了二组"CQT"（准绳问题测试法）和二组"MGQT"（改进的一般问题测试法）以及四组"POT"（紧张峰测试法）进行了测试。

在第一组"CQT"测试中，李周在回答"你知道是谁雇人打伤了陈森吗?"时说"不知道"的说谎概率为 75.2%（说谎概率大于 50% 为说谎，小于 50% 为诚实）；在第二组"CQT"测试中，李周在回答"是你找人打伤了陈

森吗?"时说"不是"的说谎概率为 79.6%。

在第一组"MGQT"测试中,李周在回答"是你雇人打伤了陈森吗?"时说"不是"的说谎概率为 77.9%;在第二组"MGQT"测试中,李周在回答"是你让白铁功找人打伤了陈森吗?"时说"不是"的说谎概率为 67.8%。

在第一组"POT"测试中,李周在回答"你知道有几个人参与策划殴打陈森吗?"时说"不知道是 3 个人"呈现明显的说谎反应;在第二组"POT"测试中,李周在回答"你知道有几个人参与殴打陈森吗?"时说"不知道是三个人"呈现明显的说谎反应;在第三组"POT"测试中,李周在回答"你是什么时间知道陈森要被打的吗?"时说"不是在 2 月 16 日以前就知道陈森要被打"呈现明显的说谎反应;在第四组"POT"测试中,李周在回答"你知道是谁雇凶打伤了陈森吗?"时说"不是他自己"呈现明显的说谎反应。

测试结论:

以上测试表明:李周知道是谁雇人打伤了陈森;李周知道参与策划殴打陈森的有三个人,殴打陈森的可能有三个人;李周 2 月 16 日以前就知道陈森要被打;是李周找人打伤了陈森。

综合以上这些问题的测试结果,充分表明李周说不是他雇人打伤了陈森系说谎,雇人打伤陈森一案系李周所为。

测试要点 27　在强奸案件侦查中,被害人陈述被侵犯,而犯罪嫌疑人却拒不供认,如何借助心理测试技术来鉴别双方言语的真伪

案例一　李某强奸案

2011 年 1 月 27 日上午,一个学生模样的女孩躲躲闪闪地来到孟津县公安局刑警大队,经过公安干警的耐心询问,小女孩流着眼泪叙说了自己被人长期侵犯的事实。

原来,小女孩姓赵,是孟津县某镇初中学生。2010 年 8 月,在一次偶然事件中,赵某认识了该镇粮管所李某。随后,李某多次邀请赵某吃饭、游玩,为赵某购置学习用品,并时常教育赵某好好学习。赵某也庆幸自己遇到了一位好大哥，遭遇烦心事的时候也找李某倾诉。2010 年 10 月的一个星期天下午，李某以谈心聊天为名把赵某叫到自己的办公室，殷勤地为赵某打开一瓶橙汁饮料。赵某喝下饮料后，两人又开始聊天。不一会，赵某觉得头晕眼花，就趴在李某的办公桌上睡着了。醒来之后，赵某发现自己赤身裸体睡在李某办公室套间内的床上，李某坐在床边，凶相毕露，说已经和赵某发生了性关系，并拍摄了赵某的裸体照片，威胁赵某不得把今天的事说出去，并在自己需要的时候随叫随到，否则，就要杀掉赵某全家，把她的裸照散发到校园里并上传到网络上。此后，李某多次在自己办公室、宾馆等地方将赵某强奸。赵某因为害怕，隐忍不言，而李某愈加嚣张，甚至在上课时也强行将赵某带出学校，不得已，赵某偷偷搭车到县公安局报案。

案情重大，性质恶劣。公安干警听完赵某的诉说，立即向局领导汇报，局领导迅即组织干警赶赴某镇将李某抓获。李某到案后，拒不认罪，相反振振有词，称与赵某是恋爱关系，发生性关系是你情我愿的事情。因为距离案发时间较长，相关物证已无从查询。鉴于两人多次发生性关系，而赵某已近18 周岁，孟津县公安局领导为慎重起见，遂委托洛阳市人民检察院心理测试中心对李某进行心理测试。

经过测试，印证了赵某陈述的真实性，戳穿了李某的谎言。公安机关加大对李某的审讯力度，最终突破了李某的心理防线，一起强奸案件在心理测试技术的帮助下得以顺利突破。

（一）对李某的测试

测试项目：

1. 是你强奸了赵某吗？

2. 你说过威胁赵某的话吗？

3. 你第一次和赵某发生性关系之前你让她喝饮料了吗？

4. 你让赵某喝的饮料里放有其他药物吗？

5. 你能如实告诉我 2010 年九十月间在你办公室你让赵某喝了什么东西吗？

6. 2010 年你和赵某第一次发生性关系前你让赵某喝的橙汁里放有什么东西吗？

测试时间、仪器、指标及测前检查：

1. 测试时间：2011 年 3 月 16 日
2. 测试仪器：PG—12 型多参量心理测试仪
3. 测试指标：皮肤电、脉搏、血压，上、下呼吸
4. 测前检查：仪器均正常

测试过程及分析说明：

经李某本人同意，我们对他采用二组"CQT"（准绳问题测试法）、一组"MGQT"（改进的一般问题测试法）和二组"POT"（紧张峰测试法）进行了测试。

在第一组"CQT"测试中，李某在回答"是你强奸了赵某吗?"时说"没有"的说谎概率为 78.9%（说谎概率大于 50% 为说谎，小于 50% 为诚实）；在第二组"CQT"测试中，李某在回答"你说过威胁赵某的话吗?"时说"没有"的说谎概率为 65.4%。

在"MGQT"测试中，李某在回答"你第一次和赵某发生性关系之前你让她喝饮料了吗?"时说"没有"的说谎概率为 69.9%；李某在回答"你让赵某喝的饮料里放有其他药物吗?"时说"没有"的说谎概率为 68.2%。

在第一组"POT"测试中，李某在回答"你能如实告诉我 2010 年九十月间在你办公室你让赵某喝了什么东西吗?"时说"不是橙汁"的对应最强；在第二组"POT"测试中，李某在回答"2010 年你和赵某第一次发生性关系前你让赵某喝的橙汁里放有什么东西吗?"时说"不是迷魂药"的对应最强。

测试结论：

1. 李某说他没有强奸赵某是谎话；
2. 李某说他没有说过威胁赵某的话是谎话；
3. 李某说他第一次和赵某发生性关系之前没有让她喝饮料是谎话；
4. 李某说他让赵某喝的饮料里没有放其他药物是谎话；
5. 李某说 2010 年 10 月在他办公室他没有让赵某喝橙汁是谎话；
6. 李某说 2010 年他和赵某第一次发生性关系前他没有在赵某喝的橙汁里放迷魂药是谎话。

以上测试充分表明，李某在 2010 年 10 月期间在他的办公室让赵某喝过一瓶加有迷魂药的橙汁，之后将赵某强奸。

（二）对赵某的测试

测试项目：

1. 你是自愿和李某发生性关系的吗？
2. 李某说过威胁你的话吗？
3. 你第一次和李某发生性关系时是你自己脱的衣服吗？
4. 你第一次和李某发生性关系时是他把你的衣服脱了吗？
5. 你和李某发生性关系后他给你拍过裸照吗？

测试时间、仪器、指标及测前检查：

1. 测试时间：2011 年 3 月 16 日
2. 测试仪器：PG—12 型多参量心理测试仪
3. 测试指标：皮肤电、脉搏、血压，上、下呼吸
4. 测前检查：仪器均正常

测试过程及分析说明：

经赵某本人同意，我们对她采用二组"CQT"（准绳问题测试法）和一组"MGQT"（改进的一般问题测试法）进行了测试。

在第一组"CQT"测试中，赵某在回答"你是自愿和李某发生性关系的吗？"时说"不是"的说谎概率为 34.8%（说谎概率大于 50% 为说谎，小于 50% 为诚实）；在第二组"CQT"测试中，赵某在回答"李某说过威胁你的话吗？"时说"有"的说谎概率为 32.4%。

在"MGQT"测试中，赵某在回答"你第一次和李某发生性关系时是你自己脱的衣服吗？"时说"不是"的说谎概率为 18.2%；赵某在回答"你第一次和李某发生性关系时是他把你的衣服脱了吗？"时说"是"的说谎概率为 45.8%；赵某在回答"你和李某发生性关系后他给你拍过裸照吗？"时说"拍了"的说谎概率为 39.9%。

测试结论：

1. 赵某说她不是自愿和李某发生性关系的是实话；
2. 赵某说李某说过威胁她的话是实话；

3. 赵某说她第一次和李某发生性关系时不是她自己脱的衣服是实话；

4. 赵某说她第一次和李某发生性关系时是李某把她的衣服脱了是实话；

5. 赵某说她和李某发生性关系后李某给她拍过裸照是实话。

以上测试充分表明，赵某在 2010 年 10 月期间在李某的办公室不是自愿和李某发生性关系的，李某在和赵某发生了性关系后威胁过赵某，并给她拍了裸照。

案例二　周某强奸案

2006 年四五月份，周某通过 qq 聊天认识了洛阳卫校的女学生小瑶。因为聊得投机，逐步发展到生活中时常聚会聊天。在游玩中，周某多次让小瑶叫上自己的同学一起玩乐，小瑶先后将自己的同学小晓、小菲等人带出来与周某一起玩耍。其中，因为小菲容貌靓丽、身材颀长，周某更是曲意逢迎，甜言蜜语，而小菲则对周某非常戒备，碍于小瑶盛情相邀，加上学习生活的枯燥，以及游玩时周某出手大方，在女学生人数较多的时候，小菲也一起去游玩。

2006 年 5 月 26 日晚上，周某伙同他人以吃晚饭为名将小瑶、小菲等 5 人骗到涧西区，饭后又将 5 人哄骗到浦江宾馆 3007 房间。周某用事先准备好的麻醉药将 5 人麻醉。第二天早上，小瑶等人陆续醒来，发现 5 人混挤在一个房间，而周某等人已经离开，随后五人梳洗后返回学校上课。小菲在醒后即感觉下身不适，因为 5 个同学都在一个房间也没有在意。到学校宿舍后，小菲脱衣检查时发现自己内裤竟然反穿着，于是确信被人侵犯。

5 月 29 日，小瑶向洛阳市公安局天津路派出所报案。公安局立即立案，并着手抓捕周某，但周某如同人间蒸发一样，杳无音信。直到 9 月 4 日才通过技术手段将周某抓获。到案后，周某只承认自己是出于好奇对以上 5 名女生进行麻醉，并无其他犯罪行为。在刑事拘留的几天里，周某拒不供认有性侵犯行为，且侦查民警发现周某在看守所里有与外界串供的嫌疑，周某的同伙朱某又没有任何音讯。刑事拘留的期限一步步逼近，而侦查毫无进展，为了弄清周某口供的真实性以及是否对受害人实施性侵犯，洛阳市公安局天津路派出所遂委托洛阳市人民检察院心理测试中心对周某进行心理测试。

经过测试，证明周某等人对小瑶等人有性侵的事实，周某等人被依法追究刑事责任。

测试项目：

1. 2006 年 5 月 26 日晚上，你同被你们麻醉后的姑娘们发生过性关系吗？

2. 你在被关押期间违法同你的家人联系过吗？

3. 2006 年 5 月 26 日晚上，你和被你们麻醉倒的女孩中的几个人发生了性关系？

4. 2006 年 5 月 26 日晚上，你和朱某总共强奸了几个被你们麻醉后的女孩？

5. 你能如实告诉我你们麻醉倒 5 个女孩的目的吗？

6. 你能如实告诉我你们作案用的麻醉药是谁弄来的吗？

7. 你能告诉我被关押期间你是用什么违法的方式同家人联系的吗？

测试时间、仪器、指标及测前检查：

1. 测试时间：2007 年 5 月 11 日

2. 测试仪器：PG—12 型多参量心理测试仪

3. 测试指标：皮肤电、脉搏、血压，上、下呼吸

4. 测前检查：仪器均正常

测试过程及分析说明：

经周某本人同意，我们对他采用了二组"CQT"（准绳问题测试法）和五组"POT"（紧张峰测试法）进行了测试。

在第一组"CQT"测试中，周某在回答"2006 年 5 月 26 日晚上，你同被你们麻醉后的姑娘们发生过性关系吗？"时说"没有"的说谎概率为 73.2%（说谎概率大于 50% 为说谎，小于 50% 为诚实）；在第二组"CQT"测试中，周某在回答"你在被关押期间违法同你的家人联系过吗？"时说"没有"的说谎概率为 71.8%。

在第一组"POT"测试中，周某在回答"2006 年 5 月 26 日晚上，你和被你们麻醉倒的女孩中的几个人发生了性关系？"时说"不是一个"对应最强；在第二组"POT"测试中，周某在回答"2006 年 5 月 26 日晚上，你和朱某总共强奸了几个被你们麻醉后的女孩？"时说"不是两个"对应最强；在第三组"POT"测试中，周某在回答"你能如实告诉我你们麻醉倒 5 个女孩的目的吗？"时说"不是为了麻醉后和这几个女孩发生性关系"对应最强；在第四组"POT"测试中，周某在回答"你能如实告诉我你们作案用的麻醉药是谁弄来的吗？"时说"不是他自己弄来的"对应最强；在第五组"POT"测试中，周

某在回答"你能告诉我被关押期间你是用什么违法的方式同家人联系的吗？"时说"不是让人带纸条"对应最强。

测试结论：

1. 周某说 2006 年 5 月 26 日晚上，他没有同被他们麻醉后的姑娘们发生过性关系是说谎；

2. 周某说他在被关押期间没有违法同他的家人联系过是说谎；

3. 周某说 2006 年 5 月 26 日晚上，他没有和被他们麻醉倒的女孩中的一个女孩发生性关系是说谎；

4. 周某说 2006 年 5 月 26 日晚上，他和朱某没有强奸两个被他们麻醉后的女孩是说谎；

5. 周某说他们麻醉倒 5 个女孩的目的不是为了麻醉后和这几个女孩发生性关系是说谎；

6. 周某说他们作案用的麻醉药不是他自己弄来的是说谎；

7. 周某说被关押期间他没有让人用带纸条这种违法的方式同家人联系是说谎。

以上测试充分表明：2006 年 5 月 26 日晚上，犯罪嫌疑人周某和朱某作案用的麻醉药是周某自己弄来的；他们麻醉作案的目的是麻醉后和这几个女孩发生性关系；周某 5 月 26 日晚上强奸了一个被他们麻醉后的女孩；周某和朱某一共强奸了两个被他们麻醉后的女孩；周某被关押期间用让人带纸条这种违法的方式同家人联系过。

测试要点 28　在强制猥亵儿童的犯罪案件中，犯罪嫌疑人拒不认罪，如何借助儿童的陈述，通过心理测试来揭露犯罪嫌疑人口供的虚假性以突破其心理防线

案例一　孙某强制猥亵儿童案

2006 年 7 月 17 日中午，宜阳县某镇某村村民李某做好了午饭，直到 12 时 20 分，还瞅不见闺女晓晓回来。正当李某准备起身到学校寻找时，晓晓背着书包进了家门。在吃饭期间，晓晓突然对母亲李某说，孙老师是个大色狼！晓晓才上三年级，从这样一个小孩嘴里蹦出"大色狼"三个字，李某感到非常吃惊，同时也意识到事情的严重。李某放下饭碗，认真地问孩子孙老师为什么是大色狼。晓晓支支吾吾，试图回避这个话题。李某耐心问起晓晓中午放学晚归的原因，最终，晓晓吞吞吐吐地说，是孙老师在办公室为自己补课，而在办公室，身为人师的孙某居然把晓晓抱到自己的大腿上，双手在晓晓身上乱摸！

李某听后犹如晴天霹雳，耐着性子问晓晓发生了几次这样的事情，孙某还对谁有过类似的事情。晓晓说了好几个女孩子的名字，其中还有邻居范某的女儿婷婷。李某气得手脚发抖，放下饭碗径直前往邻居范某家。范某夫妇常年在外打工，婷婷与奶奶张某一起生活。在张某和李某的询问下，婷婷也说了孙某在办公室的一些猥亵行为。听完孩子们的诉说，李某和张某怒不可遏，当即到学校找孙某理论。然而孙某却矢口否认，并指责两位家庭妇女无理取闹，影响正常的教学秩序。校长段某把李某和张某叫到办公室，听了两人的控诉后，感到事态严重，建议两人到派出所报案。

派出所接到举报后，指派干警前往学校调查。在同晓晓和婷婷的谈话中，两人对孙某最近的猥亵行为说得比较清楚，而此前的行为则叙述不清。谈及孙某侵犯的其他女孩子，这些女孩子的家长都已听到相关议论，出于情面等世俗考虑，以种种理由拒绝民警调查询问。在对孙某询问时，孙某则一脸委屈，表示家长们对自己的良苦用心不理解，自己是热脸贴个冷屁股。考虑到孙某是公职人员，且在当地任教多年，采取强制措施必须慎重。为了弄清孙某是否涉嫌猥亵犯罪，宜阳县公安局丰李派出所遂委托洛阳市人民检察院心理测试中心对孙某进行心理测试。

经过测试，确认孙某对多名学生实施了猥亵行为，坚定了民警的破案信心，最终将孙某绳之以法。

测试项目：

1. 你说你没有多次猥亵过女学生是实话吗？
2. 你能够告诉我你曾经猥亵过多少个女学生吗？
3. 你能如实告诉我你都是在什么地点猥亵女学生的吗？
4. 你能如实告诉我你都是在什么地方猥亵女学生的吗？
5. 你能如实告诉我你曾经猥亵过晓晓几次吗？
6. 你能如实告诉我你在学校的什么地方搂过婷婷的腰？

测试时间、仪器、指标及测前检查：

1. 测试时间：2007 年 12 月 25 日

2. 测试仪器：PG—12 型多参量心理测试仪

3. 测试指标：皮肤电、脉搏、血压，上、下呼吸

4. 测前检查：仪器均正常

测试过程及分析说明：

经孙某本人同意，我们对他采用一组"CQT"（准绳问题测试法）、四组"POT"（紧张峰测试法）及一组"GKT"（犯罪情节测试法）进行了测试。

在"CQT"测试中，孙某在回答"你说你没有多次猥亵过女学生是实话吗？"时说"是"的说谎概率为 74.3%（说谎概率大于 50% 为说谎，小于 50% 为诚实）。

在第一组"POT"测试中，孙某在回答"你能够告诉我你曾经猥亵过多少个女学生吗？"时说"不是更多个"对应最强；在第二组"POT"测试中，孙某在回答"你能如实告诉我你都是在什么地点猥亵女学生的吗？"时说"不是在宿舍"对应最强；在第三组"POT"测试中，孙某在回答"你能如实告诉我你都是在什么地点猥亵女学生的吗？时说"不是在电教室"对应最强；在第四组"POT"测试中，孙某在回答"你能如实告诉我你曾经猥亵过晓晓几次吗？时在说"不是更多次"对应最强。

在"GKT"测试中，孙某在回答"你能如实告诉我你在学校的什么地方搂过婷婷的腰？时说"不是在图书室"对应最强。

测试结论：

1. 孙某说他没有多次猥亵过女学生是谎话；

2. 孙某说他没有猥亵过多个女学生是谎话；

3. 孙某说他不是在宿舍猥亵女学生是谎话；

4. 孙某说他不是在电教室猥亵女学生是谎话；

5. 孙某说他没有多次猥亵过晓晓是谎话；

6. 孙某说他没有在图书室搂过婷婷的腰是谎话。

以上测试表明：孙某分别在学校宿舍、图书馆、电教室多次猥亵过多名女学生。

案例二　王某强制猥亵儿童案

2008年10月5日上午，伊川县郭某带幼女小晓（6岁半）到县城青少年宫游玩。因郭某一心关注路边的一个象棋比赛，小晓一人在青少年宫附近玩耍。将近中午，郭某才从象棋的厮杀中抬起头，四下寻找，却再也找不到小晓。郭某立刻慌了神，四处打电话并联系亲友在附近到处寻找，一直寻找到下午5点，仍然见不到小晓的影子。

有亲友劝告郭某立即报警，郭某即到城关派出所报案，称小孩丢失。派出所向伊川县公安局汇报后，伊川县公安局即刻组织专案组四处寻找小晓的蛛丝马迹。

10月6日10点，小晓突然自己走进家中，郭某一家喜出望外，抱着小晓亲了又亲，并立即打电话报告了派出所。随后，家人经询问得知，小晓是被青少年宫附近一个卖玩具的叔叔收留，住了一个晚上后叔叔送她回来的。郭某一家心存感激，决定让小晓带着找到那个叔叔好好感谢。晚上，小晓的母亲李某带孩子睡觉时，意外的发现孩子身上有几处瘀血。问起这些瘀血是怎么造成的，小晓说是那个叔叔用嘴咬的。李某心存疑惑，开始详细询问孩子昨天发生的具体事情。小晓模糊地说了叔叔脱自己衣服及让自己抚摸叔叔大腿根的事情。听完孩子的话，李某和郭某当即明白了很多，立即打电话报警。

派出所民警根据小晓的陈述，很快把卖玩具的叔叔王某抓获归案。到案后，王某始终不承认自己对小晓有猥亵行为，为了弄清王某是否涉嫌猥亵幼女小晓，伊川县公安局遂委托洛阳市检察院心理测试中心对王某进行心理测试。

经过测试，确认王某对幼女小晓实施了猥亵行为，王某的心理防线被突破，很快供述了自己的作案过程。

测试项目：

1. 你2008年10月5日至6日猥亵过小晓吗？

2. 2008年10月5日晚上你脱过小晓的衣服吗？

3. 2008年10月5日晚上你和小晓有过性接触吗？

4. 2008年10月5日你曾经让小晓摸你身体的什么地方了？

5. 2008年10月5日你让小晓用两腿夹你的什么地方了？

6. 你知道小晓身上的瘀血是怎么形成的吗？

7. 你去年 10 月 5—6 日一共猥亵过小晓几次？

测试时间、仪器、指标及测前检查：

1. 测试时间：2009 年 1 月 13 日
2. 测试仪器：PG—12 型多参量心理测试仪
3. 测试指标：皮肤电、脉搏、血压、上、下呼吸
4. 测前检查：仪器均正常

测试过程及分析说明：

经王某本人同意，我们对他采用了三组"CQT"（准绳问题测试法）和二组"GKT"（犯罪情节测试法）以及二组"POT"（紧张峰测试法）进行了测试。

在第一组"CQT"测试中，王某在回答"你 2008 年 10 月 5 日至 6 日猥亵过小晓吗？"时说"没有"的说谎概率为 78.8%（说谎概率大于 50% 为说谎，小于 50% 为诚实）；在第二组"CQT"测试中，王某在回答"2008 年 10 月 5 日晚上你脱过小晓的衣服吗？"时说"没有"的说谎概率为 88.4%；在第三组"CQT"测试中，王某在回答"2008 年 10 月 5 日晚上你和小晓有过性接触吗？"时说"没有"的说谎概率为 66.9%。

在第一组"GKT"测试中，王某在回答"2008 年 10 月 5 日你曾经让小晓摸你身体的什么地方了？"时说"不是阴茎"对应最强；在第二组"GKT"测试中，王某在回答"2008 年 10 月 5 日你让小晓用两腿夹你的什么地方了？"时说"不是阴茎"对应最强。

在第一组"POT"测试中，王某在回答"你知道小晓身上的瘀血是怎么形成的吗？"时说"不是我用嘴吸的"对应最强；在第二组"POT"测试中，王某在回答"你去年 10 月 5—6 日一共猥亵过小晓几次？"时说"不是多次"对应最强。

测试结论：

1. 王某说 2008 年 10 月 5 日至 6 日他没有猥亵过小晓是谎话；
2. 王某说 2008 年 10 月 5 日晚上他没有脱过小晓的衣服是谎话；
3. 王某说 2008 年 10 月 5 日晚上他和小晓没有过性接触是谎话；
4. 王某说 2008 年 10 月 5 日他没有让小晓摸他的阴茎是谎话；
5. 王某说 2008 年 10 月 5 日他没有让小晓用两腿夹他的阴茎是谎话；

6. 王某说小晓身上的瘀血不是他用嘴吸造成的是谎话；

7. 王某说去年10月5—6日他没有多次猥亵过小晓是谎话。

以上测试表明：是王某于2008年10月5日猥亵了幼女小晓。

案例三　常某强制猥亵儿童案

2010年12月1日下午3点多，伊川县白沙镇白沙村村民孟某手持木棍怒气冲冲地跑到常某经营的一个小商店，二话不说，舞动木棍把商店砸个稀烂，常某上前阻拦，两人又扭打在一起。突发的争斗瞬间引起众多村民的围观，部分村民上前劝解，也有村民拨打了报警电话。在村民劝解中，孟某两眼冒火，直喊着常某畜生，该打，该砸，而常某则反口谩骂，围观的群众也是一头雾水，弄不清楚两人或者两家之家发生了什么矛盾。

过了一会，派出所的民警赶到商店门口，看到商店被砸的一片狼藉，而常某眼部、嘴角青肿，两人及围观群众都说不出事发缘由，就把两人带回派出所问话。在派出所，孟某沉默不语，只说常某是畜生，该打，打死也不屈。而常某则说与孟某无冤无仇，3点多的时候孟某闯进自己的商店，拿棍乱砸，自己上前阻拦也被打伤，并称自己的胳膊被孟某打成骨折，要求追究孟某的刑事责任。派出所民警做过笔录之后，送常某到县医院治疗。12月8日，县公安局法医出具鉴定结果：常某胳膊骨头被打骨折，已经构成轻伤。因孟某坚决不同意对常某的损失进行赔偿，白沙镇派出所决定对孟某刑事拘留。

在看守所，民警再次提审孟某，孟某嚎啕大哭，称自己打伤常某，自己愿意承担刑事责任，但常某毫无人性，侵犯不懂事理的孩子，应当千刀万剐才对。承办该案的民警本来对孟某无故殴打常某的行为就十分怀疑，听到这话，愈发觉得事情背后必有隐情。于是，办案民警耐心给孟某讲道理，讲政策，最终孟某才说出了缘由。

原来，2010年12月1日中午，孟某的孩子小雅（7岁）拿着2元钱高兴地回到家，孟某问谁给的钱，小雅说，伯伯不让说，说了伯伯以后就不给钱了。孟某也没有在意，饭后的闲谈中，孟某又问伯伯是谁，小孩子禁不住大人的问话，说出伯伯是常某。因为常某是个光棍，平日里好拈花惹草，言行轻佻，在村里名声很差。孟某有了警惕，开始认真地问孩子伯伯为什么给钱。慢慢地，孩子说起伯伯脱自己裤子、压在自己身上等。孟某一下子明白了，怒不可遏，才拿棍子去教训常某。

至此，办案民警已大致清楚了事情的全部经过，迅即向领导汇报，并把常某拘捕到案。而常某则坚决不承认对小雅有猥亵行为，反而说孟某是为了开脱自己的罪责，倒打一耙。因为没有有力的佐证，只有当事人的一面之词，案件办理陷入困境。为了弄清常某所讲是否属实，是否猥亵，甚至强奸了小雅，伊川县公安局遂委托洛阳市人民检察院心理测试中心对常某进行心理测试。

经过测试，初步确定了常某猥亵、强奸犯罪事实的大致轮廓，为公安机关的突审奠定了基础。

测试项目：

1. 你用你的阴茎接触过小雅的阴部吗？

2. 2010 年 12 月 1 日中午你脱小雅的裤子了吗？

3. 你用手抠摸过小雅的阴道吗？

4. 你能告诉我 2010 年 12 月 1 日中午你给了小雅多少钱吗？

5. 你能如实回答我的问题吗？

6. 你能如实告诉我你总共猥亵小雅几次吗？

测试时间、仪器、指标及测前检查：

1. 测试时间：2011 年 3 月 21 日

2. 测试仪器：PG—12 型多参量心理测试仪

3. 测试指标：皮肤电、脉搏、血压，上、下呼吸

4. 测前检查：仪器均正常

测试过程及分析说明：

经常某本人同意，我们对他采用一组"CQT"（准绳问题测试法）、一组"MGQT"（改进的一般问题测试法）和三组"POT"（紧张峰测试法）进行了测试。

在"CQT"测试中，常某在回答"你用你的阴茎接触过小雅的阴部吗？"时说"没有"的说谎概率为 84.2%（说谎概率大于 50% 为说谎，小于 50% 为诚实）。

在"MGQT"测试中，常某在回答"2010 年 12 月 1 日中午你脱小雅的裤子了吗？"时说"没有"的说谎概率为 72.6%；常某在回答"你用手抠摸过小雅的阴道吗？"时说"没有"的说谎概率为 75.9%。

在第一组"POT"测试中，常某在回答"你能告诉我 2010 年 12 月 1 日中午你给了小雅多少钱吗？"时说"不是 2 元钱"的对应最强；在第二组"POT"测试中，常某在回答"你能如实回答我的问题吗？"时说"没有用阴茎接触过小雅的阴部"的对应最强；在第三组"POT"测试中，常某在回答"你能如实告诉我你总共猥亵小雅几次吗？"时说"不是 1 次"的对应最强。

测试结论：

1. 常某说他的阴茎没有接触过小雅的阴部是谎话；
2. 常某说 2010 年 12 月 1 日中午他没有脱小雅的裤子是谎话；
3. 常某说他没有用手抠摸过小雅的阴道是谎话；
4. 常某说 2010 年 12 月 1 日中午他没有给小雅 2 元钱是谎话；
5. 常某说他没有用阴茎接触小雅的阴部是谎话；
6. 常某说他不是猥亵过小姑娘小雅一次是谎话。

以上测试充分表明，常某在 2010 年 12 月 1 日中午在他的住房内脱下了小雅的裤子，用阴茎接触过小雅的阴部。

三

法院类民事纠纷案件篇

测试要点 29　为骗取保险，故意烧毁车辆，但当事人拒不承认，如何借助心理测试确定调查取证方向

案例一　崔某、冯某涉嫌保险诈骗案

2004 年 6 月 29 日凌晨 1：30 分左右，中国人民财产保险股份有限公司洛阳分公司（以下简称保险公司）承保的豫 C16909 号本田雅阁 2.0 轿车在新安县磁涧镇五里头村附近碰上路边的水泥板后烧毁，接到报案后，保险公司请求市消防支队的专家一同到事故现场进行勘查，发现疑点较多，该车司机崔某有故意烧毁车辆骗取保险的重大嫌疑，但崔某拒不承认自己有意烧毁车辆，保险公司遂委托洛阳市人民检察院心理测试中心对崔某和车主冯某进行心理测试，测试的结果充分表明，6 月 29 日凌晨豫 C16909 号轿车被烧毁是崔某与车主冯某事先策划，由崔某故意实施的。保险公司将此案移送洛阳市经侦支队，调查后查明：豫 C16909 号本田雅阁 2.0 轿车是冯某于 2004 年 4 月花费 2.7 万元购买的，崔某和冯某通过关系到保险公司为该车投了车辆自燃险 35 万元，车主冯某告诉崔某，购买该车加上修理共花费 6 万元，不管崔某怎么处置，冯某要得到 6 万元，于是冯某把车交给崔某，崔某于 2004 年 6 月 29 日凌晨故意制造了事故现场。该案件侦查终结移送检察院后，崔某被以保险诈骗罪批准逮捕。

（一）对崔某的测试

测试题目：

1. 6 月 29 日凌晨你驾驶的轿车是碰撞后自燃的吗？

2. 6 月 28 日晚上你驾车回家是为了拿面吗？

3. 6 月 29 日凌晨你是故意让你开的轿车烧着的吗？

4. 车碰撞后你往车头上洒过油吗？

5. 是车主让你把豫 C16909 号轿车毁掉的吗？

6. 车主事先和你商量过让你把车毁掉吗？

测试时间、仪器、指标及测前检查：

1. 测试时间：2004 年 6 月 30 日
2. 测试仪器：PG—12 型多参量心理测试仪
3. 测试指标：皮肤电、脉搏、血压，上、下呼吸
4. 测前检查：仪器均正常

测试过程及分析说明：

经崔某本人同意，我们对他采用了二组"CQT"（准绳问题测试法）和二组"MGQT"（改进的一般问题测试法）进行了测试。

在第一组"CQT"测试中，崔某在回答"6 月 29 日凌晨你驾驶的轿车是碰撞后自燃的吗？"时说"是"的说谎概率为 69.3%（说谎概率大于 50% 为说谎，小于 50% 为诚实）；在第二组"CQT"测试中，崔某在回答"6 月 28 日晚上你驾车回家是为了拿面吗？"时说"是"的说谎概率为 82.5%。

在第一组"MGQT"测试中，崔某在回答"6 月 29 日凌晨你是故意让你开的轿车烧着的吗？"时说"不是"的说谎概率为 82.6%，崔某在回答"车碰撞后你往车头上洒过油吗？"时说"没有"的说谎概率为 89.7%；在第二组"MGQT"测试中，崔某在回答"是车主让你把豫 C16909 号轿车毁掉的吗？"时说"不是"的说谎概率为 75.6%；崔某在回答"车主事先和你商量过让你把车毁掉吗？"时说"没有"的说谎概率为 79.3%。

测试结论：

1. 崔某说 6 月 29 日凌晨他驾驶的轿车是碰撞后自燃的是说谎；
2. 崔某说 6 月 28 日晚上他驾车回家是为了拿面是说谎；
3. 崔某说 6 月 29 日凌晨他不是故意让他开的轿车烧着的是说谎；
4. 崔某说车碰撞后他没有往车头上洒过油是说谎；
5. 崔某说不是车主让他把豫 C16909 号轿车毁掉的是说谎；
6. 崔某说车主事先没有和他商量过让他把车毁掉是说谎。

综合以上这些问题的测试结果，充分表明 6 月 29 日凌晨，豫 C16909 号轿车被烧毁是崔某和车主冯某事先策划好的，是崔某故意制造了豫 C16909 号轿车被烧毁一案。

（二）对冯某的测试

测试题目：

1. 6 月 28 日晚上你的车出事前你打电话同崔某联系是为了要车吗？

2. 6 月 28 日晚上你的车出事前你见过崔某吗？

3. 6 月 28 日晚上你同崔某在一起过吗？

4. 你事先知道你的车 6 月 28 日晚上要被毁掉吗？

5. 你能告诉我 6 月 28 日晚上你的车出事前你同崔某联系的目的吗？

6. 你能告诉我 6 月 28 口晚上你的车撞到水泥板上时你在什么地方吗？

7. 你能告诉我 6 月 28 日晚上你的车烧着时你在什么地方吗？

测试时间、仪器、指标及测前检查：

1. 测试时间：2004 年 7 月 8 日

2. 测试仪器：PG—12 型多参量心理测试仪

3. 测试指标：皮肤电、脉搏、血压、上、下呼吸

4. 测前检查：仪器均正常

测试过程及分析说明：

经冯某本人同意，我们对他采用了一组"CQT"（准绳问题测试法）和二组"MGQT"（改进的一般问题测试法）以及三组"POT"（紧张峰测试法）进行了测试。

在"CQT"测试中，冯某在回答"6 月 28 日晚上你的车出事前你打电话同崔某联系是为了要车吗？"时说"是"的说谎概率为 77.3%（说谎概率大于 50% 为说谎，小于 50% 为诚实）。

在第一组"MGQT"测试中，冯某在回答"6 月 28 日晚上你的车出事前你见过崔某吗？"时说"没有"的说谎概率为 78.7%；冯某在回答"6 月 28 日晚上你同崔某在一起过吗？"时说"没有"的说谎概率为 74%；在第二组"MGQT"测试中，冯某在回答"你事先知道你的车 6 月 28 日晚上要被毁掉吗？"时说"不知道"的说谎概率为 76.5%。

在第一组"POT"测试中，冯某在回答"你能告诉我 6 月 28 日晚上你的车出事前你同崔某联系的目的吗？"时说"不是同他计谋如何把车毁掉"对应最强；在第二组"POT"测试中，冯某在回答"你能告诉我 6 月 28 日晚上你

的车撞到水泥板上时你在什么地方吗?"时说"在老城"对应最强;在第三组"POT"测试中,冯某在回答"你能告诉我 6 月 28 日晚上你的车烧着时你在什么地方吗?"时说"不在新安"对应最强。

测试结论:

1. 冯某说 6 月 28 日晚上他的车出事前他打电话同崔某联系是为了要车是说谎;

2. 冯某说 6 月 28 日晚上他的车出事前他没有见过崔某是说谎;

3. 冯某说 6 月 28 日晚上他没有同崔某在一起过是说谎;

4. 冯某说他事先不知道他的车 6 月 28 日晚上要被毁掉是说谎;

5. 冯某说 6 月 28 日晚上他的车出事前他同崔某联系的目的不是计谋把车毁掉是说谎;

6. 冯某说 6 月 28 日晚上他的车撞到水泥板上时他在老城是说谎;

7. 冯某说 6 月 28 日晚上他的车烧着时他不在新安是说谎。

综合以上这些问题的测试结果,充分表明 6 月 29 日凌晨豫 C16909 号轿车被烧毁是崔某和车主事先策划好的,是崔某故意制造了豫 C16909 号轿车被烧毁一案,车主冯某在豫 C16909 号轿车被烧毁的过程中去过新安县,车主冯某也参与了 C16909 号轿车被烧毁一案。

案例二　王洲涉嫌保险诈骗案

2002 年 8 月 22 日 22 时 10 分左右,王洲驾驶的 LY30 尼桑轿车在孟津与偃师交界的刘坡村前的乡间公路处着火,轿车报废。根据汽车投保协议,王洲拿着相关部门对该车的自燃认定,向中国人民保险公司洛阳分公司(以下简称保险公司)申请该车保险赔付,保险公司接到赔付申请后派人到现场勘验,发现此车自燃疑点较多:此车保险将于 8 月 24 日到期,而汽车自燃时间却是 8 月 22 日,时间过于凑巧,着火的时间又是夜里 22 时左右,地点是乡间公路,当事人只有王洲一人,缺乏必要的目击证人。由于此案调查取证困难,没有足够证据拒绝王洲的赔付要求,也没有相关证据证明王洲骗保,基于这些,保险公司也不能轻易将此案移送公安机关处理。为解开以上疑点,在征得王洲的同意后,保险公司遂委托洛阳市人民检察院心理测试中心对王洲进行心理测试。测试的结果表明 LY30 尼桑轿车不是自燃,而是王洲将车辆点燃。保险公司将此案移送公安机关后,王洲以涉嫌保险诈骗罪被移送审查起诉。

测试题目：

1. 8 月 22 日晚上你开的尼桑轿车是自己燃烧的吗？
2. 你知道轿车是谁点燃着的吗？
3. 8 月 22 日晚上真的就你一个人开车回家吗？

测试时间、仪器、指标及测前检查：

1. 测试时间：2004 年 7 月 24 日
2. 测试仪器：PG—7 型多道心理测试仪
3. 测试指标：皮肤电、脉搏、上、下呼吸
4. 测前检查：仪器均正常

测试过程及分析说明：

对王洲采用了二组"GQT"（准绳问题测试法）和一组"POT"（紧张峰测试法）进行测试。

在第一组"CQT"测试中，王洲在回答"你说轿车是自己燃烧着的是实话吗？"时说"是"的说谎概率为 67.9%（说谎概率大于 50% 为说谎，小于 50% 为诚实）；在第二组"CQT"测试中王洲回答"8 月 22 日晚上真的就你一个人开车回家吗？"时说"是"的说谎概率仅为 23.5%。

王洲在"POT"测试中回答"轿车是你点燃着的吗"时说"不是"时的对应最强。

测试结论：

1. 王洲说 8 月 22 日晚上他开的尼桑轿车是自己燃烧的系说谎；
2. 王洲说轿车不是他点燃的系说谎；
3. 王洲说 8 月 22 日晚是他自己一个人开车回家是实话。

测试要点 30　当事人为骗取保险赔偿，编造事故或事故发生时间等，如何借助心理测试查明事故真相

案例一　孟某涉嫌保险诈骗案

洛宁县人孟某于 2003 年 12 月 3 日向中国太平洋人寿保险股份有限公司

洛阳中心支公司（以下简称保险公司）报案称，其12月2日晚7时左右骑自行车在郑卢路250公里东200米处被一大货车撞倒，一只眼睛在该事故中失明。保险公司怀疑孟某在说谎，因为在一般情况下，因骑自行车摔伤很难造成这样严重的伤害。在调查过程中，一个匿名的举报电话称，孟某在发生事故时，所骑的车并非是如其所说的自行车而是摩托车，同时孟某并无摩托车的驾驶证和行驶证，更为重要的是孟某系酒后驾驶摩托车自己摔倒受伤。按照保险合同的规定，投保人在酒后驾驶机动车和无照驾驶机动车时所发生的事故，保险公司均可以拒绝赔偿。但是由于是匿名电话，对方没有留下姓名和联系方式，不能从根本上证明孟某是在撒谎。经过几个月的深入调查，仍未能找到其他目击证人，为了弄清事故真相，保险公司遂委托洛阳市人民检察院心理测试中心对孟某进行心理测试。测试结果充分表明，2003年12月2日，孟某喝酒后从其外公家返回时骑摩托车自己摔倒。在测后询问阶段，孟某的心理防线被突破，主动交代了自己编造虚假事故骗保的事实。孟某当即向保险公司表明歉意，并撤回了理赔申请。

测试题目：

1. 你能如实告诉我2003年12月2日你是驾什么车出险的吗？
2. 2003年12月2日你是骑自行车从你外公家返回时出的车祸吗？
3. 2003年12月2日你是骑摩托车从你外公家返回时出的车祸吗？
4. 2003年12月2日你是骑车从你外公家返回时自己摔倒的吗？

测试时间、仪器、指标及测前检查：

1. 测试时间：2004年7月6日
2. 测试仪器：PG—12型多参量心理测试仪
3. 测试指标：皮肤电、脉搏、血压、上、下呼吸
4. 测前检查：仪器均正常

测试过程及分析说明：

经孟某本人同意，我们对他采用了"POT"（紧张峰测试法）和"MGQT"（改进的一般问题测试法）进行了测试。

在"POT"测试中，孟某在回答"你能如实告诉我去年12月2日你是驾

什么车出险的吗?"时说"是骑自行车和不是骑摩托车"对应最强。

在"MGQT"测试中, 孟某在回答"2003 年 12 月 2 日你是骑自行车从你外公家返回时出的车祸吗?"时说"是"的说谎概率为 85.2%(说谎概率大于 50% 为说谎, 小于 50% 为诚实); 孟某在回答"2003 年 12 月 2 日你是骑摩托车从你外公家返回时出的车祸吗?"时说"不是"的说谎概率为 81.6%; 孟某在回答"2003 年 12 月 2 日你是骑车从你外公家返回时自己摔倒的吗?"时说"不是"的说谎概率为 82.3%。

测试结论:

1. 孟某说 2003 年 12 月 2 日他是骑自行车出险的是说谎;
2. 孟某说 2003 年 12 月 2 日他不是骑摩托车出险的是说谎;
3. 孟某说 2003 年 12 月 2 日他是骑自行车从他外公家返回时出的车祸是说谎;
4. 孟某说 2003 年 12 月 2 日他不是骑摩托车从他外公家返回时出的车祸是说谎;
5. 孟某说 2003 年 12 月 2 日他骑车从他外公家返回时不是自己摔倒的是说谎。

综合以上这些问题的测试结果, 充分表明 2003 年 12 月 2 日孟某是喝酒后从他外公家返回时骑摩托车自己摔倒的。

案例二　董某涉嫌保险诈骗案

2004 年 4 月 18 日凌晨 2:56 分, 中国人民财产保险股份有限公司洛阳分公司接到车主董某报案称, 他用在该公司承保的豫 C34955 号大货车拉冰箱, 4 月 18 日凌晨 2 时左右在新疆乌鲁木齐市南郊停车厂 312 国道的火车道桥下与桥洞相撞, 造成冰箱损坏。接到报案后, 保险公司即委托乌鲁木齐市保险公司派人到现场进行调查, 保险公司经调查, 认为该车的出险时间与该车的投保时间有矛盾。因为该车拉冰箱是 4 月 13 日出发, 投保时间是 4 月 16 日, 保险生效时间是 17 日 0 时, 所以该车存在先出险后投保的可能。但在对董某询问时, 董某称其在 4 月 13 日拉冰箱出发前一天即 4 月 12 日向保险公司投保, 并将买保险的钱交给了保险公司的业务员刘某, 拒不承认该车是先出险后投保的事实。经过对保险公司业务员刘某的调查, 刘某称其未给董某办理过车辆保险。为了弄清事故真相, 保险公司遂委托洛阳市人民检察院心理测试中心对董某进行心理测试。测试结果充分表明，董某的豫 C34955 号大货车是在 4 月 16 日出险后才让单位给买了保险。有了测试结果，保险公司进一步明确了调查方向，很快保险公司就查明，董某的车辆由于所拉货物超限超高，没有办理相关许可证，按规定不能进行跨省运输，在通过火车道桥下的桥洞时，货物与桥洞相撞发生事故，事故发生后，为了弥补损失，董某打电话让单位给他的车辆购买了保险。根据查明的事实，保险公司对董某的理赔申请做出了拒赔的决定。

测试题目：

1. 你的豫 C34955 号大货车是 4 月几日在新疆出险的？

2. 你的车是 4 月 18 日出的车祸吗？

3. 4 月 16 日你的车出过车祸吗？

4. 4 月 12 日你把买保险的钱给刘某了吗？

5. 你是在你的车出事后才让单位给你买的保险吗？

测试时间、仪器、指标及测前检查：

1. 测试时间：2004 年 7 月 6 日

2. 测试仪器：PG—12 型多参量心理测试仪

3. 测试指标：皮肤电、脉搏、血压，上、下呼吸

4. 测前检查：仪器均正常

测试过程及分析说明：

经董某本人同意，我们对他采用了一组"POT"（紧张峰测试法）和二组"CQT"（准绳问题测试法）以及一组"MGQT"（改进的一般问题测试法）进行了测试。

在"POT"测试中，董某在回答"你的豫 C34955 号大货车是 4 月几日在新疆出险的？"时说"不是 4 月 16 日"对应最强。

在第一组"CQT"测试中，董某在回答"你的车是 4 月 18 日出的车祸吗？"时说"是"的说谎概率为 75.9%（说谎概率大于 50% 为说谎，小于 50% 为诚实）；在第二组"CQT"测试中，董某在回答"4 月 16 日你的车出过车祸吗？"时说"没有"的说谎概率为 74.3%。

在"MGQT"测试中，董某在回答"4月12日你把买保险的钱给刘彩霞（某）了吗？"时说"给了"的说谎概率为74%；董某在回答"你是在你的车出事后才让单位给你买的保险吗？"时说"不是"的说谎概率为84.9%。

测试结论：

1. 董某说他的豫C34955号大货车不是4月16日在新疆出险是说谎；
2. 董某说他的车是4月18日出的车祸是谎话；
3. 董某说4月16日他的车没有出过车祸是说谎；
4. 董某说4月12日他把买保险的钱给了刘某是说谎；
5. 董某说他不是在他的车出事后才让单位给买的保险是说谎。

综合以上这些问题的测试结果，充分表明董某的豫C34955号大货车是在4月16日出险后才让单位给买了保险。

测试要点31　当事人相互串通向保险公司谎报车辆发生意外事故，在没有其他证据的情况下，如何借助心理测试查明事故真相

案例　张辉涉嫌保险诈骗、秦伟涉嫌伪证案

2003年4月4日早晨5时许，一辆豫CD0405号红色中巴车在洛阳市嵩县蛮峪岭掉入路边几十米的深沟，造成车辆报废。事发后，车主张辉到该县保险公司申请理赔。据张辉讲：他的车被人包用，4月3日晚上送包车人到栾川县城。返回途中，为躲避对面的三轮摩托车往右打方向，不料方向失灵车向沟里滑去，他和售票员秦伟赶快跳下车，因而人未受伤，但车辆已报废。然而保险公司派人进行现场勘查后，发现以下疑点：在路右边的沟沿处有车前左轮留下的痕迹，此时车是不会掉下去的，随后此前左轮又往后倒，然后往右打方向开进沟里，车前左轮留下了"V"字形痕迹。在对秦伟进行询问时，秦伟陈述情况时，显得闪烁其词。虽然发现疑点较多，但车主张辉和售票员秦伟均称车辆是方向失灵掉入沟中，并说不认识包车人，由于没有证人，保险公司遂委托洛阳市人民检察院心理测试中心对张辉、秦伟进行心理测试。测试结果表明，张辉、秦伟在关键问题上均有说谎反应，两人均未通过测试。当天晚上张辉思想上产生了很大压力，承认事故系自己故意造成的，说因为自己的车已跑了很长时间，想换辆新车，但手头又没有那么多钱，便伪造了这起事故。谎言被识破的第二天，张辉即到该县保险公司，撤回了理赔申请。张辉的母亲还专门找到测试人员表示感谢，说谢谢测试人员挽救了他的儿子，心理测试识破了他儿子的谎言，促使他儿子及时纠正了自己的错误行为。

（一）对张辉的测试

测试题目：

4月3日晚上你真的开车到了栾川县城了吗？

测试时间、仪器、指标及测前检查：

1. 测试时间：2003年3月8日
2. 测试仪器：PG—7型多道心理测试仪
3. 测试指标：皮电、脉搏，上、下呼吸
4. 测前检查：仪器均正常

测试过程及分析说明：

经张辉本人同意，对张辉采用了"CQT"（准绳问题测试法）进行测试。

在"CQT"测试中，张在回答"4月3日晚上你真的开车到了栾川县城了吗？"时说"是"的说谎概率为74.5%（说谎概率大于50%为说谎，小于50%为诚实）。

测试结论：

张辉说他4月3日晚上开车到了栾川县城是说谎。

（二）对秦伟的测试

测试题目：

1.4月3日晚上你们真的开车到了栾川县城了吗？

2. 你坐的车开到沟边后往后倒车了吗？

测试时间、仪器、指标及测前检查：

1. 测试时间：2003 年 3 月 8 日
2. 测试仪器：PG—7 型多道心理测试仪
3. 测试指标：皮电、脉搏、上、下呼吸
4. 测前检查：仪器均正常

测试过程及分析说明：

经秦伟本人同意，对秦伟采用了一组"CQT"（准绳问题测试法）和一组"MGQT"（改进的一般问题测试法）进行测试。

在"CQT"测试中，秦在回答"4 月 3 日晚上你们真的开车到了栾川县城了吗？"时说"是"的说谎概率为 79.6%（说谎概率大于 50% 为说谎，小于 50% 为诚实）。

在"MGQT"测试中，秦在回答"你坐的车开到沟边后往后倒车了吗？"时说"没有"的说谎概率为 91%。

测试结论：

1. 秦伟说 4 月 3 日晚上他们开车到了栾川县城是说谎；
2. 秦伟说他坐的车开到沟边没有往后倒车是说谎。

测试要点 32　发生交通事故后，证人证实当事人并不是肇事车辆驾驶人，如何通过心理测试确定真正的肇事者

案例一　孙某涉嫌交通肇事案

2002 年 1 月 4 日下午，洛阳市公安交警支队第三大队接到报警，称一名女子骑摩托车撞倒一位过路老者。交警接到报案后迅速赶到现场，经调查，该事故系孙某驾驶豫 C75786 号两轮摩托车（带其父老孙，其女李某），与步行的洛阳拖研所张某（81 岁）相撞，造成张某受伤，后张某经抢救无效死亡。洛阳市公安交警支队第三大队经过现场勘查和调查，认定孙某、张某应负该事故同等责任。对此认定，张某一方不服，张某之子于 2002 年 3 月

5 日向洛阳市交警支队提出交通事故责任重新认定申请。洛阳市交警支队经调查走访，这起简单的案件让大家为难起来，当事人张某一方称是孙某父亲老孙骑车撞死了张某，孙某说是她自己骑车肇事撞死了张某，双方当事人各执一词，现场目击证人提供的情况也说法不一。此时事故科成了双方攻击的对象，双方都上告洛阳市公安局说交警支队第三大队事故科处事不公，事故科的同志事实上并没有故意偏袒任何一方，却落得里外不是人。在案件调查进入两难境地的情况下，交警支队获得了一条信息，事故发生后老孙往家中打过电话。随着调查的深入，疑点逐渐集中到了孙某的父亲老孙身上。虽然孙某的父亲老孙的嫌疑程度急剧上升，但肇事方一口咬定就是孙某骑车肇事。由于没有直接证据，洛阳市公安局交警支队遂委托洛阳市人民检察院心理测试中心对孙某进行心理测试。最后的测试结论表明，孙某称 2002 年 1 月 4 日中午是她自己骑车肇事撞死了张某系说谎，说不是她父亲骑摩托车撞死了张某系说谎。面对测试结论，孙某自知理亏，主动找对方协商赔偿事宜。

测试题目：

1. 今年 1 月 4 日中午你骑摩托车撞死了张某是真的吗？
2. 是不是你父亲开车撞死了张某？
3. 是你父亲开车撞死了张某吗？
4. 是你开车撞死了张某吗？
5. 案发时你在现场吗？
6. 你说不是你父亲撞死了张某是实话吗？

测试时间、仪器、指标及测前检查：

1. 测试时间：2002 年 4 月 10 日
2. 测试仪器：PG—7 型多道心理测试仪
3. 测试指标：皮电、脉搏、上、下呼吸
4. 测前检查：仪器均正常

测试过程及分析说明：

经孙某本人同意，对孙某采用了"CQT"（准绳问题测试法）、"GKT"（犯罪情节测试法）和"MGQT"（改进的一般问题测试法）3 种方法进行测试。

孙某在"CQT"测试中，在回答"今年 1 月 4 日中午你骑摩托车撞死了张某是真的吗？"时说"是真的"的说谎概率为 83.6%（说谎概率大于 50% 为说谎，小于 50% 为诚实）。

孙某在"GKT"测试中在回答说"不是她父亲骑摩托车撞死了张某"的对应最强。

孙某在"MGQT"测试中，回答"是不是你父亲开车撞死了张某？"为"不是"、回答"是你父亲开车撞死了张某吗？"为"不是"、回答"是你开车撞死了张某吗？"为"是"、回答"案发时你在现场吗？"为"在"、回答"你说不是你父亲撞死了张某是实话吗？"为"是"，5 个问题的综合说谎概率为 88.2% 。

测试结论：

1. 孙某说 2002 年 1 月 4 日中午是她自己骑车肇事撞死了张某是说谎；
2. 孙某回答说不是她父亲骑摩托车撞死了张某是说谎。

案例二　金某涉嫌交通肇事案

2002 年 8 月 6 日早上，洛阳市公安交警支队接到报警，称一小货车撞倒一过路人，路人受伤严重。交警接到报案后迅速赶到现场，经调查，2002 年 8 月 6 日 6 时 40 分左右，金某驾驶豫 C72604 号昌河牌小货车，沿联盟路由西向东行驶至实验小学路口处，遇辛某由南向北过道路，因金某驾车行至路口未提前减速，致使小货车左前大灯处与辛某相撞，造成了辛某重伤，后辛某送往医院抢救无效而死亡的重大交通事故。金某因交通肇事被捕后，有人举报说当天驾车肇事者不是金某，金某是事故发生后才到的现场。根据这一线索，交警部门进一步调查，对事故发生时金某的手机通话记录进行查询，事故发生的时间段内，金某接到过孙某打入的电话，问及通话的内容，金某称与事故无关，并始终称是自己开车肇事。为确定金某是否是真正的肇事者，洛阳市公安局交警支队事故科遂委托洛阳市人民检察院心理测试中心对金某进行心理测试。测试结果表明，金某说2002年8月6日早晨是他自己开车撞死了辛某系说谎，说不是孙某开车撞死了辛某系说谎。有了测试结果，交警部门有了明确的侦查方向，很快就查明，2002年8月6日早晨是车主孙某开车发生了事故，由于孙某没有驾照，就打电话叫来了自己的司机金某过来顶替，最终孙某、金某分别被以交通肇事罪、包庇罪追究刑事责任。

测试题目：

1. 今年8月6日早晨是你亲自开车撞死了辛某吗？
2. 你知道8月6日早晨是谁开车撞死了辛某吗？
3. 你说今年8月6日早晨不是孙某开车撞死了辛某是实话吗？

测试时间、仪器、指标及测前检查：

1. 测试时间：2002年11月26日
2. 测试仪器：PG—7型多参量心理测试仪
3. 测试指标：皮肤电、脉搏、血压，上、下呼吸
4. 测前检查：仪器均正常

测试过程及分析说明：

经金某本人同意，对金某采用了"POT"（紧张峰测试法）和"CQT"（准绳问题测试法）以及"MGQT"（改进的一般问题测试法）进行测试。

在"POT"测试中，金某在回答"你知道8月6日早晨是谁开车撞死了辛某吗？"时说"不是孙某"对应最强。

在"CQT"测试中，金某在回答"今年8月6日早晨是你亲自开车撞死了辛某吗？"时说"是"的说谎概率为55.5%（说谎概率大于50%为说谎，小于50%为诚实）。

在"MGQT"测试中，金某在回答"你说今年8月6日早晨不是孙某开车撞死了辛某是实话吗？"时说"是"的说谎概率为91.5%。

测试结论：

1. 金某说今年 8 月 6 日早晨是他自己开车撞死了辛某是说谎。
2. 金某说今年 8 月 6 日早晨不是孙某开车撞死了辛某是说谎。

测试要点 33　发生交通事故后，肇事者逃逸，通过间接证据找到肇事嫌疑人，但当事人拒不承认肇事事实且无直接证据证明，如何通过心理测试确定当事人是否是真正的肇事者

案例一　邓某涉嫌交通肇事案

2007 年 12 月 3 日早晨 6 时 30 分左右，新安县 310 国道高平村附近发生一起交通肇事案，一辆由西向东行驶的银灰色或白色面包车将一名由北往南横穿马路的妇女撞死后逃逸。新安县公安局交警大队接到报案后，经初步调查发现，住新安县铁门镇的邓某有作案嫌疑。面对交警的询问，邓某拒不承认自己开车撞了人，因为受害人已经死亡，没有直接证据证明邓某开车肇事。不能冤枉一个好人，也不能放过一个坏人，更不能让死者不明不白地死去，死者家属失去亲人的同时还不能得到经济赔偿。新安县公安局交警大队遂委托洛阳市人民检察院心理测试中心对邓某进行心理测试。测试结果表明，2007 年 12 月 3 日早晨是邓某自己开车肇事后逃逸。面对测试结果，邓某的思想有了松动，测后的询问过程中，通过与邓某晓之以理，动之以情，推心置腹地谈话，邓某泪流满面，最终承认自己开车肇事的事实，并主动赔偿了对方的经济损失。

测试题目：

1. 12·3 交通肇事案与你有关系吗？
2. 12 月 3 日早晨是你开车肇事的吗？
3. 你能如实告诉我你的倒车镜是什么时候更换的吗？
4. 你能如实回答我的问题吗？
5. 你知道 2007 年 12 月 3 日肇事车的什么部位撞到人的吗？
6. 你能如实告诉我 2007 年 12 月 3 日早晨 6 时 40 分左右你在什么地方吗？

测试时间、仪器、指标及测前检查：

1. 测试时间：2008 年 1 月 18 日
2. 测试仪器：PG—12 型多参量心理测试仪
3. 测试指标：皮肤电、脉搏、血压、上、下呼吸
4. 测前检查：仪器均正常

测试过程及分析说明：

经邓某本人同意，我们对他采用一组"CQT"（准绳问题测试法）和一组"MGQT"（改变的一般问题测试法）以及四组"POT"（紧张峰测试法）进行了测试。

在"CQT"测试中，邓某在回答"12·3 交通肇事案与你有关系吗？"时说"没有"的说谎概率为 80.3%（说谎概率大于 50% 为说谎，小于 50% 为诚实）。

在"MGQT"测试中，邓某在回答"12 月 3 日早晨你开车肇事了吗？"时说"不是"的说谎概率为 78.5%。

在第一组"POT"测试中，邓某在回答"你能如实告诉我你的倒车镜是什么时候更换的吗？"时说"是 2007 年 5 月"和"不是 2007 年 12 月"对应最强；在第二组"POT"测试中，邓某在回答"你能如实回答我的问题吗？"时说"2007 年 12 月 3 日早晨不是他自己开车肇事的"对应最强；在第三组"POT"测试中，邓某在回答"你知道 2007 年 12 月 3 日肇事车的什么部位撞到人的吗？"时说"不知道是左前部位"对应最强；在第四组"POT"测试中，邓某在回答"你能如实告诉我 2007 年 12 月 3 日早晨 6 时 40 分左右你在什么地方吗？"时说"不是在新安县城"对应最强。

测试结论：

1. 邓某说 12·3 交通肇事案与他自己没有关系是谎话；
2. 邓某说 12 月 3 日早晨不是他自己开车肇事是谎话；
3. 邓某说他的倒车镜是 2007 年 5 月更换的是谎话；
4. 邓某说他的倒车镜不是 2007 年 12 月更换的是说谎；
5. 邓某说 2007 年 12 月 3 日早晨不是他自己开车肇事的是谎话；
6. 邓某说他不知道 2007 年 12 月 3 日肇事车的左前部位撞到人的是谎话；
7. 邓某说 2007 年 12 月 3 日早晨 6 时 40 分左右他不在新安县城是说谎。

以上测试表明：2007 年 12 月 3 日早晨是邓某自己开车肇事后逃逸。

案例二　牛某涉嫌交通肇事案

　　2008 年 4 月 28 日 8 点，伊川县交警大队接到伊川县鸦岭乡鸦岭村孙某报案称：其女儿孙某某（5 岁）于 2008 年 4 月 27 日 15 时 20 分左右，在伊川县鸦岭村公路边被一辆二轮摩托车撞伤，肇事车辆车后带两个铁筐，肇事后由南向北逃逸，经其打听怀疑肇事者为伊川县鸦岭乡牛某。交警大队多次对牛某询问，牛某称其 4 月 27 日 14 时左右在伊川县白沙乡长寿寨村卖鸡，15 时左右由白沙乡回鸦岭乡，16 时左右到鸦岭乡，沿鸦岭乡公路由南向北驾驶二轮摩托车带两个铁筐经过鸦岭村，但否认撞过人。由于事发现场仅有三个五岁左右的小孩，不能清楚描述肇事车辆和骑车人的特征，没有直接证据证明牛某为事故的肇事人。为确定牛某是否是与此案有关，伊川县交警大队遂委托洛阳市人民检察院心理测试中心对牛某进行心理测试。测试结果表明，是牛某于 2008 年 4 月 27 日下午在鸦岭村骑摩托车肇事后逃逸，面对测试结果，牛某心里的一丝侥幸荡然无存，主动承认了肇事后逃逸的事实，并表示愿意与对方协商赔偿事宜。

测试题目：

1. 2008 年 4 月 27 日下午的交通肇事案和你有关吗？
2. 今年 4 月 27 日下午是你骑摩托车肇事的吗？
3. 你告诉过别人你骑摩托车肇事了吗？
4. 肇事后你往后看了吗？
5. 你知道 2008 年 4 月 27 下午的交通肇事案是谁干的吗？
6. 你知道今年 4 月 27 日下午在鸦岭村肇事现场当时有几个小孩吗？
7. 你知道今年 4 月 27 日下午在鸦岭村被撞伤的是哪个小孩吗？
8. 你知道今年 4 月 27 日在鸦岭村骑摩托车的人肇事后有什么行为吗？

测试时间、仪器、指标及测前检查：

1. 测试时间：2008 年 9 月 2 日
2. 测试仪器：PG—12 型多参量心理测试仪
3. 测试指标：皮肤电、脉搏、血压、上、下呼吸
4. 测前检查：仪器均正常

测试过程及分析说明：

经牛某本人同意，我们对他采用一组"CQT"（准绳问题测试法）、一组"MGQT"（改进的一般问题测试法）和四组"POT"（紧张峰测试法）。

在"CQT"测试中，牛某在回答"2008 年 4 月 28 日下午的交通肇事案和你有关吗？"时说"没有"的说谎概率为 78.9%（说谎概率大于 50% 为说谎，小于 50% 为诚实）。

在"MGQT"测试中，牛某在回答"今年 4 月 27 日下午是你骑摩托车肇事的吗？"时说"不是"的说谎概率为 72.9%；牛某在回答"你告诉过别人你骑摩托车肇事了吗？"时说"没有"的说谎概率为 56.7%；牛某在回答"肇事后你往后看了吗？"时说"没有"的说谎概率为 81.8%。

在第一组"POT"测试中，牛某在回答"你知道 2008 年 4 月 27 下午的交通肇事案是谁干的吗？"时说"不是他自己"对应最强；在第二组"POT"测试中，牛某在回答"你知道今年 4 月 27 日下午在鸦岭村肇事现场当时有几个小孩吗？"时说"不是 3 个"对应最强；在第三组"POT"测试中，牛某在回答"你知道今年 4 月 27 日下午在鸦岭村被撞伤的是哪个小孩吗？"时说"不是从路东边往西边跑的小孩"对应最强；在第四组"POT"测试中，牛某在回答"你知道今年 4 月 27 日在鸦岭村骑摩托车的人肇事后有什么行为吗？"时说"不是两脚着地骑车跑了"对应最强。

测试结论：

1. 牛某说 2008 年 4 月 27 日下午的交通肇事案和他没有关系是谎话；
2. 牛某说今年 4 月 27 日下午不是他骑摩托车肇事是谎话；
3. 牛某说他没有告诉过别人他骑摩托车肇事了是谎话；
4. 牛某说肇事后他没有往后看是谎话；
5. 牛某说 2008 年 4 月 27 下午的交通肇事案不是他干的是谎话；
6. 牛某说今年 4 月 27 日下午在鸦岭村肇事现场不是三个小孩是谎话；
7. 牛某说今年 4 月 27 日下午在鸦岭村被撞伤的不是从路东边往西边跑的小孩是谎话；
8. 牛某说今年 4 月 27 日在鸦岭村骑摩托车的人肇事后不是两脚着地骑车跑了是谎话。

以上测试充分表明：是牛某于 2008 年 4 月 27 日下午在鸦岭村骑摩托车肇事后逃逸的。

案例三　董某涉嫌交通肇事案

2005 年 10 月 31 日 19 时 48 分，洛阳市交警支队接到报警，在洛栾快速通道李屯特大桥上发生一起肇事逃逸交通事故，事故致刘某（男，15 岁）当场死亡。报警人只看到现场有一人倒在洛栾快速通道李屯特大桥西侧路面。事故发生后，民警在事故现场收集到肇事车辆掉落的蓝色漆片和转向灯大灯罩碎片，确定事故车辆是解放车型。由于有人举报说豫 C32642 号车有嫌疑，遂把工作重点放在该车上，花费了大量的精力，直到 2007 年才通过几次鉴定彻底排除豫 C32642 号车的作案嫌疑。2008 年 10 月，伊川县人董某和他的豫 C25772 号车进入办案民警的视野，经提取 C25772 号车的车漆等有关检验材料到公安部进行鉴定，证实事故现场掉落的蓝色漆片和豫 C25772 号车的车漆完全吻合，但董某拒不承认此案系自己所为。为确定董某与此案的关系，洛阳市交警支队事故处理大队遂委托洛阳市人民检察院心理测试中心对董某进行心理测试。测试结果表明，2005 年 10 月一天下午 6—8 点之间董某驾驶豫 C25772 号车在洛栾快速通道李屯特大桥上发生交通事故后逃逸。面对测试结果，董某的心理防线彻底被攻破，主动交代了自己驾车发生交通事故的事实，最终董某以交通肇事罪被追究刑事责任。

测试题目：

1. 最近几年你开车发生过肇事逃逸事故吗？

2. 你能如实告诉我你的豫 C25772 号车是哪一年发生的肇事逃逸事故吗？

3. 你能如实告诉我你的车是 2005 年几月发生的肇事逃逸事故吗？

4. 你能如实告诉我你的车是在什么地点发生的肇事逃逸事故？

5. 你能如实告诉我你的车肇事逃逸那天是什么时间发生的事故吗？

6. 是你的车 2005 年 10 月肇事撞死人的吗？

7. 是你的车在李屯特大桥上肇事撞死人的吗？

8. 当时你知道你的车肇事了吗？

测试时间、仪器、指标及测前检查：

1. 测试时间：2009 年 3 月 2 日

2. 测试仪器：PG—12 型多参量心理测试仪

3. 测试指标：皮肤电、脉搏、血压，上、下呼吸

4. 测前检查：仪器均正常

测试过程及分析说明：

经董某本人同意，我们对他采用了一组"CQT"（准绳问题测试法）和四组"POT"（紧张峰测试法）以及一组"MGQT"（改进的一般问题测试法）进行了测试。

在"CQT"测试中，董某在回答"最近几年你开车发生过肇事逃逸事故吗？"时说"没有"的说谎概率为78%（说谎概率大于50%为说谎，小于50%为诚实）。

在第一组"POT"测试中，董某在回答"你能如实告诉我你的豫C25772号车是那一年发生的肇事逃逸事故吗？"时说"不是2005年"对应最强；在第二组"POT"测试中，董某在回答"你能如实告诉我你的车是2005年几月发生的肇事逃逸事故吗？"时说"不是2005年10月"对应最强；在第三组"POT"测试中，董某在回答"你能如实告诉我你的车是在什么地点发生的肇事逃逸事故？"时说"不是在李屯大桥上"对应最强；在第四组"POT"测试中，董某在回答"你能如实告诉我你的车肇事逃逸那天是什么时间发生的事故吗？"时说"不是在下午6—8点之间"对应最强。

在"MGQT"测试中，董某在回答"是你的车2005年10月肇事撞死人的吗？"时说"不是"的说谎概率为70%；董某在回答"是你的车在李屯特大桥上肇事撞死人的吗？"时说"不是"的说谎概率为65.6%；董某在回答"当时你知道你的车肇事了吗？"时说"不知道"的说谎概率为73.4%。

测试结论：

1. 董某说最近几年他开车没有发生过肇事逃逸事故是谎话；
2. 董某说他的豫C25772号车不是2005年发生的肇事逃逸事故是谎话；
3. 董某说他的车不是2005年10月发生的肇事逃逸事故是谎话；
4. 董某说他的车不是在李屯大桥上发生的肇事逃逸事故是谎话；
5. 董某说他的车肇事逃逸那天不是在下午6—8点之间发生的事故是谎话；
6. 董某说他的车2005年10月没有肇事撞死人是谎话；
7. 董某说他的车不是在李屯特大桥上肇事撞死人是谎话；
8. 董某说当时他不知道他的车肇事了是谎话。

案例一　潘某、葛某涉嫌交通肇事案

2009 年 1 月 24 日晚，汝阳县公安局交警大队接到报案称，一辆无号牌摩托车与行人相撞，造成行人受重伤。交警接到报案后迅速赶到现场，发现摩托车已倒地，车上两人摔倒在路边，两人身上都是满身酒气，经调查现场目击证人，查明：2009 年 1 月 24 日 19 时许，潘某饮酒后骑无号牌摩托车，乘带葛某由西向东行驶时，与行人葛虎相撞，造成葛虎受重伤。当交警在案发后第二天去医院找到潘某时，潘某称案发时是葛某驾驶摩托车，自己是在摩托车后面坐着，并为自己找来了证人马某。当事人葛某称，车是自己的，当时潘某喝酒喝醉了自己不让他骑，但潘某借着酒劲把摩托车抢过去，自己拗不过他，才只好让他骑车自己坐在后面。由于马某与潘某是亲戚关系，且马某的证言与现场证人证言不一致，交警部门就先从马某入手，委托洛阳市人民检察院心理测试中心对马某进行心理测试，测试结果表明马某说他看见潘某坐在摩托车后面这个证言是虚假的。面对测试结果，马某道出了实情，由于马某和潘某是亲戚，潘某找到马某让其作证，马某只好按照潘某交代自己的内容向交警部门作证。突破了马某后，紧接着汝阳县公安局交警大队委托洛阳市人民检察院心理测试中心对潘某和葛某进行心理测试。测试结果表明，是潘某骑摩托车撞伤葛虎的，不是葛某骑摩托车撞伤葛虎的。面对测试结果，潘某终于说出了实情，由于当时喝醉了也不清楚事情是怎么发生的，为了推卸自己的责任，就找了自己的亲戚给自己作假证。测试的第二天，潘某及家人主动找受害方进行了赔偿。

（一）对潘某的测试

测试项目：

1. 是你酒后骑摩托车把葛虎撞伤的吗？

2. 2009 年 1 月 24 日晚上摩托车撞上人时你是坐在后面吗？

3. 是你家人找人作的假证词吗？

4. 你知道 2009 年 1 月 24 日 19：20 分左右是谁骑摩托车撞伤葛虎的吗？

测试时间、仪器、指标及测前检查：

1. 测试时间：2009 年 4 月 13 日
2. 测试仪器：PG—12 型多参量心理测试仪
3. 测试指标：皮肤电、脉搏、血压，上、下呼吸
4. 测前检查：仪器均正常

测试过程及分析说明：

经潘某本人同意，我们对他采用"CQT"（准绳问题测试法）和"MGQT"（改进的一般问题测试法）以及"POT"（紧张峰测试法）进行了测试。

在"CQT"测试中，潘某在回答"是你酒后骑摩托车把葛虎撞伤的吗？"时说"不是"的说谎概率为 85.6%（说谎概率大于 50% 为说谎，小于 50% 为诚实）。

在"MGQT"测试中，潘某在回答"2009 年 1 月 24 日晚上摩托车撞伤人时你是坐在后面吗？"时说"是"的说谎概率为 69.9%；潘某在回答"是你家人找人作的假证词吗？"时说"不是"的说谎概率为 70.7%。

在"POT"测试中，潘某在回答"你知道 2009 年 1 月 24 日 19：20 分左右是谁骑摩托车撞伤葛虎的吗？"时说"不是他自己"对应最强。

测试结论：

1. 潘某说不是他酒后骑摩托车把葛虎撞伤的是谎话；
2. 潘某说 2009 年 1 月 24 日晚上摩托车撞住人时他是坐在后面是谎话；
3. 潘某说不是他家人找人作的假证词是谎话；
4. 潘某说 2009 年 1 月 24 日 19：20 分左右不是他骑摩托车撞伤葛虎的是谎话。

综合以上的测试表明：是潘某骑摩托车撞伤葛虎的。

（二）对葛某的测试

测试项目：

1. 2009 年 1 月 24 日晚上是你酒后骑摩托车撞伤人了吗？
2. 2009 年 1 月 24 日晚上摩托车撞住人时你是坐在后面吗？
3. 那天骑摩托车撞住人时坐在前面的是潘某吗？
4. 你知道 2009 年 1 月 24 日 19：20 分左右是谁骑摩托车撞到人的吗？

测试时间、仪器、指标及测前检查：

1. 测试时间：2009 年 4 月 13 日
2. 测试仪器：PG—12 型多参量心理测试仪
3. 测试指标：皮肤电、脉搏、血压，上、下呼吸
4. 测前检查：仪器均正常

测试过程及分析说明：

经葛某本人同意，我们对他采用"CQT"（准绳问题测试法）和"MGQT"（改进的一般问题测试法）以及"POT"（紧张峰测试法）进行了测试。

在"CQT"测试中，葛某在回答"2009 年 1 月 24 日晚上是你酒后骑摩托车撞伤人了吗？"时说"不是"的说谎概率为 34.7%（说谎概率大于 50% 为说谎，小于 50% 为诚实）。

在"MGQT"测试中，葛某在回答"2009 年 1 月 24 日晚上摩托车撞住人时你是坐在后面吗？"时说"是"的说谎概率为 28.0%；葛某在回答"那天骑摩托车撞住人时坐在前面的是潘某吗？"时说"是"的说谎概率为 23.6%。

在"POT"测试中，葛某在回答"你知道 2009 年 1 月 24 日 19：20 分左右是谁骑摩托车撞伤人的吗？"时说"不是他自己"对应不是最强。

测试结论：

1. 葛某说 2009 年 1 月 24 日晚上不是他酒后骑摩托车撞伤人了是实话；
2. 葛某说 2009 年 1 月 24 日晚上摩托车撞住人时他是坐在后面是实话；
3. 葛某说那天骑摩托车撞住人时坐在前面的是潘某是实话；
4. 葛某说 2009 年 1 月 24 日 19：20 分左右不是他骑摩托车撞伤葛虎的是

实话。

综合以上的测试表明：不是葛某骑摩托车撞伤葛虎的。

（三）对马某的测试

测试项目：

1.2009 年 1 月 24 日晚上你看见潘某坐在摩托车后面吗？

2.2009 年 1 月 24 日晚上你看见骑摩托车的人是潘某吗？

3. 有人故意让你做虚假证言的吗？

4.2009 年 1 月 24 日晚上你看见谁坐在肇事摩托车的后面吗？

测试时间、仪器、指标及测前检查：

1. 测试时间：2009 年 4 月 13 日

2. 测试仪器：PG—12 型多参量心理测试仪

3. 测试指标：皮肤电、脉搏、血压，上、下呼吸

4. 测前检查：仪器均正常

测试过程及分析说明：

经马某本人同意，我们对他采用"CQT"（准绳问题测试法）、"MGQT"（改进的一般问题测试法）和"POT"（紧张峰测试法）进行了测试。

在"CQT"测试中，马某在回答"2009 年 1 月 24 日晚上你看见潘某坐在摩托车后面吗？"时说"是"的说谎概率为 73.6%（说谎概率大于 50% 为说谎，小于 50% 为诚实）。

在"MGQT"测试中，马某在回答"2009 年 1 月 24 日晚上你看见骑摩托车的人是潘某吗？"时说"不是"的说谎概率为 73.6%；马某在回答"有人故意让你作虚假证言的吗？"时说"不是"的说谎概率为 95.4%。

在"POT"测试中，马某在回答"2009 年 1 月 24 日晚上你看见谁坐在肇事摩托车的后面吗？"时说"是潘某"对应最强。

测试结论：

1. 马某说 2009 年 1 月 24 日晚上他看见潘某坐在摩托车后面是谎话；

2. 马某说 2009 年 1 月 24 日晚上他看见骑摩托车的人不是潘某是谎话；

3. 马某说没有人故意让他做虚假证言是谎话；

4. 马某说 2009 年 1 月 24 日晚上他看见是潘某坐在肇事摩托车的后面是谎话。

综合以上的测试表明：马某说他看见潘某坐在摩托车后面这个证言是虚假的。

案例二　周某涉嫌交通肇事案

2011 年 4 月 27 日 5 时左右，新安县交警大队接到报案称，在新安县 310 国道磁涧街十字路口发生一起交通事故，1 人死亡。新安县交警大队接到报案后，对现场进行了勘察，死者牛某，女，70 岁，根据当时路边的两名目击者反映，看到两辆罐式半挂车，一前一后由西向东行驶过来，第一辆罐车将老人撞倒，没有停车然后向东驶去，后跟着第二辆罐车减了减速，灯光闪了两下，往北绕了一下也开走了。通过目击者的陈述，交警大队对发生交通肇事时通过的车辆进行了排查，符合描述的共有三辆重型罐车，其中车牌号为豫 H72971 的车嫌疑最大。对当时驾驶车辆的司机周某进行询问，他称 2011 年 4 月 27 日凌晨自己驾驶豫 H72971 车由西向东经过新安县 310 国道磁涧街十字路口，但不承认撞过人。由于事故发生在凌晨，路上行人较少，视线不好，当时的目击者仅看到是两辆罐式半挂车中的其中一辆撞住人，但并未看清那辆车车牌号。为了弄清周某所讲是否属实，是否是本次事故的肇事者，洛阳市新安县交警大队遂委托洛阳市人民检察院心理测试中心对周某进行心理测试。心理测试结果表明，4 月 27 日 5 点左右在新安县磁涧镇是周某驾驶豫 H72971 车肇事的。有了测试结果，办案民警进一步增强了侦破此案的信心。经过进一步调查，确定周某就是本案的肇事者，当时周某撞住人后，他看到后面还跟着一辆车，为了逃避责任，心存侥幸开车逃离了现场。最终公安机关以交通肇事罪将周某移送审查起诉。

测试题目：

1. 4 月 27 日 5 点左右新安县磁涧镇发生的交通肇事和你有关吗？

2. 4 月 27 日 5 点左右在新安县磁涧镇是你开车撞人了吗？

3. 你能如实告诉我你车前保险杠的裂痕是什么时间损坏的吗？

4. 你能如实告诉我你车前保险杠前裂是怎么造成的吗？

5. 你能如实告诉我车前保险杠前裂是在什么地方造成的吗？

6. 你能如实告诉我 4 月 27 日 5 时左右是谁驾驶豫 H72971 车肇事的吗？

测试时间、仪器、指标及测前检查：

1. 测试时间：2011 年 6 月 2 日

2. 测试仪器：PG—12 型多参量心理测试仪

3. 测试指标：皮肤电、脉搏、血压，上、下呼吸

4. 测前检查：仪器均正常

测试过程及分析说明：

经周某本人同意，我们对他采用了一组"MGQT"（改进的一般问题测试法）和四组"POT"（紧张峰问题测试法）进行了测试。

在"MGQT"测试中，周某在回答"4 月 27 日 5 时左右新安县磁涧镇发生的交通肇事和你有关吗？"时说"没有"的说谎概率为 72.8%（说谎概率大于 50% 为说谎，小于 50% 为诚实）；周某在回答"4 月 27 日 5 时左右在新安县磁涧镇是你开车撞人了吗？"时说"不是"的说谎概率为 76.9%。

在第一组"POT"测试中，周某在回答"你能如实告诉我你车前保险杠的裂痕是什么时间损坏的吗？"时说"不是 4 月 27 日"和"是 4 月 30 日"对应最强；在第二组"POT"测试中，周某在回答"你能如实告诉我你车前保险杠前裂是怎么造成的吗？"时说"不是撞人造成的"和"是挂到树上造成的"对应最强；在第三组"POT"测试中，周某在回答"你能如实告诉我你车前保险杠前裂是在什么地方造成的吗？"时说"不是在新安县磁涧镇"对应最强；在第四组"POT"测试中，周某在回答"你能如实告诉我 4 月 27 日 5 时左右是谁驾驶豫 H72971 车肇事的吗？"时说"不是他自己"对应最强。

测试结论：

1. 周某说 4 月 27 日 5 时左右新安县磁涧镇发生的交通肇事和他没有关系是谎话；

2. 周某说 4 月 27 日 5 时左右在新安县磁涧镇不是他开车撞住人了是谎话；

3. 周某说车前保险杠的裂痕不是 4 月 27 日损坏的是谎话，是 4 月 30 日损坏的是谎话；

4. 周某说车前保险杠前裂是挂到树上造成的是谎话，不是撞住人造成的是谎话；

5. 周某说车前保险杠前裂不是在新安县磁涧镇造成的是谎话；

6. 周某说 4 月 27 日 5 时左右不是他驾驶豫 H72971 车肇事的是谎话。

以上测试表明：4 月 27 日 5 时左右在新安县磁涧镇是周某驾驶豫 H72971 车肇事的。

测试要点 35　双方约定先写"收条"后付款，但债务人拿到"收条"后拒绝付款，如何通过心理测试确定"收条"上的款项是否支付

案例一　方某和席某、付某承揽合同纠纷案

2006 年 4 月 28 日方某与席某、付某签订建筑工程承包合同，约定由方某建设席某、付某所有的位于南曹乡尚庄村牛羊肉批发市场工程，承包合同对工程款的计算方法作出明确约定。2006 年 10 月 8 日方某与席某、付某经核算确定工程款的数额为 104380.7 元，后方某一直向席某、付某催要工程款，但席某、付某支付部分工程款后剩余 44600 元迟迟不予支付。后经尚庄村村委会人员协调，席某、付某同意把剩余的工程款 44600 元给方某。席某、付某说让方某打个收到剩余的工程款 44600 元的条，然后把钱打到方某的银行卡上，结果席某、付某拿到方某打的收到条后一直没有把剩余的工程款 44600 元给方某。后来，方某去找席某、付某要钱时，席某、付某竟然说不欠方某钱。无奈之下，方某一纸诉状将席某、付某二人起诉至郑州市管城回族区人民法院，要求二人归还下欠的工程款 44600 元。审理过程中，席某、付某出示了方某亲笔书写的收到 44600 元剩余工程款的收到条。方某将当时的情况向法官陈述了一遍，并申请当初参与协调的村委会人员出庭作证，但证人仅证明有"先打条后付款"的事实，具体打条后是否付款均不清楚。一方称钱未付，另一方称钱已付，双方当事人形成证据均势，法官对双方当事人各自所提供的证据证明力大小很难判断。为确定席某、付某所欠的工程款是否支付方某，郑州市管城回族区人民法院遂委托洛阳市人民检察院心理测试中心对方某进行心理测试。测试结果表明，席某、付某没有把剩余的工程款 44600 元给方某。参考心理测试结果，依据方某提供的证据，法院最终判决席某、付某应将剩余的工程款 44600 元支付方某。

测试题目:

1. 席某、付某把你的工程款结清了吗?
2. 你是在收到剩余的工程款后给他们打的收到条吗?
3. 他们把剩余的工程款 44600 元给你了吗?

测试时间、仪器、指标及测前检查:

1. 测试时间:2011 年 1 月 24 日
2. 测试仪器:PG—12 型多参量心理测试仪
3. 测试指标:皮肤电、脉搏、血压,上、下呼吸
4. 测前检查:仪器均正常

测试过程及分析说明:

经方某本人同意,我们对他采用"CQT"(准绳问题测试法)和"MGQT"(改进的一般问题测试法)进行了测试。

在"CQT"测试中,方某在回答"席某、付某把你的工程款结清了吗?"时说"没有"的说谎概率为 21.6%(说谎概率大于 50% 为说谎,小于 50% 为诚实)。

在"MGQT"测试中,方某在回答"你是在收到剩余的工程款后给他们打的收到条吗?"时说"不是"的说谎概率为 23.2%;方某在回答"他们把剩余的工程款 44600 元给你了吗?"时说"没有"的说谎概率为 29.7%。

测试结论:

1. 方某说席某、付某没有把他的工程款给他结清是实话;
2. 方某说他是在没有收到剩余的工程款就给他们打了收到条是实话;
3. 方某说他们没有把剩余的工程款 44600 元给他是实话。

以上测试充分表明:席某、付某没有把剩余的工程款 44600 元给方某。

案例二 稽某和王某承揽合同纠纷案

2010 年 10 月，江苏飞碟高空工程有限公司业务员稽某在张工程师的介绍下，和王某相识并洽谈承包工程事宜，双方于 2010 年 10 月 21 日签订了施工环氧地坪场地工程合同书，当时施工环氧地坪场地是在新乡小店开发区豫北光洋汽车转向器有限公司（以下简称豫北光洋）院内。2010 年 10 月 25 日稽某开始施工，全部工程在 2010 年 11 月底保质保量竣工交给了王某，同时工程得到建设方的认可，并且建设方豫北光洋已投入使用。稽某在 2010 年 12 月向王某追讨剩下的十几万元工程款时，王某以种种理由来推脱，一直不予支付。2011 年 2 月份稽某接到王某电话说，让稽某过来结算剩下的工程款。2011 年 2 月 25 日下午，稽某和王某在小店化纤厂前面的路口碰了面，当时在王某车上，王某说让稽某打张收条然后把钱给稽某，稽某相信王某，给他出具了收条，具体内容为："借条 今收到王老板付工程款 135600 元 收到人稽某 时间 2011 年 2 月 25 日。"可当稽某将 135600 元收条刚写完，王某就翻起脸来和陈某（王某的大舅哥也是项目经理）抢稽某写的收条，并且对稽某动了手脚。后来王某和陈某一起把稽某从他们的车上拖了下去，稽某当即报了警。当天 17 时 40 分左右，小店开发区纬五路派出所接警后，为确定王某是否将所欠工程款支付给稽某，遂委托洛阳市人民检察院心理测试中心对稽某进行心理测试。测试结果表明，稽某是在没有收到 135600 元就给王某打的收到条，王某还欠稽某 135600 元工程款，是王某抢走了稽某打的收到条。面对测试结果，王某不再辩解，后经派出所民警的批评教育，王某当即支付给稽某 135600 元工程款。

测试题目：

1. 你是在收到 135600 元后给王某打的收到条吗？

2. 王某把工程款给你结清了吗？

3. 王某还欠你 135600 元工程款是吗？

4. 是王某抢走了你打的收到条吗？

5. 你能如实回答我的问题吗？

测试时间、仪器、指标及测前检查：

1. 测试时间：2011 年 4 月 12 日
2. 测试仪器：PG—12 型多参量心理测试仪
3. 测试指标：皮肤电、脉搏、血压，上、下呼吸
4. 测前检查：仪器均正常

测试过程及分析说明：

经稽某本人同意，我们对他采用"CQT"（准绳问题测试法）和"MGQT"（改进的一般问题测试法）以及"POT"（紧张峰测试法）进行了测试。

在"CQT"测试中，稽某在回答"你是在收到 135600 元后给王某打的收到条吗？"时说"不是"的说谎概率为 30%（说谎概率大于 50% 为说谎，小于 50% 为诚实）。

在"MGQT"测试中，稽某在回答"王某把工程款给你结清了吗？"时说"没有"的说谎概率为 44.6%；稽某在回答"王某还欠你 157960 元工程款是吗？"时说"是"的说谎概率为 40.8%；稽某在回答"是王某抢走了你打的收到条吗？"时说"是"的说谎概率为 28.1%。

在"POT"测试中，稽某在回答"你能如实回答我的问题吗？"时说"没有收到王某的 135600 元就给打了收到条"的对应不强。

测试结论：

1. 稽某说他是在没有收到 135600 元就给王某打的收到条是实话；
2. 稽某说王某没有把工程款给他结清是实话；
3. 稽某说王某还欠他 135600 元工程款是实话；
4. 稽某说是王某抢走了他打的收条是实话；
5. 稽某说他是在没有收到王某的 135600 元就给打了收到条是实话。

以上测试充分表明：稽某是在没有收到 135600 元就给王某打的收到条；王某还欠稽某 135600 元工程款；是王某抢走了稽某打的收到条。

案例三　李某和杨某劳务（雇佣）合同纠纷案

2009 年 2 月，杨某到被告李某开的山立家具厂上班，在上班期间双方约定以计件方式计算工资，8 个月内杨某共做出 4000 套产品，其间，小杨了解到，工资都是年底结算，平时可以向老板借支生活费，而且结账时要以票据为凭。2009 年 10 月杨某辞职，辞职时按结算工资的票据，杨某应得工资 3.2 万余元，扣除借支的 1.5 万余元，还剩 1.7 万余元。杨某去找李某领剩余的工资时，由于将近下班，李某对他说："会计已经提前走了，你今天先把手续签了，明天上班来取钱。"当时杨某就相信了李某，并在李某拿出的账目明细表中签上"工资已结清"和自己的名字，签完后李某还把杨某手中原始票据收走了。第二天杨某去领钱时，李某却不承认了，说钱昨天都已给杨某结清了。杨某欲哭无泪，自己辛辛苦苦将近 1 年的血汗钱就这样被李某骗走了，为了得到自己的工资，无奈之下，杨某将李某起诉至郑州市管城回族区人民法院，称李某平时就是一方无赖，经常言而无信欠别人的钱不还，这次又是故伎重演，欺骗自己签名但不支付工资的方式来赖账。但李某凭着手中账目明细表上杨某的签名，一再声称已将杨某的工资结清。为了确定李某是否把杨某的工资结清，郑州市管城回族区人民法院遂委托洛阳市人民检察院心理测试中心对李某、杨某进行心理测试。测试结果表明，李某没有把杨某的工资结清。面对测试结果，李某无话可说，当场让家里取钱给了杨某。

（一）对李某的测试

测试项目：

1. 杨某的工资你给他结清了吗？
2. 杨某在账目明细表上签过字后你当场就把工资给他结清了吗？
3. 你说过让杨某第二天再来领工资吗？

测试时间、仪器、指标及测前检查：

1. 测试时间：2010 年 3 月 29 日

2. 测试仪器：PG—12 型多参量心理测试仪

3. 测试指标：皮肤电、脉搏、血压，上、下呼吸

4. 测前检查：仪器均正常

测试过程及分析说明：

经李某本人同意，我们对他采用"CQT"（准绳问题测试法）和"MGQT"（改进的一般问题测试法）进行了测试。

在"CQT"测试中，李某在回答"杨某的工资你给他结清了吗？"时说"是"的说谎概率为 72.6%（说谎概率大于 50% 为说谎，小于 50% 为诚实）。

在"MGQT"测试中，李某在回答"杨某在账目明细表上签过字后你当场就把工资给他结清了吗？"时说"是"的说谎概率为 67.8%；李某在回答"你说过让杨某第二天再来领工资吗？"时说"没有"的说谎概率为 70.3%。

测试结论：

1. 李某说他给杨某的工资结清了是谎话；

2. 李某说杨某在账目明细表上签过字后他当场就把工资给杨某结清了是谎话；

3. 李某说他没说过让杨某第二天再来领工资是谎话。

以上测试充分表明：李某没有把杨某的工资结清。

（二）对杨某的测试

测试项目：

1. 李某把你的工资结清了吗？

2. 你在账目明细表上签过字后李某当场就把工资给你结清了吗？

3. 是李某说让你第二天再来领工资吗？

测试时间、仪器、指标及测前检查：

1. 测试时间：2010 年 3 月 29 日

2. 测试仪器：PG—12 型多参量心理测试仪

3. 测试指标：皮肤电、脉搏、血压，上、下呼吸

4. 测前检查：仪器均正常

测试过程及分析说明：

经杨某本人同意，我们对他采用"CQT"（准绳问题测试法）和"MGQT"（改进的一般问题测试法）进行了测试。

在"CQT"测试中，杨某在回答"李某把你的工资结清了吗？"时说"没有"的说谎概率为 36.3%（说谎概率大于 50% 为说谎，小于 50% 为诚实）。

在"MGQT"测试中，杨某在回答"你在账目明细表上签过字后李某当场就把工资给你结清了吗？"时说"没有"的说谎概率为 25.3%；杨某在回答"是李某说让你第二天再来领工资吗？"时说"是"的说谎概率为 27.5%。

测试结论：

1. 杨某说李某没有把他的工资结清是实话；

2. 杨某说他在账目明细表上签过字后李某没有当场就把工资给他结清是实话；

3. 杨某说是李某让他第二天再来领工资是实话。

以上测试充分表明：李某没有把杨某的工资结清。

测试要点 36　借条证明借款事实存在，但其他证据证明借款数额、归还情况等与借条不一致，如何通过心理测试确定借款数额、归还情况等具体细节

案例一　孙某和孙某某借贷纠纷案

孙某和孙某某系亲兄弟关系，孙某某从 2007 年至 2008 年期间，共向其哥哥孙某借款 199 万元，当时他们的母亲说为了家庭内部记账，让弟弟孙某某给其哥哥孙某打了一张借 300 万元的借条。为拿回借款，哥哥孙某于 2009 年 1 月 12 日将弟弟孙某某起诉至河南省郑州市管城区人民法院，法庭上孙某某辩称，借条确实是其本人所写，但孙某实际只给了他 199 万元，并提供了母亲的电话录音。由于双方母亲年龄较大不方便出庭作证，从证据形式来看，哥哥的证据证明效力较强，弟弟的证据证明力较弱。但从情理来分析弟弟所说应该属实，因为如果弟弟想赖账，完全可以对借条上的全部数额不予认可，然而却认可其中的 2/3 数额。承办法官考虑到案件的特殊性，本着妥善处理矛盾纠纷、修复兄弟关系的原则出发，在征求当事人孙某同意的情况下，委托洛阳市人民检察院心理测试中心对孙某进行心理测试。测试结果表明，2007 年至 2008 年期间，孙某借给孙某某的钱是 199 万元。根据测试结论，承办法官对两兄弟动之以情、晓之以理，打开了两兄弟之间的心结，最终在法院的主持下，两兄弟就借款 199 万元的归还签订了调解协议书。

测试题目：

1. 2007—2008 年间你借给了你弟弟孙某某 300 万元吗？

2. 2007—2008 年间你借给孙某某 100 多万元是吗？

3. 关于借款一事是你在说谎话吗？

4. 这张 300 万元的借条与你实际借出去的钱相符吗？

5. 你能如实告诉我 2007—2008 年间你实际借给你弟孙某某多少钱吗？

6. 2007—2008 年间你实际借给你弟孙某某多少钱？

测试时间、仪器、指标及测前检查：

1. 测试时间：2009 年 9 月 26 日

2. 测试仪器：PG—12 型多参量心理测试仪

3. 测试指标：皮肤电、脉搏、血压、上、下呼吸

4. 测前检查：仪器均正常

测试过程及分析说明：

经孙某本人同意，我们对他采用一组"CQT"（准绳问题测试法）和一组"MGQT"（改进的一般问题测试法）以及二组"POT"（紧张峰测试法）进行了测试。

在"CQT"测试中，孙某在回答"2007—2008 年间你借给了你弟弟孙某某 300 万元吗？"时说"是"的说谎概率为 72.3%（说谎概率大于 50% 为说谎，小于 50% 为诚实）。

在"MGQT"测试中，孙某在回答"2007—2008 年间你借给孙某某 100 多万元是吗？"时说"不是"的说谎概率为 77.9%；孙某在回答"关于借款一

事是你在说谎话吗?"时说"不是"的说谎概率为 67.6%;孙某在回答"这张 300 万元的借条与你实际借出去的钱相符吗?"时说"相符"的说谎概率为 50.1%。

在第一组"POT"测试中,孙某在回答"你能如实告诉我 2007—2008 年间你实际借给你弟孙某某多少钱吗?"时说"不是 199 万元"对应最强;在第二组"POT"测试中,孙某在回答"2007—2008 年间你实际借给你弟孙某某多少钱?"时说"是 300 万元"对应最强。

测试结论:

1. 孙某说 2007—2008 年间他借给了他弟弟孙某某 300 万元是谎话;
2. 孙某说他 2007—2008 年间借给孙某某的不是 100 多万元是谎话;
3. 孙某说关于借款一事他没有说谎话是假的。
4. 孙某说这张 300 万元的借条与他实际借出去的钱相符是谎话;
5. 孙某说他 2007—2008 年间借给孙某某的不是 199 万元是谎话;
6. 孙某说他 2007—2008 年间借给孙某某的是 300 万元是谎话。

以上测试充分表明:2007 年至 2008 年期间,孙某借给孙某某的钱是 199 万元。

案例二 刘某和尚某借款纠纷案

1999 年 2 月 28 日刘某向尚某(男,1934 年 2 月 16 日出生)借现金 21000 元,当时约定刘某支付尚某利息 4000 元,同时刘某给尚某出具借现金 25000 元的借条一张。尚某于 2003 年 9 月 18 日将刘某起诉至尉氏县人民法院,要求刘某偿还借款 25000 元及利息 23333 元。审理过程中,刘某辩称,尚某所诉的款项他已结清,请求法院依法驳回尚某的诉讼请求,并向法庭提供了 2003 年 1 月 8 日由尚某之女尚玲、赵柱及陈耀三人合出的证明,证明上载明刘某欠尚某的款已结清。刘某向法庭陈述说,由于尚某多次向其讨要借款,2003 年 1 月 8 日,经赵柱、陈耀二人从中说合,尚家同意归还现金 21000 元,4000 元利息免除,其归还 21000 元后,由尚某之女尚玲、赵柱及陈耀 3 人给刘某出具证明一张,证明上载明刘某欠尚某的款已结清,后在其的要求下尚玲又在证明上补写了"全"字。尚玲称证明内容不是她所写,刘某并未还款。尉氏县人民法院审理认为,尚某凭 1999 年 2 月 28 日刘某出具的借条要求刘某偿还 25000 元及利息,刘某提供的 2003 年 1 月 8 日由尚某之女尚玲、赵柱及陈耀 3 人合出的证明上载明刘某欠尚某的款已结清,尚某诉刘某欠款证据不足，依法驳回其诉讼请求。尚某不服一审判决，向开封市中级人民法院提出上诉，开封市中级人民法院审理后撤销了尉氏县人民法院对此案的判决，判令刘某偿还尚某借款 25000 元及利息。刘某对此判决不服，提出再审申请，开封市中级人民法院于 2007 年 6 月 29 日作出民事裁定，撤销开封市中级人民法院民事判决和尉氏县人民法院民事判决，发回尉氏县人民法院重新审理。尉氏县人民法院公开开庭审理了此案后，认为现有证据足以证明刘某的借款已全部清结，驳回尚某的诉讼请求。但尚某依旧不服，又上诉至开封市中级人民法院，本着妥善处理矛盾纠纷、定分止争的目的，开封市中级人民法院遂委托洛阳市人民检察院心理测试中心对刘某、尚某的女儿尚玲进行心理测试。测试结果表明，刘某欠尚某的款已全部结清，关于向尚某还款一事刘某在法庭上的陈述是真实可信的，尚玲在法庭上陈述的关于刘某借还款一事不是真实的，3 个人签名的证明上的"全"字是尚玲所写。在测试结果面前，尚玲理屈词穷，不再辩解，并让其父亲尚某向法院撤回了诉讼请求。

（一）对刘某的测试

测试题目：

1. 你以前借尚某的钱都还给他了吗？
2. 4000 元利息你给尚某了吗？
3. 你还给尚某的真的是 21000 元吗？
4. 关于向尚某还款一事你在法庭上说的都是真的吗？
5. 你让陈耀和赵柱是帮你说情为了免除 4000 元利息是吗？
6. 这份 3 个人签名的证明是说明你欠尚某的款已全部结清是吗？
7. 你能如实告诉我你还欠尚某多少钱吗？

测试时间、仪器、指标及测前检查：

1. 测试时间：2009 年 11 月 23 日
2. 测试仪器：PG—12 型多参量心理测试仪
3. 测试指标：皮肤电、脉搏、血压，上、下呼吸
4. 测前检查：仪器均正常

测试过程及分析说明：

经刘某本人同意，我们对他采用一组"CQT"（准绳问题测试法）和二组"MGQT"（改进的一般问题测试法）以及一组"POT"（紧张峰测试法）进行了测试。

在"CQT"测试中，刘某在回答"你以前借尚某的钱都还给他了吗？"时说"是"的说谎概率为35.9%（说谎概率大于50%为说谎，小于50%为诚实）。

在第一组"MGQT"测试中，刘某在回答"4000元利息你给尚某了吗？"时说"没有"的说谎概率为25%（说谎概率大于50%为说谎，小于50%为诚实）；刘某在回答"你还给尚某的真的是21000元吗？"时说"是"的说谎概率为30%；在第二组"MGQT"测试中，刘某在回答"关于向尚某还款一事你在法庭上说的都是真的吗？"时说"是"的说谎概率为31.6%；刘某在回答"你让陈耀和赵柱是帮你说情为了免除4000元利息是吗？"时说"是"的说谎概率30.4%；刘某在回答"这份三个人签名的证明是说明你欠尚某的款已全部结清是吗？"时说"是"的说谎概率为27.2%。

在"POT"测试中，刘某在回答"你能如实告诉我你还欠尚某多少钱吗？"时说"一分都不欠"对应最弱。

测试结论：

1. 刘某说他以前借尚某的钱都还给他了是实话；
2. 刘某说4000元利息他没有给尚某是实话；
3. 刘某说他还给尚某的真的是21000元是实话；
4. 刘某说关于向尚某还款一事他在法庭上说的都是真的是实话；
5. 刘某说他让陈耀和赵柱是帮他说情为了免除4000元利息是实话；
6. 刘某说那份三个人签名的证明是说明他欠尚某的款已全部结清是实话；
7. 刘某说他不欠尚某钱是实话。

综合以上的测试表明：刘某欠尚某的款已全部结清；关于向尚某还款一事刘某在法庭上的陈述是真实可信的。

（二）对尚玲的测试

测试题目：

1. 刘某欠你们的钱都还了吗？
2. 你们答应过免除刘某欠你们的 4000 元利息吗？
3. 是你们同意免去 4000 元利息的是吗？
4. 刘某实际上还给了你们 21000 元是吗？
5. 关于刘某借还款一事你在法庭上说的都是真的吗？
6. 这份三个人签名的证明上的"全"字是你本人写的吗？
7. 在一审开庭前你向法官承认过证明上的"全"是你写的是吗？
8. 你能如实告诉我刘某还欠你们多少钱吗？

测试时间、仪器、指标及测前检查：

1. 测试时间：2009 年 11 月 25 日
2. 测试仪器：PG—12 型多参量心理测试仪
3. 测试指标：皮肤电、脉搏、血压，上、下呼吸
4. 测前检查：仪器均正常

测试过程及分析说明：

经尚玲本人同意，我们对她采用二组"CQT"（准绳问题测试法）和二组"MGQT"（改进的一般问题测试法）以及一组"POT"（紧张峰测试法）进行了测试。

在第一组"CQT"测试中，尚玲在回答"刘某欠你们的钱都还了吗？"时说"没有"的说谎概率为 74.9%（说谎概率大于 50% 为说谎，小于 50% 为诚实）；在第二组"CQT"测试中，尚玲在回答"你们答应过免除刘某欠你们的 4000 元利息吗？"时说"没有"的说谎概率为 82.8%。

在第一组"MGQT"测试中，尚玲在回答"是你们同意免去 4000 元利息的是吗？"时说"不是"的说谎概率为 81.7%；尚玲在回答"刘某实际上还给了你们 21000 元是吗？"时说"没有"的说谎概率为 65.6%；在第二组"MGQT"测试中，尚玲在回答"关于刘某借还款一事你在法庭上说的都是真

的吗?"时说"是"的说谎概率为60.4%；尚玲在回答"这份3个人签名的证明上的'全'字是你本人写的吗?"时说"不是"的说谎概率为73%；尚玲在回答"在一审开庭前你向法官承认过证明上的'全'是你写的是吗?"时说"没有"的说谎概率为82.2%。

在"POT"测试中，尚玲在回答"你能如实告诉我刘某还欠你们多少钱?"时说"是20000"和"不是一分都不欠"对应最强。

测试结论：

1. 尚玲说刘某欠她们的钱没有还是谎话；

2. 尚玲说她们没有答应过免除刘某欠她们的4000元利息是谎话；

3. 尚玲说她们给刘某的25000元中的4000元不是利息是谎话；

4. 尚玲说不是她们同意免去4000元利息的是谎话；

5. 尚玲说刘某实际上没有还给她们21000元是谎话；

6. 尚玲说关于刘某借还款一事她在法庭上说的都是真的是谎话；

7. 尚玲说关于那份3个人签名的证明上的"全"字不是她本人写的是谎话；

8. 尚玲说在一审开庭前她没有向法官承认过证明上的"全"是她写的是谎话；

9. 尚玲说刘某还欠20000元和不是一分都不欠她们是谎话。

综合以上的测试表明：尚玲在法庭上陈述的关于刘某借还款一事不是真实的；刘某已全部还清借尚某的钱；那份3个人签名的证明上的"全"字是尚玲所写。

测试要点37　在一些经济纠纷案件中，委托人口头委托他人办理事务，受托人违反约定以自己名义办理，事后受托人对委托行为不予认可，如何通过心理测试确定双方的委托关系

案例一　钱宝等和钱斗等房产确权纠纷案

原告钱宝、白华因与被告钱斗、钱强、王松发生房产确权纠纷，向南阳市新野县人民法院提起诉讼。原告钱宝、白华诉称，1995年10月，他们以35000元的价格购买韩某所有的8间房屋，双方签有购房契约，并有中间人

在场见证，后于 2005 年 3 月，在房管部门办理了房屋产权变更过户手续。他的两个兄弟钱斗、钱强两家都借住在他们家。现被告钱斗、钱强不顾兄弟情义，妄图占有这 8 间房屋，请求法院让三被告限期搬出所占有原告的房屋。三被告辩称，现所居住的房屋，是当初他们托钱宝帮其购买的，当时与韩某签有协议，因钱宝说帮他们办理房屋过户手续，房产证和签订的协议都在钱宝手里，后钱宝见财起意，又与韩某伪造了一份购房协议，并把房屋过户到钱宝老婆白华名下，事实上他们才是房屋的实际所有权人。从原、被告提供的证据来看，双方之间的证据有矛盾之处，单从书面证据分析，原告钱宝提交有售房协议、房款收据、房权证书，而被告钱斗一方没有书面证据，只提供原房主韩天锡出具的录音。现双方均称对方坏良心，说瞎话，从书证上原告方显然占有优势，但钱斗提交的录音若是真实的，则完全可以推翻原告的书证，但录音证据因韩天锡不在家，无法核实导致法院难以定案。原告钱宝与被告钱斗、钱强系亲兄弟，以前关系亲密，眼看双方就要为这套房产反目，南阳市新野县人民法院为妥善解决此案，调停兄弟间的矛盾，遂委托洛阳市人民检察院心理测试中心对钱斗进行心理测试。测试结果表明，1996 年以来钱斗、钱强住的房屋是钱斗、钱强出 35000 元钱购买的。根据测试结果，主办法官召集原被告双方，阐明案件事实与理由，辨析案件法律关系，告知法律后果，要求双方从有利于家庭和谐的角度考虑，注重亲情，互相理解。经过情理的感化、法理的引导，终使双方紧张的关系趋于缓和，双方达成谅解协议，破裂的亲情又和好如初。

测试题目：

1. 韩某的房子是你和钱强买的吗？
2. 你提供给法庭韩某的录音证据是真实的吗？
3. 自 1996 年以来，你们是住在钱宝购买的房屋里吗？
4. 那 8 间房屋是钱宝夫妇出钱买的吗？
5. 买房子是谁出的 35000 元钱？
6. 你能如实告诉我争议的 8 间房屋真正的主人是谁吗？

测试时间、仪器、指标及测前检查：

1. 测试时间：2009 年 7 月 2 日
2. 测试仪器：PG—12 型多参量心理测试仪
3. 测试指标：皮肤电、脉搏、血压，上、下呼吸
4. 测前检查：仪器均正常

测试过程及分析说明：

经钱斗本人同意，我们对他采用二组"CQT"（准绳问题测试法）和一组"MGQT"（改进的一般问题测试法）以及二组"POT"（紧张峰测试法）进行了测试。

在第一组"CQT"测试中，钱斗在回答"韩某的房子是你和钱强买的吗？"时说"是"的说谎概率为46.7%（说谎概率大于50%为说谎，小于50%为诚实）；在第二组"CQT"测试中，钱斗在回答"你提供给法庭韩某的录音证据是真实的吗？"时说"是"的说谎概率为35.3%。

在"MGQT"测试中，钱斗在回答"自1996年以来，你们是住在钱宝购买的房屋里吗？"时说"不是"的说谎概率为26.3%；在回答"那8间房屋是钱宝夫妇出钱买的吗？"时说"不是"的说谎概率为39.7%。

在第一组"POT"测试中，钱斗在回答"买房子是谁出的35000元钱？"时说"是他和钱强"对应不强；在第二组"POT"测试中，钱斗在回答"你能如实告诉我争议的八间房屋真正的主人是谁吗？"时说"是他和钱强"对应不强。

测试结论：

1. 钱斗说韩某的房子是他和钱强买的是实话；
2. 钱斗说他提供给法庭韩某的录音证据是真实的是实话；
3. 钱斗说自1996年以来他们住的房屋不是钱宝购买的是实话；
4. 钱斗说那8间房屋不是钱宝夫妇出钱买的是实话；
5. 钱斗说买房子是他和钱强出的35000元钱是实话；
6. 钱斗说争议的八间房屋真正的主人是他和钱强是实话。

案例二 成某和刘某合伙纠纷案

成某和刘某于2002年年底口头协商共同承租尚庄村第三村民小组的土地，用于建造门面房及仓库进行出租经营。2004年4月，为了扩大经营面积，成某与孔某协商，将孔某的30余亩地转租过来。2004年4月29日由成某从银行取出30万元交给刘某，由刘某将钱交给孔某。后来由于尚庄村进行城中村改造，河南逸泉置业有限公司于2007年3月22日、7月底分两次将两人合建门面房及仓库拆除，赔偿各项拆迁费用382万元。成某和刘某在合伙财产分割时发生纠纷，成某称转租孔某 30 余亩地的 30 万元是其出的，应作为其出资份额对合伙财产进行分割，刘某对成某的说法不予认可，并以自己手中持有孔某出具的收条，30 万元是他自己的出资而不是成某的。成某无奈之下，将刘某起诉至郑州市管城回族区人民法院（以下简称管城区法院），请求法院确认转租孔某 30 余亩地的 30 万元是由其出资的，并向法院提交了其在银行贷款 30 万元的证明，但由于刘某手中持有孔某出具的收条，管城区法院以成某的诉求证据不足，驳回了成某的该项诉讼请求，成某不服上诉至郑州市中级人民法院，郑州市中级人民法院经过审理，认为管城区法院认定事实不清，证据不足，撤销管城区法院判决，发回管城区人民法院重新审理。为查明转租孔某 30 余亩地的 30 万元到底是由谁出的钱，管城区法院委托洛阳市人民检察院心理测试中心对成某进行心理测试。测试结果表明，是成某于 2004 年 4 月从银行贷了 30 万元交给刘某，让刘某把这 30 万元交给孔某用于转租孔某的 30 余亩地。根据以上测试结果，主办法官召集双方，阐明案件法律关系，告知法律后果，最终双方在互谅互让的基础上签订了调解协议。

测试题目：

1. 转租孔某 30 亩地的 30 万元是你本人的钱吗？
2. 2004 年 4 月是你从银行取了 30 万元交给刘某让他给孔某的吗？
3. 这 30 万元是你从银行贷的款吗？

测试时间、仪器、指标及测前检查：

1. 测试时间：2010 年 3 月 8 日
2. 测试仪器：PG—12 型多参量心理测试仪
3. 测试指标：皮肤电、脉搏、血压，上、下呼吸
4. 测前检查：仪器均正常

测试过程及分析说明：

经成某本人同意，我们对他采用"CQT"（准绳问题测试法）和"MGQT"（改进的一般问题测试法）进行了测试。

在"CQT"测试中，成某在回答"转租孔某 30 亩地的 30 万元是你本人的钱吗？"时说"是"的说谎概率为 28.9%（说谎概率大于 50% 为说谎，小于 50% 为诚实）。

在"MGQT"测试中，成某在回答"2004年4月是你从银行取了30万元交给刘某让他给孔某的吗？"时说"是"的说谎概率为35.6％；成某在回答"这30万元是你从银行贷的款吗？"时说"是"的说谎概率为26.7％。

测试结论：

1. 成某说转租孔某30亩地的30万元是他本人的钱是实话；

2. 成某说2004年4月是他本人从银行取了30万元交给刘某让他给孔某的是实话；

3. 成某说这30万元是他本人从银行贷的款是实话。

以上测试充分表明：是成某于2004年4月从银行贷了30万元交给刘某；让刘某把这30万元交给孔某用于转租孔某的30余亩地。

测试要点38　在一些经济纠纷案件中，一方欺骗对方写下书面证据，如何通过心理测试查明书面证据是受欺骗所写

案例一　刘贤和刘珍借款纠纷案

2003年8月，刘贤向南阳市卧龙区人民法院起诉其一母同胞的亲妹妹刘珍，请求法院依法判令刘珍归还借她的人民币16.5万元。其诉称，刘珍2000年年初向其借款18万元，用于做股票生意，后于2000年12月1日归还了1.5万元，还欠16.5万元，并出示了刘珍打的借款条。刘珍辩称，是其姐姐刘贤和姐夫练法轮功痴迷邪教，其不断帮补刘贤一家生活，为此与自己的丈夫王磊产生矛盾，刘贤不仅不知感恩，反而财迷心窍，利用亲姐妹情意，欺骗她说为了日后与丈夫王磊离婚时向王磊要钱，要其写下借条作为向王磊要钱的债权凭证，由于当时自己与丈夫王磊怄气，心理失衡，听信了姐姐刘贤的话，于2000年12月1日写下了："作股票借三姐刘贤18万元，已还1.5万元，还欠16.5万元的欠条一张，原借条作废。"交刘贤保管。河南省南阳市卧龙区人民法院于2004年2月20日的［2003］宛龙梅民初字第273号民事判决书判定刘珍败诉。刘珍不服上诉至河南省南阳市中级人民法院，称其大姐刘瑜证实，刘贤去她家时告诉过她手中的借条是假的，因为刘贤平时经济紧张，根本不可能借给刘珍那么多钱，但由于书写借条时无其他

人员在场，从已有的证据来看，刘珍的证据证明力弱于刘贤，原本的亲姐妹因为一场诉讼变成了仇人。为查明案件事实，缓和双方当事人的关系，河南省南阳市中级人民法院遂委托洛阳市人民检察院心理测试中心对刘贤、刘珍姐妹进行心理测试。测试结果表明，刘贤没有借给她妹妹刘珍 18 万元现金，刘珍也没有向其姐姐刘贤借过 18 万元现金。面对测试结果，刘贤自知理亏，当即撤回了诉讼，并向妹妹刘珍道歉，请求原谅。

（一）对刘贤的测试

测试项目：

1. 你曾经借给你妹妹刘珍 18 万元是吗？
2. 你向法庭出示的借条是刘珍向你借钱后给你写的借条吗？
3. 2003 年 7 月在你姐刘瑜家你说过借条是假的是吗？
4. 你能如实告诉我你借给你妹妹刘珍的 18 万元现金的来历吗？
5. 你能如实告诉我你到法庭起诉你妹妹刘珍的目的吗？
6. 你能如实告诉我你借给刘珍的 18 万元现金是怎么给她的？

测试时间、仪器、指标及测前检查：

1. 测试时间：2007 年 8 月 16 日
2. 测试仪器：PG—12 型多参量心理测试仪
3. 测试指标：皮肤电、脉搏、血压，上、下呼吸
4. 测前检查：仪器均正常

测试过程及分析说明：

经刘贤本人同意，我们对她采用了一组 "CQT"（准绳问题测试法）和一组 "MGQT"（改进的一般问题测试法）以及三组 POT（紧张峰测试法）进行了测试。

在 "CQT" 测试中，刘贤在回答 "你曾经借给你妹妹刘珍 18 万元是吗？" 时说 "是" 的说谎概率为 72.4%（说谎概率大于 50% 为说谎，小于 50% 为

诚实）。

在"MGQT"测试中，刘贤在回答"你向法庭出示的借条是刘珍向你借钱后给你写的借条吗?"时说"是"的说谎概率为82.8%；刘贤在回答"2003年7月份在你姐刘瑜家你说过借条是假的是吗?"时说"没有"的说谎概率为83.5%。

在第一组"POT"测试中，刘贤在回答"你能如实告诉我你借给你妹妹刘珍的18万元现金的来历吗?"时说"不是她编造的"对应最强；在第二组"POT"测试中，刘贤在回答"你能如实告诉我你到法庭起诉你妹妹刘珍的目的吗?"时说"不是想敲诈刘珍"对应最强；在第三组"POT"测试中，刘贤在回答"你能如实告诉我你借给刘珍的18万元现金是怎么给她的吗?"时说"不是根本就没有借给她钱"对应最强。

测试结论：

1. 刘贤说她曾经借给她妹妹刘珍18万元是谎话；
2. 刘贤说她向法庭出示的借条是刘珍向她借钱后给她打的借条是谎话；
3. 刘贤说2003年7月她没有在她姐刘瑜家说过借条是假的是谎话；
4. 刘贤说她借给刘珍的18万元不是编造的是谎话；
5. 刘贤说她到法庭起诉她妹妹刘珍的目的不是敲诈刘珍是谎话；
6. 刘贤说她根本就没有借给刘珍18万元是实话。

（二） 对刘珍的测试

测试项目：

1. 你曾经向你姐姐刘贤借过18万元现金吗?
2. 你是向刘贤借了18万元现金后才给她写的借条吗?
3. 你给刘贤写的借条真的是在她的欺骗下给写的吗?

测试时间、仪器、指标及测前检查：

1. 测试时间：2007年8月16日
2. 测试仪器：PG—12型多参量心理测试仪
3. 测试指标：皮肤电、脉搏、血压、上、下呼吸
4. 测前检查：仪器均正常

测试过程及分析说明:

经刘珍本人同意,我们对她采用了"CQT"(准绳问题测试法)和"MGQT"(改进的一般问题测试法)进行了测试。

在"CQT"测试中,刘珍在回答"你曾经向你姐姐刘贤借过18万元现金吗?"时说"没有"的说谎概率为36.2%(说谎概率大于50%为说谎,小于50%为诚实)。

在"MGQT"测试中,刘珍在回答"你是向刘贤借了18万元现金后才给她写的借条吗?"时说"不是"的说谎概率为21.1%;刘珍在回答"你给刘贤写的借条真的是在她的欺骗下给写的吗?"时说"是"的说谎概率为18.6%。

测试结论:

1. 刘珍说她没有向刘贤借过18万元现金是实话;

2. 刘珍说她写给刘贤的借条是在没有借刘贤18万元的情况下给写的是实话;

3. 刘珍说她给刘贤打的借条是在刘贤的欺骗下给写的是实话。

案例二 赵某和范某继承纠纷案

赵某和范某系继母子关系。双方因房屋继承发生纠纷,赵某于2005年11月10日诉至法院,河南省郑州市管城区人民法院判决房屋一套归范某所有,范某于判决生效后十日内给付赵某及其他人房屋折价款73100元(其中应付给赵某50600元)。在法院对判决书的执行过程中,2007年1月31日,有一个40多岁戴鸭舌帽的中年人到赵某住的地方说自己是街道办事处的人,来给她办理低保,由于自己不识字就在协议书上按了手印。中年人走后,赵某感觉不对,到街道办事处问有没有这个人,街道办事处的人告诉她没有这个人,说她上当了,并告诉赵某协议书上边的内容是执行和解协议书,意思是范某一次性付给赵某30000元,赵某自愿放弃判决书的上诉权及申请执行权,赵某必须先接到30000元才按指印,按指印后生效。赵某立即向法法院起诉,要求确认协议无效,称从未签过该协议,也未收到过范某的30000元钱,是在被骗的情况下按的指印。由于赵某和街道办事处的人都不认识那个中年人,签字时又无其他人在场。为查明案件真相,河南省郑州市管城区人民法院遂委托洛阳市人民检察院心理测试中心对赵某进行心理测试。

心理测试结果表明，赵某是在被骗的情况下按的指印，她没有收到范某夫妇的 30000 元现金。根据测试结果，承办法官对范某阐明案件事实及法律，并对其进行批评教育，范某认识到自己的错误，当即同意履行义务，征得赵某的同意后，一次性支付赵某 30000 元。

测试题目：

1. 你收到范某夫妇的 30000 元现金了吗？
2. 你是在被骗的情况下按的指印吗？
3. 你确实没有收到范某的 30000 元吗？

测试时间、仪器、指标及测前检查：

1. 测试时间：2008 年 7 月 7 日
2. 测试仪器：PG—12 型多参量心理测试仪
3. 测试指标：皮肤电、脉搏、血压，上、下呼吸
4. 测前检查：仪器均正常

测试过程及分析说明：

经赵某本人同意，我们对她采用"CQT"（准绳问题测试法）和"MGQT"（改进的一般问题测试法）进行了测试。

在"CQT"测试中，赵某在回答"你收到范某夫妇的 30000 元现金了吗？"时说"没有"的说谎概率为 31.3%（说谎概率大于 50% 为说谎，小于 50% 为诚实）。

在"MGQT"测试中，赵某在回答"你是在被骗的情况下按的指印吗？"时说"是"的说谎概率为 28.5%；赵某在回答"你确实没有收到范某的 30000 元吗？"时说"没有"的说谎概率为 32.2%。

测试结论：

1. 赵某说她没有收到范某夫妇的 30000 元现金是实话；
2. 赵某说她是在被骗的情况下按的指印是实话；
3. 赵某说她确实没有收到范某的 30000 元是实话。

以上测试充分表明：赵某是在被骗的情况下按的指印，她没有收到范某夫妇的30000元现金。

测试要点39　双方以口头约定形式对之前签订的书面合同进行变更并履行，后一方对变更内容不予认可，如何通过心理测试确定口头合同内容及履行情况

案例一　浦某和孙某合同纠纷案

2009年，上海舒步飞国际贸易有限公司（以下简称舒步飞公司）向郑州市卡尔玛服装有限公司（以下简称卡尔玛公司）订购童装，双方签订有购销合同，对单价、数量、质量、交货时间、付款方式等作了明确的书面约定。签约后，舒步飞公司按合同约定比例及金额预付货款14万元给卡尔玛公司，并向卡尔玛公司指明了交货指定仓库。然而，在交货期前卡尔玛公司负责人孙某却提出全款提货之要求（合同约定"船期后30天付清余款"），要求舒步飞公司支付剩余全部货款后才交货，且由舒步飞公司自行至卡尔玛公司指定的第三方工厂提货。鉴于该货物系出口订单产品，为赶上规定船期，避免更大的经济损失，舒步飞公司不得不接受卡尔玛公司的违约条件，将剩余货款足额向卡尔玛公司支付，并派跟单员浦某至卡尔玛公司指定工厂验货及提货。卡尔玛公司指定工厂新密市鑫盾服装加工厂以卡尔玛公司欠付该批货物加工款为由拒绝发货。浦某经与卡尔玛公司沟通确认后，卡尔玛公司同意由舒步飞公司先代垫加工款五万元，待工厂放货后再由卡尔玛公司返还款项给舒步飞公司。考虑到船期紧张，舒步飞公司跟单员浦某替卡尔玛公司垫付了该款项。此后，舒步飞公司多次向卡尔玛公司追要所垫付款项，卡尔玛公司以种种理由推诿拖延返还该笔垫付款项。无奈之下，舒步飞公司将卡尔玛公司起诉至郑州市管城区人民法院。由于舒步飞公司跟单员浦某替卡尔玛公司垫付加工款五万元给新密市鑫盾服装加工厂后，新密市鑫盾服装加工厂开具的是收到卡尔玛公司加工款五万元的票据，开票人不认识浦某，不知道他是哪个公司的人，舒步飞公司的证据就是持有代卡尔玛公司付款的票据，但卡尔玛公司不承认是舒步飞公司垫付加工款，称卡尔玛公司自己付款后票据丢失。为查明案件事实，郑州市管城回族区人民法院遂委托洛阳市人

224

民检察院心理测试中心对原告跟单员浦某进行心理测试。测试结果表明，2010 年 1 月卡尔玛公司孙某确实欠新密市鑫盾服装厂 5 万元加工款，孙某确认过将偿还舒步飞公司替卡尔玛公司垫付的 5 万元。根据测试结论，主办法官在双方同意的条件下制作了民事调解书，5 万元也很快支付。

测试题目：

1. 2010 年 1 月你替卡尔玛公司的孙某垫付给新密市鑫盾服装厂加工款 5 万元吗？
2. 2010 年 1 月孙某确认过将偿还你替他垫付的 5 万元吗？
3. 你能如实告诉我 2010 年 1 月你为什么给新密市鑫盾服装厂 5 万元吗？

测试时间、仪器、指标及测前检查：

1. 测试时间：2011 年 4 月 19 日
2. 测试仪器：PG—12 型多参量心理测试仪
3. 测试指标：皮肤电、脉搏、血压，上、下呼吸
4. 测前检查：仪器均正常

测试过程及分析说明：

经浦某本人同意，我们对他采用二组"CQT"（准绳问题测试法）和一组"POT"（紧张峰测试法）进行了测试。

在第一组"CQT"测试中，浦某在回答"2010 年 1 月你替卡尔玛公司的孙某垫付给新密市鑫盾服装厂加工款 5 万元吗？"时说"是"的说谎概率为 15.9%（说谎概率大于 50% 为说谎，小于 50% 为诚实）；在第二组"CQT"测试中，浦某在回答"2010 年 1 月孙某确认过将偿还你替他垫付的 5 万元吗？"时说"是"的说谎概率为 17.4%。

在"POT"测试中，浦某在回答"你能如实告诉我 2010 年 1 月你为什么给新密市鑫盾服装厂 5 万元吗？"时说"不是替孙某垫付他欠鑫盾服装厂的加工款"对应最强。

测试结论：

1. 浦某说 2010 年 1 月他替卡尔玛公司孙某垫付给新密市鑫盾服装厂加工

款 5 万元是实话；

2. 浦某说 2010 年 1 月孙某确认过将偿还舒步飞公司替卡尔玛公司垫付的 5 万元是实话；

3. 浦某说 2010 年 1 月他之所以给新密市鑫盾服装厂 5 万元是替孙某垫付卡尔玛公司欠鑫盾服装厂的加工款是实话。

以上测试充分表明：2010 年 1 月卡尔玛公司的孙某确实欠新密市鑫盾服装厂 5 万元加工款；2010 年 1 月孙某确认过将偿还舒步飞公司替卡尔玛公司垫付的 5 万元。

案例二　薛某涉嫌侵占案

2004 年 9 月至 11 月，董某向洛阳骏马化工有限公司送山西白煤和烟煤，价款达 1191475.80。由于洛阳骏马化工有限公司不对供煤客户个人转账，必须对公司转账。董某找到时任宜阳县城关信用社化肥厂营业所主任薛某，让其帮忙找个公司账户以便于结账。几日后，薛某告知可往洛阳市金龙实业有限责任公司在该所的账户上打钱。2004 年 11 月至 2005 年 6 月间，洛阳骏马化工有限公司共往洛阳市金龙实业有限责任公司账户上打煤款 12 次总计 103 万元。后董某以薛某仅支付 13 万元，其余 90 万元被薛某取出拒不交还为由，由向宜阳县人民法院提出控诉，要求依法追究薛某侵占罪的刑事责任，并返还侵占款 90 万元及利息。薛某辩称，2005 年 1 月，董某做煤炭生意，向其借款，薛某到信用社贷款 24.5 万元，于 2005 年 1 月 14 日借给董某，董某出具借条一份，借款到期后，经多次讨要，董一直推诿不还，另外，董某每送一次煤结账一次款，董以结回的上次煤款作为下次购煤资金，以此循环购煤，其没有侵占董某的煤款。宜阳县人民法院认定薛某犯侵占罪，判处有期徒刑二年，宣判后，董某、薛某均不服，向洛阳市中级人民法院提起上诉，为查明案件事实，洛阳市中级人民法院刑事审判一庭遂委托洛阳市人民检察院心理测试中心对薛某进行心理测试。测试结果表明，薛某确实借给董某 24.5 万元；薛某没有侵占董某的煤款；薛某更没有侵占董某的 90 万元煤款。参考测试结论，结合本案证据，洛阳市中级人民法院本着确保无辜的人不受刑事追究的原则，以事实不清、证据不足为由，将此案发回宜阳县人民法院重新审理。宜阳县人民法院参考测试结果，重新对案件事实进行调查后，宣告薛某无罪。

测试题目：

1. 你借给董某 24.5 万元吗？
2. 你侵占董某的煤款了吗？
3. 你侵占了董某 90 万元煤款吗？
4. 你能如实回答我的问题吗？
5. 你能如实告诉我 24.5 万元的来历吗？
6. 你能如实告诉我你侵占了董某多少钱吗？

测试时间、仪器、指标及测前检查：

1. 测试时间：2011 年 1 月 17 日
2. 测试仪器：PG—12 型多参量心理测试仪
3. 测试指标：皮肤电、脉搏、血压，上、下呼吸
4. 测前检查：仪器均正常

测试过程及分析说明：

经薛某本人同意，我们对他采用了一组"CQT"（准绳问题测试法）和一组"MGQT"（改进的一般问题测试法）以及三组"POT"（紧张峰测试法）进行了测试。

在"CQT"测试中，薛某在回答"你借给董某 24.5 万元吗？"时说"是的"的说谎概率为 46.0%（说谎概率大于 50% 为说谎，小于 50% 为诚实）。

在"MGQT"测试中，薛某在回答"你侵占董某的煤款了吗？"时说"没有"的说谎概率为 30.8%；薛某在回答"你侵占了董某 90 万元煤款吗？"时说"没有"的说谎概率为 45.8%。

在第一组"POT"测试中，薛某在回答"你能如实回答我的问题吗？"时说"他没有侵占董某的煤款"对应不强；在第二组"POT"测试中，薛某在回答"你能如实告诉我 24.5 万元的来历吗？"时说"是董某确实借了他 24.5 万元给他打的借条"对应不强；在第三组"POT"测试中，薛某在回答"你能如实告诉我你侵占了董某多少钱吗？"时说"没有侵占 90 万元"和"根本就没有侵占"对应都不强。

测试结论：

1. 薛某说他借给董某 24.5 万元是实话；

2. 薛某说他没有侵占董某的煤款是实话；

3. 薛某说他没有侵占董某的 90 万元煤款是实话；

4. 薛某说他确实没有侵占董某的煤款是实话；

5. 薛某说 24.5 万元的来历是董某向他借款时给他打的借条是实话；

6. 薛某说他没有侵占董某 90 万元和他根本就没有侵占董某的煤款是实话。

以上测试充分表明：薛某确实借给董某 24.5 万元；薛某没有侵占董某的煤款；薛某更没有侵占董某的 90 万元煤款。